TEN GREAT ECONOMISTS
FROM MARX TO KEYNES

十大经济学家
从马克思到凯恩斯

[美]约瑟夫·熊彼特 —— 著

秦传安 —— 译

中国出版集团 东方出版中心

图书在版编目（CIP）数据

十大经济学家：从马克思到凯恩斯 /（美）约瑟夫
·熊彼特著；秦传安译. —上海：东方出版中心，
2024.3

ISBN 978 - 7 - 5473 - 2345 - 8

Ⅰ.①十… Ⅱ.①约… ②秦… Ⅲ.①经济学家–世
界–纪念文集 Ⅳ.①K825.31 - 53

中国国家版本馆 CIP 数据核字（2024）第 046574 号

十大经济学家

从马克思到凯恩斯

著　　者　[美] 约瑟夫·熊彼特
策　　划　刘　鑫
责任编辑　杨　帆　刘　军
封面设计　今亮新声

出 版 人　陈义望
出版发行　东方出版中心
地　　址　上海市仙霞路 345 号
邮政编码　200336
电　　话　021 - 62417400
印 刷 者　昆山市亭林印刷有限责任公司

开　　本　890mm×1240mm　1/32
印　　张　11
字　　数　234 千字
版　　次　2024 年 3 月第 1 版
印　　次　2024 年 3 月第 1 次印刷
定　　价　68.00 元

目 录

> 伟大的思想家、政治学家、哲学家、经济学家、革命理论家和社会学家。第一国际的组织者和领导者,国际共产主义运动的开创者,马克思主义政党的缔造者,全世界无产阶级和劳动人民的革命导师,无产阶级的精神领袖。主要著作有《资本论》《共产党宣言》等。

> 法国经济学家,数理经济学家,边际革命领导人,边际效用价值论的创建者之一,洛桑学派创始人,开创了一般均衡理论。主要著作有《纯粹政治经济学要义》《社会财富的数学理论》等。

> 奥地利经济学家,边际革命领导人,边际效用价值论的创建者之一,奥地利学派创始人。主要著作有《国民经济学原理》《经济学和社会学问题》等。

英国经济学家,新古典学派(剑桥学派)创始人。在马歇尔的努力下,经济学从仅仅是人文科学和历史学科的一门必修课,发展成为一门独立的学科。主要著作有《经济学原理》《货币、信用与商业》等。

意大利经济学家、社会学家,洛桑学派的主要代表之一。他提出了帕累托最优的概念,并用无差异曲线来帮助发展了个体经济学领域。主要著作有《政治经济学讲义》《社会主义体系》等。

奥地利经济学家,奥地利学派主要代表人物之一,是边际效用价值论的集大成者,也是新古典理论的主要传播者,曾三度任奥匈帝国财政大臣。主要著作有《经济财物价值理论纲要》《资本与利息》等。

美国经济学家,新古典学派国际贸易理论的主要代表。主要著作有《工资与资本》《国际贸易》《美国关税史》等。

美国经济学家、数学家,计量经济学的先驱者,被公认为美国第一位数理经济学家。他使经济学变成了一门更精密的科学。主要著作有《价值和价格理论的数学研究》《资本与收入的性质》等。

前　言

　　本书收入的这些文章皆写于 1910 至 1950 年的 40 年间，最早的三篇（瓦尔拉、庞巴维克、门格尔）用德语写成，其余各篇用英语。除了论述马克思的那篇之外，它们都是给各种经济学期刊的撰稿，要么是在某个经济学家去世的场合，要么是庆祝某个周年纪念，比如马歇尔《经济学原理》出版 50 周年，或者帕累托诞辰百年。由于它们是为了某个特定场合而仓促赶制的急就章，熊彼特认为这些文章几乎不值得结集出版。但是，有很多人需要它们——因为最初发表它们的那些期刊已经一册难求——在他 1950 年去世的几个月前，他终于同意由牛津大学出版社出版这些文章。

　　本书中的 10 篇主文是熊彼特自己选的，除了一篇之外——论述卡尔·马克思的那篇。他原本打算收入《〈共产党宣言〉中的社会学与经济学》一文，那是为了稍嫌迟来的纪念《共产党宣言》发表一百周年而给《政治经济学杂志》（*Journal of Political Economy*，1949 年 6 月号）的撰稿。之所以用《资本主义、社会主义与民主》（*Capitalism，Socialism and Democracy*）的第一部分（《马克思的学说》）替换这篇文章，乃是因为它更为全面地论述了作为一个先知、社会学家、经济学家和导师的马克思。我非常感谢卡斯·坎菲尔德（Cass Canfield）先生和哈珀兄弟出版公司慷慨允许我在《十大经济学家》中收入这篇论文。我还要借此机会感谢《经济学季

1

刊》(*Quarterly Journal of Economics*)、《美国经济评论》(*American Economic Review*)、《经济学杂志》(*Economic Journal*)和《计量经济学》(*Econometrica*)的编者和出版者同意本书收入最初发表于这些杂志的文章;老牌期刊《国民经济、社会政策与行政管理杂志》(*Zeitschrift für Volkswirtschaft, Sozialpolitik und Verwaltung*)已经不复存在。

作为附录的三篇短文分别论述克纳普(Knapp)、维塞尔(Wieser)和鲍特凯维茨(Bortkiewicz),是根据戈特弗里德·哈伯勒(Gottfried Haberler)教授的建议而收入的,他觉得应当重新发表它们,而且,它们与其他传记随笔本该属于一卷。这三篇短文都是为《经济学杂志》撰写的,熊彼特从 1920 至 1926 年担任这家杂志的奥地利通信作者,从 1927 年起担任它的德国通信作者,直至 1932 年,他离开波恩大学,来到哈佛。

作者与这些传记随笔的传主之间有着紧密的联系。他不仅钦佩他们的工作,而且,除一人之外,其余的人他本人全都认识①,并对其中有些人感觉到一种温暖的个人友谊。再一次,这个例外还是卡尔·马克思,他卒于 1883 年,那一年,熊彼特和这十个人当中最年轻的凯恩斯都刚好出生。他和马克思有一个共同之处——一种对经济过程的洞察。在熊彼特自己的《经济发展理论》(*Theory of Economic Development*)中,他尝试着呈现"一个纯经济的经济变动理论,它并不纯粹依赖于外部因素来推动经济体系从一个均衡走向另一个均衡"。在这部作品的日文版序言中,他说:"一开始我并不清楚读者或许一眼就能看出的事情,亦即,[熊彼特自己的]这个观念和这个目标与凸显卡尔·马克思经济学说的那个观念和

---

① 这个说法适用于 10 篇主要文章所涵盖的那些人。附录中的三个经济学家当中,他和维塞尔很熟,与克纳普和鲍特凯维茨大概都有过一面之缘。

目标恰好是一样的。事实上,把他[马克思]与他自己那个时代的经济学家以及他之前的那些经济学家区分开来的东西,恰好就是把经济演化想象为经济体系本身产生的一个截然不同的过程。在其他每个方面,他仅仅是使用和改编李嘉图经济学的概念和命题,但经济演化的概念——他把这一概念置于非本质的黑格尔场景中——则完全是他自己的。大概正是由于这一事实,一代又一代经济学家反复回到他那里,尽管他们可能在他那里找到大量要批评的东西。"而且,在《经济分析史》(*History of Economic Analysis*)手稿中,我们发现:"在他的总体思想图式中,发展不是那个时期其他所有经济学家所认为的那种东西,即静态经济学的一个附属物,而是中心主题。他把自己的分析力集中于这样一项任务:显示那个凭借自身的内在逻辑不断改变自己的经济过程如何持续不断改变着社会框架——事实上是改变着整个社会。"这个洞见是他们所共有的,但它导致的结果大不相同:它导致马克思谴责资本主义,而导致熊彼特成为资本主义的热烈拥护者。

在熊彼特看来,经济学作为一门科学,它的进步依赖于眼力和技术。正如他钦佩马克思洞察经济过程的眼力,他也钦佩瓦尔拉——他只见过瓦尔拉一次——的纯理论。在《经济分析史》中,他这样谈到瓦尔拉:"……经济学是一辆大公共汽车,车上乘客多多,他们有着不可比较的兴趣和能力。然而,就纯理论而言,瓦尔拉在我看来是所有经济学家当中最伟大的。他的经济均衡体系,像那样把'革命'创造性的品质与古典综合的品质统一起来,是一个经济学家唯一能够媲美理论物理学成就的工作。"

马克思和瓦尔拉是南辕北辙的两极:前者尝试对经济变动给出一个逻辑解释,后者试图给我们一个"理论工具,在经济学的历史上,这个工具破天荒第一次有效地包含不同经济量之间互相依赖的纯逻辑"。

熊彼特的典型特征[①]是,他欣赏历史和纯理论、计量经济学和事实材料的大汇编、社会学和统计学,并认为它们都很有用,这一广泛的兴趣反映在这些传记随笔中。

他在维也纳的学生时代就认识门格尔、庞巴维克和维塞尔。门格尔,连同他的两位弟子庞巴维克和维塞尔,可以被视为奥地利学派或维也纳经济学派的联合创立者,门格尔当时已经退出活跃的教学活动;熊彼特只见过他一两次。但这些随笔的作者是维塞尔和庞巴维克的研讨班的积极参与者(1904—1906);后来,他与庞巴维克围绕利率展开了一场著名的论战(*Zeitschrift für Volkswirtschaft*,1913);他是 1921 年维塞尔 70 岁生日庆祝会上的三位发言人之一。

尽管熊彼特高度尊重他在其中接受训练的奥地利学派的工作,但他对另一个发展出了价值的边际效用理论的学派更感兴趣——洛桑学派,这个学派是从瓦尔拉的工作中发展而来的。在某种意义上,这个学派真正的创立者是瓦尔拉那位才华横溢的弟子帕累托,他继任老师执掌洛桑大学政治经济学教席。直到最近,在英美经济学家看来,他们的工作太过"数学",太过"理论",他们还发现,很难阅读用其他语言写作的经济学家(多半也是浪费时间)。然而,洛桑学派很早就获得了两个一流的美国追随者:欧文·费雪和 H. L. 摩尔(H. L. Moore)。本书的 10 篇文章中有 3 篇献给瓦尔拉、帕累托和费雪。在论述帕累托的那篇文章中,熊彼特描述了他们的一次会晤,在这次会晤中,他们谈到了一些经济学

---

① 哈伯勒(Haberler)在《经济学季刊》(1950 年 8 月号)上这样说到他:在一些特定领域有比他更高明的人。"但作为一个所有经济学分支的大师,作为一个通才学者,熊彼特在同时代经济学家当中占据着一个独一无二的位置。"

家,帕累托对费雪给予高度赞扬:"听到他[帕累托]对[费雪的]《资本与收入的性质》(*The Nature of Capital and Income*)给予高度赞扬让我颇感意外。"

1906 年在维也纳大学获得学位之后,熊彼特去英国待了几个月。他在那里对一些英国经济学家深表尊敬,1907 年第一次见到了马歇尔。熊彼特在给《经济学杂志》(1933 年 12 月)撰写的凯恩斯《传记随笔》(*Essays in Biography*)书评的一个注释中简短地描述了这次会晤。评论凯恩斯关于马歇尔的那篇随笔时,他写道:"1907 年我去见他[马歇尔]的时候,当我隔着早餐桌看着他说:'教授,在我们(关于我的科学研究计划)的谈话之后,我觉得就仿佛我是一个轻率的情人,决意要一桩冒险的婚姻,而你像一个仁慈的长辈,试图说服我打消这个念头。'他答道:'事情本该如此。因为如果有什么事情要发生的话,长辈总是会徒劳地劝诫。'"本书中熊彼特自己的文章显示了他多么看重马歇尔的工作;这篇文章在《美国经济评论》上发表之后,他收到玛丽·马歇尔的一封短笺(1941 年 7 月 19 日,剑桥),信中说:"我刚收到《美国经济评论》,怀着极大的兴趣读了你为纪念马歇尔《经济学原理》出版五十周年而撰写的文章。我一向知道你多么欣赏他的工作,我很高兴你利用这个机会这样热情而友善地表达你的欣赏。最后一段尤其令我开怀。我也像你一样赞赏凯恩斯先生《纪念阿尔弗雷德·马歇尔》一文。"

当熊彼特在 1913—1914 学年作为来自奥地利的交换教授来到美国担任哥伦比亚大学时,他大概第一次见到这些文章中讨论的几位美国经济学家(陶西格、费雪、米切尔)。在此之前,他就了解他们的工作,并至少与陶西格通过信。有一封陶西格从马萨诸塞州坎布里奇市写给他的信(1912 年 11 月 27 日),陶西格在信中赞扬了这个年轻经济学家的英文,接下来讨论了熊彼特提出的一个理论难题:"我并不反对你的推理,但我倾向于从一个更现实主义的视角来着手这些主题。"陶西格画了几张供给图表,然后接着说:"我心里想得更多的是,把同样的推理应用于劳动,就像应用于资本和土地那样,以及劳动'租赁'理论的发展;我已经勾画了一篇论述这个主题的相当重要的文章的轮廓。当然,你知道,我的朋友 J. B. 克拉克(J. B. Clark)曾尝试过这种推理方式,欧文·费雪更晚近、更细心地尝试过。关于这个主题,尚无一锤定音的定论。我还不至于自负到认为自己有能力一锤定音,但我希望对这个主题做出一定的贡献。"两个人之间的友谊就这样开始了,一直持续到 1940 年陶西格去世。事实上,在熊彼特到哈佛的最初几年(1932—1937),他一直和陶西格一起住在斯科特街 2 号。

类似地,熊彼特对欧文·费雪和韦斯利·米切尔,也是既钦佩又喜爱。他和费雪联合创立了计量经济学会。当熊彼特探访费雪在纽黑文那个略嫌简朴的家时,总是有很多欢快的打趣(那里有烟酒咖啡,我相信,肉是戒绝的),咖啡是为这位"堕落的"访客特别提供的。阿尔及尔大学教授 G. H. 布斯凯(G. H. Bousquet)在他发表于《政治经济杂志》(Revue d'économie politique)的一篇文章中,描述了这样一个纽黑文周末。本书中韦斯利·米切尔的讣文是熊彼特自己去世一两周之前刚刚完成的。米切尔和熊彼特两个人都研究经济周期,他们都相信,对资本主义发展的这一现象的成功研究需要最广泛的事实调查。熊彼特劳心费力地搜集自己的数据,几乎没有研究助手,因为那就是他的工作方式,但他最敬佩一个能够组织国家经济研究局并聪明而有效地使用其资源的人。

他直至 1927 年才见到凯恩斯，尽管凯恩斯长期以来是《经济学杂志》的编辑之一，而熊彼特自 1920 年以来一直是这家期刊的奥地利通信作者。由于某些不容易解释的原因，这两个人之间的关系无论在私人上还是在专业上都不紧密。

论述瓦尔拉、门格尔和庞巴维克的三篇文章的翻译遇到了某些困难。正如保罗·斯威齐（Paul Sweezy）在他给《帝国主义和社会阶级》（*Imperialism and Social Classes*）撰写的导言中所指出的，也正如哈伯勒更早在他发表于《经济学季刊》上的一篇论文中所指出的，熊彼特的德语风格极难翻译。哈伯勒说："他那种有点涉及文学的风格或许最好是称作'巴洛克'风格，赋予他那种复杂的思维结构以充分的表达。其典型特征是长句子、许许多多的限定短语、对限定的限定、对意义的诡辩性区分。正如你所预料的，他文字风格中的这些品质在他的德语著作中尤其明显，因为德语给复杂的结构提供了更大的自由。"熊彼特对这个事实心知肚明，尤其是那篇论述庞巴维克的文章。他相信，论述庞巴维克的那篇文章实在太长，必须为了说英语的读者而删削和重写。他十分肯定，否则的话读懂它是"不可能的"。

论述庞巴维克的那篇文章比原初的长度削减了大约一半。删削的工作是哈伯勒和翻译者、作者从前的学生赫伯特·查森豪斯（Herbert Zassenhaus）教授做的。在这里，我希望表达对三位译者的感谢，他们是沃尔夫冈·斯托尔珀（Wolfgang Stolper）、汉斯·W. 辛格（Hans W. Singer）和赫伯特·查森豪斯，感谢他们慷慨大方的意愿和帮助；还要感谢保罗·斯威齐，他和我一起通读了所有译文，并在很多实例中帮我把英语改得更流畅，把意思弄得更明白。在某些情况下，我不得不随意改变译文中某些直译很费解或晦涩的段落。论述庞巴维克的那篇文章尤其是这样。因此，译文中的任何缺点都要归因于我,是我一个人的责任。

余下的文章全都用英语写成,这里按照它们最初发表时的样子重印。除了改正一些无关紧要的印刷错误,以及为了在诸如大写字母、标点符号和脚注安排这样一些技术细节上确保统一而进行一些小改动之外,没有对它们进行任何改变或修订。

伊丽莎白·布迪·熊彼特(Elizabeth Boody Schumpeter)

康涅狄格州,塔科尼克

1951 年 2 月 2 日

卡尔·马克思[*]

(1818 — 1883)

Karl Marx

[*] 本篇选自熊彼特:《资本主义、社会主义与民主》(*Capitalism, Socialism and Democracy*),1942 年版。

人类智力与想象力的创造物，在经过一段时间之后，大多已消失得杳无踪迹，其存留的时间长短不一，短的只有茶余饭后的片刻，长的也不过一代人的光景。然而，有些却不曾消亡。它们也曾销声匿迹，但后来又重新出现了，它们不是作为文化遗产中某些无法辨识的因素而重现人间，而是穿着它们各自独特的衣袍、带着自身特有的疤痕——这些都是人们可以看到和触摸到的——而再次出现在我们面前。这些创造物，我们可以称之为伟大的创造。这一定义把伟大跟生命力联系在一起，似乎并无不妥。从这个意义上讲，伟大一词无疑适用于马克思的学说。不过，用复活来定义伟大，还有另外一个好处：它因此变得不依赖于我们的爱憎。我们大可不必相信：伟大的成就，无论在基本构思上，还是在具体细节上，都是光明之源，或者都无懈可击。正相反，我们可以相信它是黑暗的力量；我们甚至可以认为它根本是错的，或者在很多具体问题上不同意它。就马克思的理论体系来说，正因为这样的非难和反驳不能给它造成致命的打击，从而恰恰起到了彰显其结构力量的作用。

过去的 20 年，世界目睹了一次极为有趣的马克思主义的复活。这位社会主义所信仰的伟大导师在苏联享有盛誉，这丝毫也不奇怪。但在马克思学说的原意与布尔什维克党人的实践及意识形态之间，存在着距离，其宽度不亚于谦卑的加利利人的宗教与中世纪诸侯或军阀们的实践及意识形态之间的差距。

但另一次复活就不那么容易解释了，这就是马克思主义在美国的复活。这一现象颇为有趣,因为,在1920年代之前,无论是在美国的劳工运动中,还是在美国知识分子的思想里,马克思主义的曲调都影响不大。在美国,当时的马克思主义一直是肤浅的、琐碎的,而且没什么地位。此外,布尔什维克式的复兴,在那些先前深受马克思学说影响的国家,倒是没有促成类似的喷发。尤其是在德国——德国的马克思主义传统是所有国家中最强大的——在战后社会主义兴盛时期,确实有过一个正统的学派一直保持活跃,就像在之前的大萧条时期一样。但是,社会主义思想的领导人(不仅有那些跟社会民主党结盟的人,还有那些在实践问题上比小心谨慎的保守派走得更远的人)对回归老信条并没有表现出太大兴趣,他们一边对马克思敬若神明,一边小心翼翼地跟他保持距离,完全像其他经济学家一样思考经济问题。因此,在苏联之外,美国的现象尤显突出。我们并不关心它的原因是什么。但考虑到有这么多美国人形成了自己的马克思主义的信念,还是值得我们研究一下它的轮廓与含义。①

一、先知马克思

让一个来自宗教世界的比喻进入本节的标题,并非缘于一次失误。它可不只是个比喻。在某种重要的意义上,马克思主义与

① 我们对马克思著作的引用将局限于最低限度,同时不会给出关于其生平的任何资料。这似乎是不必要的,因为,读者如果想得到马克思的著作清单及其生平梗概的话,可以在任何一部辞典中找到,尤其是在《不列颠百科全书》(*Encyclopedia Britannica*)或《社会科学百科全书》(*Encyclopedia of Social Sciences*)中。研究马克思,最方便的办法是从《资本论》(*Das Kapital*)第一卷入手。至于传记,尽管有大量更晚近的作品,但我依然认为弗兰茨·梅林(Franz Mehring)的作品是最好的,至少从普通读者的立场来看是这样。

宗教有共通之处。对于信仰者来说，首先，它提供了一套终极目的（包括人生意义）的体系，是一套判断事件和行为的绝对标准；其次，它是引导人们达到这些终极目的的向导，它意味着一项拯救计划，并指示出人间的罪恶，人类（或经过选择的部分人类）将从这样的罪恶中获得拯救。我们还可以进一步指出：马克思的社会主义也属于那个指引光明去处的学说群。我相信，由一位圣典学家来阐述这些特征，将会为分类和评论提供机会，跟纯粹的经济学家所能说出的任何东西比起来，这样的分类和评论能够更加深入地揭示出马克思主义的社会学本质。

关于这方面，最不重要的一点是：它解释了马克思主义能够获得成功的原因。纯粹的科学成就，即使远比马克思的科学成就完美，也难以赢得他那样的历史意义上的不朽美名。他的党派口号犹如武器库一般，但也做不到这一点。他的成功，有一部分（尽管是非常小的一部分）确实要归功于他给他的教众们准备了大量让人心潮起伏的短语、热情洋溢的谴责和义愤填膺的手势，这些在任何讲坛上都可以成为招之即来的弹药库，随意发挥。关于这一点，我们要说的是：这个弹药库曾经发挥了并一直发挥着它的有效作用。但弹药的生产也带来了一点不利：为了给社会斗争的竞技场打造这样的武器，马克思有时候不得不调整甚或是离开某些观点，而这些观点在逻辑上正是源自他自己的体系。然而，倘若马克思只会写警言妙句，到如今他恐怕早已湮没无闻了。人类不会对这种服务感恩戴德，那些为政治歌剧撰写唱词的人，他们的名字很快就会被人们忘得一干二净。

但马克思是一位先知，为了理解这一成就的性质，我们必须在他所处的那个时代的背景下来呈现它。那个时代，是资产阶级成就的顶峰，是资产阶级文明的低谷，那是机械唯物主义的时代，在当时的文化环境中,尚未显露出新艺术和新生活方式正在孕育的任何迹象,人们沉湎于极其令人厌恶的平庸。任何真正意义上的信仰正迅速地从所有社会阶层当中消亡,工人世界里唯一的一线希望——除了可能从罗奇代尔(Rochdale)的姿态和储蓄银行那里得到点什么之外——已经悄然熄灭,而知识分子却纷纷宣称,他们对约翰·斯图亚特·穆勒(John Stuart Mill)的《逻辑学》(*Logic*)和"济贫法"甚感满意。

此时,对于千百万芸芸众生的心灵来说,马克思所预言的社会主义,就意味着一道新的光亮,意味着一种新的生活方式。只要你喜欢,不妨把马克思主义视作一种对信仰的模仿——关于这一看法,有很多东西可说——但是,别忘了赞美这一成就的伟大。别在乎那千百万芸芸众生其实并不能从真正的意义上理解和欣赏马克思的预言。那是一切预言共同的命运。重要的事情是,这一预言是以这样一种方式来构建和传达的:它能够被当时有着实证主义头脑的人们所接受——本质上,实证主义无疑是资产阶级的。但是,说马克思主义本质上是资产阶级思想的产物,亦并无悖谬之处。事情是这样做到的:一方面,他以无与伦比的力量,阐述了那种受到挫折和遭遇不公正对待的情绪感受,这原本是很多失败者自我治疗的姿态;另一方面,他宣称,社会主义能够把人们从这种种不幸中解放出来,这一点肯定经得起理性的验证。

瞧,一方面,不断衰微的宗教使得人们惶惶如丧家之犬,怀揣着超理性的渴望东奔西突;而另一方面,那个时代一度不可抗拒的理性主义和唯物主义的趋势,却又不能容忍有着不科学(或伪科学)含义的任何信条。马克思成功地把人们的超理性渴望和时代的趋势编织在一起,这该是何等高超的技艺啊!宣扬终极目的不会有什么效果,分析社会进程只有百十来个专家感兴趣。但是,运

6

用分析的形式,并着眼于人们的内心需要去分析,这才是赢得热烈拥护的取胜之道,并给予马克思主义者以莫大的褒奖,它包含了这样一个信念:一个人为之奋斗并支持的事业,绝不可能被打败,它最终必将赢得胜利。当然,这样说并不能穷尽这一成就。个人的力量和预言的闪光不依赖于信条的内容而发挥作用。没有这些,任何新的生活,任何新的人生意义,都不能有效地揭示出来。但这些并不是我们在这里所关心的。

马克思试图证明社会主义目标的必然性,关于这一努力的中肯性和正确性,我们还有一些话要说。然而,关于上面所说的、他对很多失败者的情绪感受所作的系统化阐述,一句话就够了。当然,它并不是对实际感受的真实阐述,不管这种感受是有意识的还是无意识的。我们宁愿称之为一次努力,是试图以正确或错误地揭示社会进化的逻辑,来取代实际的感受。通过这样做,并通过把他自己的"阶级意识"某种程度上未尽实际地用于民众,他无疑误解了工人的心理(工人们念念不忘的是希望跻身于小资产阶级的行列,希望借助政治力量达到这一地位),但是,只要他的教诲产生了效果,他还会扩大并抬高这种效果。关于社会主义理念的美好,他没有流下什么多愁善感的眼泪。这是他自称比被他称为的"空想社会主义者"高出一筹的优点之一。他也不像资产阶级那样,每当他们为利润而忧心忡忡的时候,总喜欢给工人戴高帽子,赞美他们是终日辛劳的英雄。他完全没有巴结工人的倾向,而在他的一些更软弱的追随者身上,这种倾向往往很明显。对于民众到底是什么,他大概有着清晰的洞察,在他们的头顶之上,他瞻望着遥远的社会目标,这些目标完全超出了普罗大众的理解能力,他们从未想到过、更不曾想达到这一目标。而且,他也从未向他们传授他自己设立的任何理想。这种徒劳无益的事情跟他全然无关。正如每一个真正的先知都自封为神的谦卑的代言人一样,马克思也宣称自己只不过是在阐述历史辩证进程的逻辑。在所有这一切当中,有一种威严,它弥补了他的作品和他的生活当中很多琐碎和庸俗的东西,在他的作品和生活中,这种琐碎和庸俗与这种威严构成了一种如此奇怪的联盟。

最后,还有一点不能不提。马克思本人有着极高的文化修养,没法与那些粗俗不堪的社会主义教授们为伍,这些人在看见神庙的时候都不认识。他完全有能力理解一种文明及其价值中的"相对的绝对"价值,无论他觉得自己与之相去多么遥远。在这方面,要证明他的胸襟广阔,最好的证据莫过于《共产党宣言》(*Communist Manifesto*)了。这本小册子某种程度上可以说是一篇肯定资本主义成就的"热烈颂词"[①],即使是在宣布资本主义行将灭亡的死刑判决中,他也绝没有不承认资本主义的历史必然性。当然,这一姿态暗示了很多马克思自己不愿意接受的东西。但他的这一态度无疑是坚定的,由于认识到了事物的有机逻辑(他的历史理论对此有过详尽的表述),因此他更容易采取这一姿态。对他来说,社会事物都有章可循,虽然在他一生当中的某些关键时刻,他在很大程度上是一个咖啡馆思想家,但他真实的自我其实很鄙视这种事情。对他来说,社会主义并不是一种迷恋,以至于遮蔽了生活中所有其

---

① 这看上去似乎是夸大其词。不过,我们不妨引用一段原文:"资产阶级……第一次证明了,人的活动能够取得什么样的成就。它创造了完全不同于埃及金字塔、罗马水道和哥特式教堂的奇迹。……资产阶级……把一切民族……都卷到文明中来了。……它创立了巨大的城市,……因而使很大一部分居民脱离了乡村生活的愚昧状态。……资产阶级在它的不到一百年的阶级统治中所创造的生产力,比过去一切世代创造的全部生产力还要多,还要大。"(译者注:这段译文引自《马克思恩格斯选集》第一卷,人民出版社,1972年5月第1版,第254—256页)瞧,这里提到的所有成就都独独被归功于资产阶级,这比很多彻头彻尾的资产阶级经济学家所主张的还要多。这就是我上面那段话所说的全部意思——明显不同于今天被庸俗化的马克思主义的观点,也明显不同于现代非马克思主义激进派的凡勃伦学说的废话。

他色彩,并制造出一种对其他文明的病态而愚蠢的仇恨或轻蔑。正是凭借他的基本立场,他那种类型的社会主义思想和社会主义意志被紧密地结合在一起,在多重意义上,他完全有正当的理由,为这种类型的社会主义要求它当之无愧的名号,这就是:科学社会主义。

二、社会学家马克思

现在,我们要做一件令忠实于马克思的人们颇感不快的事情。在他们看来是真理之源的东西,任何人想对它做一番冷静的分析,他们自然要感到不快。但他们最感气愤的事情之一,是把马克思的作品切成碎块,然后一块块地加以讨论。他们会说,这一事实表明,资产阶级没有能力领悟这一光辉的整体,它的所有部分互为补充,互为解释,所以,仅仅考量一个部分或一个方面,就会失去其真实含义。然而,我们别无选择。在分析完"先知"马克思之后,接着再分析社会学家马克思,这样的冒犯并不意味着我否认马克思著作中存在着社会构想的统一性,正是这种构想,赋予了马克思著作以某种程度的分析的统一,以及更大程度上的统一的面貌;我也不打算否认这样一个事实:它的每一部分,无论本质上多么独立,其实都是互相关联的。然而,在这片辽阔领域的每一个部分,依然存在足够的独立性,这使得学者可以接受他在其中一部分领地上的劳动成果,同时拒绝他在另一部分领地上的劳动成果。在这个过程中,信仰的魔力损失泰半,但是,通过打捞重要的、有激励作用的真理,毕竟有所收获,就其本身而言,这要比把它绑在一堆没有希望的沉船残骸上有价值得多。

这一方法首先适用于马克思的哲学,我们不妨索性略过,对哲学问题不加以讨论。由于他接受的是德国式教育,有着善于思辨的头脑,因此他在哲学上有着扎实的根基和强烈的兴趣。德国式的纯哲学是他的起跑点,也是他青年时代的爱好。一度,他认为哲学就是自己真正的职业。他曾经是一位新黑格尔派哲学家,这大致意味着,他和他所在的群体一方面接受了这位大师的基本观点和方法,另一方面又摒除了其他很多黑格尔的追随者对黑格尔哲学所作的保守解释,并以他们自己的、几乎相反的观点取而代之。这一背景,只要有展示的机会出现,就被展示在他的著作中,所以一点也不奇怪,为什么他的德国和俄国读者(他们的思想倾向和所受的训练颇为类似)都首先抓住了这一因素,并把它当作理解马克思体系的万能钥匙。

我相信,这应该是一个误会,对马克思的科学力量也不公平。他整个一生都保持着早年的爱好。在他的论点与黑格尔的论点之间可以找到某些形式上的相似,他很欣赏这些相似。他很喜欢证明他的黑格尔哲学,喜欢使用黑格尔哲学的术语。但仅此而已。在任何地方,他都不曾背叛实证科学,转投形而上学。在《资本论》(Das Kapital)第一卷第二版的序言里,他自己也是这样说的,而且,通过分析他的论证,可以证明,他所说的是真话,而并非自欺欺人,他的论证,处处都建立在社会事实的基础上,其论点的真正来源,没有一处在哲学的领域。当然,那些原本从哲学方面出发的注释者或批评者做不到这一点,因为他们对相关的社会科学所知不多。此外,哲学体系建构者的习性使得他们只接受源自某个哲学原理的解释,而讨厌其他任何解释。所以,在关于经济经验的最务实的陈述中,他们看到了哲学,因此把讨论引向了错误的轨道,既误导了敌人,也误导了朋友。

作为社会学家的马克思运用了这样一种装备来完成他的工作,它主要由对历史事实和当代事实的广泛掌握而构成。关于当代事实,他的知识总是并非最新,因为他很书生气,所以,到达他手里的基本材料(有别于报纸上的材料)总是晚了一步。但是,他那个时代的几乎任何一部历史著作,只要是具有一般意义或全面视野,都很难逃过他的眼睛,虽说有很多的专题文献被他所遗漏。尽管我们不能像赞美他在经济理论领域的博学那样赞美他在这一领域的学识之全面,但他还是能够不仅借助巨幅历史画卷,而且借助很多具体细节,来生动说明他的社会构想。其中大多数细节的可靠性,非但不低于而且要高于当时其他社会学家的标准。对于他采信的这些事实,他一眼就穿透了其表面的毫无规律,直抵历史事物的宏大逻辑。在这一点上,并非只有激情,也并非只有分析的冲动。二者兼而有之。他努力阐述这一逻辑,即所谓"经济史观"①,其结果无疑是迄今为止社会学研究领域最伟大的个人成就之一。在这样的成就面前,讨论这一成就到底是不是完全的原创,抑或究竟在多大程度上要归功于德国和法国的前辈,也就显得毫无意义了。

经济史观并不意味着人们被经济动机所驱使——不管是有意识还是无意识,是完全还是主要由其驱动。恰恰相反,解释非经济动机的作用与机制,分析个人心灵反映社会现实的方式,是这一理论的基本要素,也是它最重要的贡献之一。马克思并不认为:宗教、形而上学、艺术流派、道德观念及政治意志,要么可以还原为经

---

① 最早发表在 1847 年的一部题为《哲学的贫困》(*Das Elend der Philosophie*)的著作中,这部著作严厉抨击了皮埃尔-约瑟夫·普鲁东(Pierre-Joseph Proudhon)的《贫困的哲学》(*Philosophie de la Misère*)。另一个版本被收入了 1848 年版的《共产党宣言》中。

济动机,要么是不重要的。他只是试图揭示出它们赖以形成,并因之而兴衰沉浮的经济条件。马克斯·韦伯(Max Weber)①的全部论据和论点完全适合于马克思的理论体系。社会群体和社会阶层,以及这些群体或阶层是以什么方式来解释他们各自的存在、地位和行为,当然是他最感兴趣的东西。他把自己最强烈的愤怒一股脑地泼向了某些历史学家,这些人按照其表面价值来对待这些看法及其言说(即意识形态,或者按照帕累托的说法叫作"派生物"),并试图借助它们来解释社会现实。但是,在他看来,观念或价值就算不是社会进程的原动力,它们也并非只是转瞬即逝的缕缕青烟。倘若我可以使用比喻的话,可以说,它们在社会发动机中扮演了传动带的角色。这些理论在战后的一个最为有趣的发展,提供了一个可以解释这个问题的最佳例证,这就是"知识社会学"(Sociology of Knowledge)②。我们不可能在这里详细讨论这个问题,但有必要提及一下,因为在这方面,马克思不断被人们误解。就连他的朋友恩格斯,在马克思墓前的演说中,也把上述理论的准确意义界定为:个人和群体主要受经济动机的支配。这一看法在某些重要方面是错误的,而在其余的方面则浅薄得可怜。

在讨论这个问题的同时,我们还可以为马克思辩护一下,使之免遭另一种误解:经济史观常常被称作唯物史观。马克思本人也这样称呼它。这一术语极大地增加了它在一些人当中受欢迎的程度,同时也增加了它在另一些人当中不受欢迎的程度。但这毫无

---

① 这里指的是韦伯对宗教社会学的研究,特别是他的文集中再版的著名研究成果《新教伦理与资本主义精神》(*Die protestantische Ethik und der Geist des Kapitalismus*)。
② 德文单词是 Wissenssoziologie,最值得提到的名字是马克斯·舍勒(Max Scheler)和卡尔·曼海姆(Karl Mannheim)。后者为德文版《社会学辞典》(*Handwörterbuch der Soziologie*)撰写的相关词条可以充作一篇导论。

意义。马克思的哲学并不比黑格尔的哲学更加唯物,比起其他任何试图借助经验科学的手段来解释历史进程的人来,他的历史理论也并不更加唯物。有一点很清楚:这在逻辑上与任何形而上学信仰或宗教信仰是一致的——完全像世界上任何物质图景一样。中世纪神学本身就提供了一些方法,可以借助这些方法来建立这种一致性。①

这一理论实际上所说的东西,可以归纳为两个命题:(1)生产方式或生产条件是社会结构的基本决定因素,而社会结构反过来培育了态度、行动和文明。马克思用了一句名言来说明自己的意思:"手工磨坊"创造了封建社会,"蒸汽磨坊"创造了资本主义社会。这个说法过于强调技术因素,但是,如果纯粹的技术并非它的全部,那么,这个命题还是可以接受的。如果把它稍稍通俗化一些,并认识到,这样做将会损失掉很多意义,那么我们可以这样说:正是我们的日常工作,形成了我们的思想观念;正是我们在生产过程中所处的地位,决定了我们对事物的看法——或者决定了我们所看到的事物的某些方面——以及我们每个人可以自由支配的社会空间。(2)生产方式本身有其自身的逻辑;也就是说,它们根据其自身内在的需要而改变,为的是仅凭它们自己的工作来生产它们的继任者。同样用马克思自己举的例子来说明:以"手工磨坊"为特征的体制,创造出了一种社会和经济情势,在这样的情势中,机械碾磨方法的采用成了一种实际需要,任何个人或群体都无力改变这一需要。反过来,"蒸汽磨坊"的兴起和运转创出了新的社会功能和社会地位,新的群体和观念,这些以这样一种方式不断

---

① 我遇到过几个天主教激进分子,其中有一个是牧师,全都是虔诚的天主教徒,他们就采纳了这一观点,而且事实上,他们宣称自己在每一件事情上(除了涉及他们的信仰之外)都是马克思主义者。

发展并相互作用,以至于超出了它们各自的框架结构。于是,我们在这里有了一个推进器,它首先负责推动经济变革,再由经济变革进而推动其他任何社会变革,这个推进器的行动,本身并不需要任何外在的推力。

这两个命题无疑都包含了大量的真理,而且都是价值无法估量的、很有作用的假设,正如我们将在后面几个关键之处所发现的那样。目前大多数反对意见都彻底失败了,例如,所有从道德因素或宗教因素的影响方面提出来的反对意见,或者爱德华·伯恩斯坦(Eduard Bernstein)早已提出的那种意见——伯恩斯坦曾经以一种令人愉快的简单语调直接宣称:"人都有头脑",因此能够按照自己的选择行动。在说出了上面的这些话之后,几乎用不着详细论述这些论点的不堪一击:当然,人们所"选择"的行动路线,并非直接被环境的客观事实所强迫;但他们在做出选择时所基于的立场、观点和倾向,并没有构成另外一套独立的事实,相反,它们本身就是由客观形势塑造而成的。

然而,问题来了:经济史观是否只不过是一种贪图方便的近似法,在某些情况下,它所发挥的作用必定不如在另外一些情况下那么令人满意?一个显而易见的先决条件从一开始就出现了。社会的结构、类型和态度都是一些不易熔化的硬币。它们一旦铸造成型,就会持续下去,多半要持续几个世纪,而且,由于不同的结构和类型显示出了不同程度的这种存活能力,因此我们几乎总是发现,群体和民族的实际行为,都或多或少背离了我们的预期——倘若我们试图从生产过程的主流方式推导出它的话。这个说法的适用范围尽管十分普遍,但要想最清楚地看出这种情况,还是要在一种高度持久稳定的结构整体从一个国家转移到另一个国家的时候。诺曼人的征服在西西里所创造出来的社会情势,可以形象地说明我的意思。这样一些事实,马克思并没有忽视,但他没有认识到它们的全部含义。

这里有一个相关实例,它有着更加不祥的意义。不妨考量一下公元 6 至 7 世纪封建式地主所有制在法兰克王国的出现。这肯定是当时最重要的事件,它所形成的社会结构延续了许多个世代,同时还影响了包括需求和技术在内的生产条件。但对它的最简单的解释,应该从军事领袖的职能中去找,这些军事领袖的职位,先前都是由那些在新地区被明确征服之后成为封建地主的家族和个人所占据(征服之后依然保留了这样的职能)。这并不完全符合马克思的基本命题,并且很容易被解释为指向不同的方向。毫无疑问,可以借助辅助性的假说把此类性质的事实纳入进来,但是,插入这种假说的必要性,通常就是一种理论寿终正寝的开始。

在试图借助马克思的方法来解释历史的过程中,还出现了其他很多困难,这些困难,可以通过承认生产领域与社会生活的其他领域之间存在某种程度的相互作用来加以解决①。但是,笼罩在它周身的那种基本真理的魔力,恰恰取决于它所宣称的单向关系的严谨和简单。如果连这个都成了问题,那么,经济史观将不得不与其他类似命题为伍:成为为数众多的局部真理之一,或者,干脆让位于其他能说出更加基本的真理的理论。然而,无论是作为一项成就,还是作为一种有用假说的简便性,它的地位都不会因此而受到损害。

当然,对于忠实的支持者来说,它确实是一把万能钥匙,可以打开人类历史的全部秘密。即使我们有时候会认为人们对这一理

---

① 弗里德里希·恩格斯(Friedrich Engels)在晚年的时候坦率地承认了这一点。格奥尔基·普列汉诺夫(Georgi Plekhanov)在这个方向上走得更远。

论的应用有点天真，我们也应该记住，它所取代的究竟是何种论点。记住了这一点，就连经济史观的"姐妹"——马克思的社会阶级理论，也马上变得更容易理解了。

再一次，他的社会阶级理论首先是我们不得不记录的一项重要贡献。在认识社会阶级现象这件事情上，经济学家们出奇地迟缓。当然，他们一直在给行为人划分不同的类别，因为正是这些人的相互作用产生了他们所处理的过程。但这些类别只不过是一组组显示了某种共性的个人；因此，某些人被归类为土地所有者或工人，因为他们拥有土地或出卖自己的劳动力。然而，社会阶级并不是分类观察者的产物，而是原本就存在的活生生的实体。它们的存在必然导致某些结果，而如果一种理论把社会看作一个漫无组织的个人或家庭的集合，那么它就完全看不到这些结果。对于纯经济理论领域的研究来说，社会阶级的现象究竟有多重要，这是一个颇可讨论的问题。但是，对于很多实际应用来说，以及对于一般社会进程中的所有更广泛的方面来说，它非常重要，这一点毋庸置疑。

大致上我们可以说，社会阶级这一概念是在《共产党宣言》里那句名言中首次亮相的，这句名言就是：至今一切社会的历史都是阶级斗争的历史。当然，这是把它的主张置于最高点。但是，即使我们把调门降低到这样一个命题——历史事件常常可以借助阶级利益和阶级态度来解释，而且现有的阶级结构始终是历史解释中的一个重要因素，那么，剩下的也足以让我们有资格说：这一概念几乎和经济史观本身一样有价值。

很显然，在阶级斗争原则所开辟的前进道路上能否取得成功，取决于我们自己所信奉的阶级理论是否正确。我们展现的历史图景，以及我们对文化模式及社会变革机制所作的一切解释，都将依据我们所选择的阶级理论而有所不同,例如,我们是选择种族的阶级理论,像约瑟夫·阿瑟·戈宾诺(Joseph Arthur Gobineau)那样把人类历史简化为种族斗争史,还是选择像古斯塔夫·冯·施穆勒(Gustav von Schmoller)或埃米尔·涂尔干(Emile Durkheim)那样的劳动分工的阶级理论,把阶级对抗归结为不同职业群体间的利益对抗。分析中可能存在差别,其范围并不局限于阶级性质的问题。关于这个问题,无论我们抱持何种观点,对阶级利益的不同定义①,以及关于阶级行动如何彰显的不同观点,都会导致不同的解释。时至今日,这个问题依然是偏见的温床,迄今尚未达到它的科学阶段。

说来也怪,据我们所知,阶级理论明显是马克思思想的枢纽点之一,但他却从未系统化地阐述过这一理论。很有可能,恰恰因为他的思考基本上是按照阶级观念的路子走,以至于他觉得根本没必要操心明确的阐述,所以,这项工作就给耽搁了,最后为时已晚,想写也来不及了。同样有可能的是,其中有些问题在他自己的头脑里尚未解决,而且,他由于坚持对阶级现象进行纯经济学的、过于简单化的构想,从而给自己制造了某些困难,阻挡了他通向成熟阶级理论之路。他本人和他的弟子们都曾把这一发育不全的理论应用于一些特定的情况,他自己的《1848 年至 1850 年的法兰西阶级斗争》就是一个突出的例证。除此之外,没有实现任何真正的发展。他的主要助手弗里德里希·恩格斯的理论,是劳动分工型的,就其含义而言,本质上是非马克思的。除此之外,我们只

---

① 读者将会认识到,关于阶级是什么,以及究竟是什么使阶级得以存在,人们的观点并不能唯一决定这些阶级的"利益"是什么,以及各阶级如何根据"它"——例如,它的领袖或普通成员——所认为或感觉到的东西采取行动,无论这种行动是长期还是短期,是错误还是正确。群体利益的问题布满了荆棘及自身的陷阱,跟我们正在研究的群体的性质毫无关系。

有一些零零碎碎的篇章和摘要,其中一些有着引人注目的力量和才华,散见于这位大师的所有著作中,尤其是在《资本论》和《共产党宣言》中。

把这样的碎片拼合在一起是一项细致而烦琐的工作,这里是不可能尝试了。然而,基本观念已经足够清晰。划分阶级的原则在于拥有还是不拥有生产资料,诸如厂房、机器、原材料,以及列入工人预算的消费品。因此从根本上讲,我们有且只有两个阶级:拥有生产资料的资本家,以及不拥有生产资料、被迫出卖劳动力的劳动阶级,或称无产阶级。当然不否认中间群体的存在,比如,由那些既雇佣劳工,同时自己也从事体力劳动的农民和手艺人所组成的群体,以及由职员和自由职业者所组成的群体;但这些群体被当作异常事物来对待,在资本主义发展的过程中,它们往往会消失。两个基本阶级本质上互相对立,这是他们所处地位的必然结果,而且完全不受任何个人意志的影响。各阶级内部的分裂,以及内部子群之间的冲突,都时有发生,而且可能有着决定性的历史意义。但归根到底,这样的分裂或冲突是偶然的。在资本主义社会的基本设计中,有一种对抗不是偶然的,而是内在的,它建立在私人控制生产资料的基础上:资产阶级与无产阶级之间的关系,其性质就是斗争——阶级斗争。

正如我们将要看到的那样,马克思试图向我们显示:在这场阶级斗争中,资本家们是如何互相消灭,并最后消灭资本主义制度。他还试图显示:资本的所有权如何导致进一步的积累。但是,这种论证方式,以及把某种物权视为一个社会阶级的构成特征的定义方式,只能有助于提高另一个问题的重要性,这就是"原始积累"的问题,换句话说,就是资本家最初如何成为资本家的问题,或者说,就是他们如何获得最初的财物的问题。根据马克思的学说,为了使他们能够开始剥削,这样的储备必不可少。在这个问题上,马克思说得不够清楚①。他轻蔑地驳斥资产阶级津津乐道的那个童话故事:为什么是这些人,而不是那些人成了资本家(每天依然有人正在成为资本家),乃是因为他们在工作和储蓄方面有着过人的才智和干劲。他嘲笑这个关于好孩子的故事,这样做是明智的。因为,要对付某个令人不舒服的真理,哈哈大笑无疑是极好的办法,每个政治家都知道这样做的好处。任何一个人,只要能不带偏见地看待历史事实和当代事实,都不能不注意到,这个童话故事尽管远远没有说出全部真相,但还是讲出了大量的真相。在众多的案例中,非凡的才智和干劲的确是产业成功的原因,特别是在创业过程中。而且,恰好是在资本主义的原始阶段和个人创业的初期,储蓄曾经是而且一直都是这一过程当中的一个重要因素,尽管不完全像古典经济学所解释的那样。有一点倒是真的,通常情况下,一个人并不是通过节省工资或薪水,并靠着这样积攒下来的经费来开设工厂,从而获得资本家的身份(产业雇主)。绝大部分积累来自利润,因此,先有利润才有积累——事实上,这正是人们把储蓄与积累区别开来的可靠理由。要获得创业所需要的资金,典型的方式是借用他人的储蓄——很多小额储蓄的存在不难解释——或者借用银行为那些想成为企业家的人所创立的存款。然而,后者照例还是要存钱:他存钱的作用就是让他不必为了一日三餐而整日操劳,使他有空闲的时间,好去寻找机会,去发展他的计划,去寻求合作。因此,就经济理论而言,马克思在否认古典作者所赋予的储蓄的作用时,他是有论据的——尽管他有些夸大其词。只不过,他的结论却引不出来。如果古典理论是正确的,他的

---

① 参见《资本论》第一卷第 26 章:"原始积累的秘密"。

哈哈大笑恐怕就更加不公平了。①

　　然而,大笑还是起了作用,并帮助马克思的另一套原始积累理论扫清了道路。但这套理论并不像我们所希望的那么明确。对民众的暴力—劫掠—镇压,使得掠夺更容易,而这种劫掠的成果反过来又使得镇压变得更容易——这种观点当然很好,非常符合各种类型的知识分子当中所共有的观念,跟马克思的那个年头比起来,在我们这个时代更是如此。但它最终并没有解决问题,也就是没有解释人们究竟是如何获得了征服和掠夺的权力。通俗文献当然不操心这个问题。我并没有想到向约翰·里德(John Reed)的作品提出这个问题。可我这里讨论的是马克思。

　　如今,马克思所有重要理论的历史性提供了至少是貌似答案的东西。在他看来,资本主义从封建社会状态发展出来,这不仅是个事实,而且对资本主义的逻辑来说也是必不可少的。当然,在这种情况下,同样提出了一个关于社会阶层形成的原因和机制的问题,但马克思基本上同意资产阶级的观点:封建主义是一种武力统治②,在这样的统治下,对民众的镇压和剥削早已是既成事实。原本是为了资本主义社会条件而设计的阶级理论,如今被引申到

---

① 我不会在这里停下来强调——不过还是应该提一下——即便是古典理论,也并不像马克思所说的那样。在最严格的字面意义上,"储蓄"一直是"原始积累"的一种重要方法,尤其是在资本主义的早期阶段。此外,还有一种方法跟它非常相似,尽管不是一模一样。在17世纪和18世纪,很多工厂只不过是一间工棚,一个人完全可以用自己的双手搭建起来,而且只需要最简单的设备就能让它开工。在这样的情况下,这位未来资本家的手工劳动,加上一笔很小的储蓄资金,就是所需要的一切——当然还要脑筋。

② 武力的因素,以及对赖以行使武力的物质手段的控制,对于解释这个问题都有一定的价值,除马克思之外,还有很多社会主义作者都对这样的价值表现出了过多的信任。比方说,费迪南·拉萨尔(Ferdinand Lassalle)在解释政府的权威时,除了刺刀和大炮之外,提供的其他论据甚少。让我感到奇怪的是,为什么那么多人看不到这样一种社会学的弱点,无视这样一个事实:说权力导致了对大炮(以及愿意使用大炮的人)的控制,比说对大炮的控制产生了权力,明显更符合实际。

了它的前辈封建社会——正如资本主义经济理论的很多观念结构一样①——而且，一些最棘手的问题被藏进了封建混合物里，然后在分析资本主义的时候，以已经解决的状态，作为论据再次出现。只不过封建剥削者被资本剥削者所取代。在封建领主实际上已变成实业家的情况下，只有这样才会解决因此遗留下来的问题。历史证据给这一观点提供了一定的支持：很多封建领主——特别是在德国——确实创办并经营了工厂，并常常用他们的封建地租提供资金，由农业人口（未必是他们的农奴，但有时候是）提供劳动力②。在其他所有情况下，可以用来堵塞这个漏洞的材料明显是不扎实的。表达这种境况的唯一坦率的方式是：从马克思的立场来看，没有令人满意的解释，也就是说，如果不求助于非马克思主义的原理（这些往往让人联想到非马克思主义的结论），那么这个问题就得不到解释。③

　　然而，这就从其历史源头和逻辑源头上削弱了这一理论。由于大多数原始积累的方法也是后来积累的原因——可以说，在整个资本主义时代，原始积累自始至终在继续——所以我们不可能说，除了在解释遥远过去的发展过程上有些困难之外，马克思的社会阶级理论完全是正确的。但是，这样一种理论，即便是在最有利的实例中，它都无法接近它所要解释现象的核心，根本不必严肃地

---

① 这构成了马克思学说与洛贝图斯学说的相似点之一。
② W. 桑巴特（W. Sombart）在他的《现代资本主义》（*Theorie des modernen Kapitalismus*）第一版中试图最大限度地利用这些例证。但是，正如桑巴特本人最后承认的那样，试图把原始积累完全建立在地租积累的基础上是毫无希望的。
③ 如果不侵犯知识分子的民间传说的领地，即使我们承认掠夺在极大程度上能够做到这一点，上面的说法也是对的。在很多时期和很多地方，掠夺确实参与了商业资本的积累。腓尼基人的财富和英国人的财富提供了我们所熟悉的例证。但即便如此，马克思的解释依然不能令人信服，因为归根到底，成功的掠夺必定依赖于掠夺者的个人优势。一旦承认了这一点，就会出现一套大为不同的社会阶层形成理论。

对待,我们要是抓住它的缺点不放,未免有些多余。这样的有利实例,大多可以在资本主义发展的某个阶段找到,这一阶段的特征是:中等规模、业主自己经营的企业颇为盛行。在这一类型的范围之外,阶级地位尽管在大多数情况下多少反映在相应的经济地位中,但它更多是经济地位的原因,而不是它的结果。显然,商业上的成功,并非在任何情况下都是通向显赫社会地位的唯一坦途,只有在生产资料的所有权从根本上决定了一个群体在社会结构中的地位的情况下,事情才会如此。但即便是那样,如果把生产资料所有权视为定义性的因素,其合理性的程度就像把一个碰巧有把枪的人定义为士兵一样。一劳永逸地把一些人(连同他们的后代)看作资本家,同时一劳永逸地把另外一些人看作无产者,并滴水不漏地把这两种人划分开来,这不仅全然不切实际——正如人们经常指出的那样——而且也漏掉了社会阶级的显著特点:个别家庭持续不断的兴衰沉浮,不断地进入或退出上等阶层。我们所提到的这些事实全都显而易见、毋庸置疑。如果它们没有被展现在马克思的画面上,则理由只能是:它们所蕴含的意义是非马克思的。

然而,考量一下这一理论在马克思的体系结构中所扮演的角色,并问一下打算让它服务于什么样的分析意图——而不是作为鼓动者的一件装备——大概并非多此一举。

一方面,我们必须记住,社会阶级理论与经济史观在我们看来是两种独立的学说,而对马克思来说则不是这样。在马克思那里,前者以一种特殊的方式补充了后者,并因此限制了——也使之更明确了——生产条件或生产方式的运作方式。这些决定了社会结构,并通过社会结构决定了一切文明的表现形式,以及文化史和政治史的整个进程。但是,就所有非社会主义时期而言,社会结构是依据阶级——前面说的那两个阶级——来定义的,阶级才是真正的剧中人，同时也是资本主义生产制度唯一的直接产物，而这一制度则通过阶级影响了其他一切事物。这解释了马克思为什么不得不把他的阶级看作纯粹的经济现象，甚至是非常狭隘意义上的经济现象：借此，他使自己免于对它们作更深的照察，但是，恰恰由于他把阶级置于其分析模型中的那个特定位置，他只能这样做，舍此别无选择。

另一方面，马克思想用他定义阶级划分的同样特征来定义资本主义。读者只须稍作思考就会相信，这并不是一件必须要做，或者做起来顺理成章的事情。事实上，它是分析策略的大胆之笔，把阶级现象的命运跟资本主义的命运以这样一种方式联系在一起，以至于根据定义，原本跟社会阶级的存在或不存在毫无关系的社会主义，成了除原始族群之外唯一可能的无阶级社会。除了马克思所选择的阶级的定义和资本主义的定义——这一定义是根据生产资料的私人所有制来界定的——之外，其他任何定义都不可能获得这样巧妙的同义反复。据此，只能有两个阶级：拥有生产资料的人和不拥有生产资料的人。据此，所有其他的划分原则，即便是其中貌似更有道理的原则，都只能予以忽视，要不然的话就把它们归纳到这个定义中来。

这个意义上的资本家阶级和无产阶级之间的分界线，其确定性和重要性固然被夸大了，但它们之间的对抗更是被夸大了。对于任何一个没有因为惯于捻弄念珠而产生偏见的人来说，有一点应该是显而易见的，即：在正常时期，这两个阶级的关系主要是合作的关系，而且，任何相反的理论都必定在很大程度上要依靠反常的实例来证明。在社会生活中，对抗与合作当然都是普遍存在的，事实上除了最罕见的实例之外，这二者也是密不可分的。但我几乎忍不住要说，古老的和谐观当中尽管也充斥着假说，但跟马克思在工具拥有者和工具使用者之间构建一条不可逾越的鸿沟这种假说比起来，就要相形见绌了。然而，他别无选择，这倒不是因为他想要得出革命性的结论——他完全可以通过数十种其他可能的修辞手段得出这些结论——而是出于他自己的分析的需要。如果阶级斗争是历史的主题，也是带来社会主义黎明的手段，如果只能有这两个阶级，那么它们之间的关系原则上必须是敌对的，否则的话，他的社会动力学体系就会失去力量。

好了，尽管马克思从社会学的意义上定义了资本主义，即根据私人控制生产资料的制度来界定，但他的资本主义社会的力学，却是由他的经济理论提供的。这一经济理论就是要显示社会学材料如何体现在诸如阶级、阶级利益、阶级行为、阶级之间的交换之类的概念中，并通过经济价值、利润、工资、投资等媒介得出结果，以及它们如何恰好产生那样的经济过程，这一经济过程最终会打破其自身的制度架构，同时为另一个社会的出现创造条件。这一特殊的社会阶级理论是一个分析工具，它通过把经济史观跟利润经济的观念联系起来，从而调动了所有的社会事实，让所有现象有一个共同的焦点。它因此不仅仅是一种只解释个别现象而不及其余的理论。它有一种有机的功能，对马克思的体系来说，这一功能确实比用来解决直接问题的成功措施要重要得多。要想理解一个分析马克思的力量的人如何能够忍受其缺点的话，我们就必须看到这一功能。

一直有一些激进人士，赞赏马克思的这种社会阶级理论。但更加容易理解的是那些人的感情，他们赞美这种综合整体上的力量和宏大，以至于乐意原谅其各个组成部分中的几乎任何数量的缺点。我们将试着对此加以评估（第四节）。但首先我们必须看看马克思的经济力学究竟如何完成其总体计划所赋予给它的任务。

三、经济学家马克思

作为一个经济理论家，马克思首先是一个学识渊博的人。对于一个我称为天才和"先知"的作者，我竟然认为有必要凸显这一因素，这似乎有点奇怪。然而，认识到这一点很重要。天才和"先知"在专业学识上通常并不突出，他们的独创性——如果有的话——通常恰恰要归功于他们在专业学识上的不突出。但马克思的经济学中，没有任何东西可以说明他在理论分析技术上缺乏学识或训练。他是一个求知欲极强的阅读者和一个不知疲倦的工作者。他很少漏过重要的理论贡献。他所读过的东西他都消化了。他以一种对细节的酷爱，跟每一个事实或论点较劲，这在一个习惯于纵览整体文明和长期发展的人身上极为罕见。不管是批评和拒绝，还是接受和协调，他总是要刨根究底。关于这一点，最突出的证据在他的著作《剩余价值理论》(*Theories of Surplus Value*)中，此书是一座理论激情的纪念碑。持续不断地努力训练自己，努力掌握一切可以掌握的东西，在某种程度上使他摆脱了偏见和科学之外的目标，虽说他肯定是为了证明某个明确的构想而工作。对他强大的智力来说，不由自主地对问题本身感兴趣才是最重要的；不管他多么热衷于引入他的最终结论，但在工作的时候，他首先关注的是把当代科学所提供的分析工具打磨得更加锐利，是解决逻辑难题，并在此基础上构建这样得来的理论，不管这一理论有着怎样的缺点，就其性质和意图而言，它确实是科学的。

不难看出，朋友和敌人为什么都误解了他在纯经济领域的成就的性质。在朋友看来，他远不止是一位专业理论家，以至于倘若过于突出他在这方面的工作,对他们来说似乎差不多是亵渎的行为。而敌人,则憎恶他的姿态及其理论论证的背景,他们发现,几乎不可能承认:在他的工作的某些部分,他所做的那种事情,恰恰是他们应该给予很高评价的——倘若出自别人之手的话。此外,在马克思的著作中,经济理论这块冰冷的金属被浸泡于大量热气腾腾的短语中,以至于获得了其本身并不具有的温度。任何一个对马克思是否有资格被视为一位科学意义上的分析家表示怀疑的人,他们想到的当然不是思想,而是这些短语,是激情澎湃的语言,是他对"剥削"和"贫困化"[这大概是德语单词 Verelendung 的最好译法,这个单词并不是什么好德语,正如 immiserization(贫困化)这个怪物也不是好英语一样。它在意大利语中是 immiserimento]的热情洋溢的控诉。诚然,所有这些,以及其他很多东西,比如他对奥克尼(Orkney)夫人①的那些辛辣影射和直露评论,都是这些表现的重要组成部分,对马克思本人来说很重要,对他的追随者或怀疑者也是如此。它们部分解释了为什么很多人认为,从马克思的命题中看到了比他"师傅"的类似论点更多的东西,甚至是某种根本不同的东西。但它们并不影响他的分析的性质。

那么,马克思真有一位师傅吗?是的,当然有。要想真正理解他的经济学,首先要认识到,作为一位理论家,他是大卫·李嘉图(David Ricardo)的弟子。说他是李嘉图的弟子,意思不仅仅是说他的论点明显是从李嘉图的命题出发的,而是在一个更加重要的意义上,即:他是从李嘉图那里学到了理论化的艺术。他总是使用李嘉图的工具,每一个理论问题,都是以他在深入研究李嘉图时所碰到的问题的形式,以他从这一研究中所搜集到的、用于进一步

---

① 威廉三世的朋友,威廉国王当年很不得人心,而到了这个时候,他居然成了英国资产阶级的偶像。

工作的暗示的形式,呈现在他的面前。马克思本人在很大程度上承认了这一点,尽管他当然不会承认他对李嘉图的态度是弟子对教授的那种典型态度:洗耳恭听他屡次三番、滔滔不绝地说到人口过剩,说到过剩的人口,再说到机器使人口过剩,然后回到家里试着解答问题。围绕马克思而争论的双方都不愿意承认这一点,这或许可以理解。

李嘉图的影响并不是马克思经济学所受到的唯一影响,但在这样一篇概述中,只须提到弗朗索瓦·魁奈(Francois Quesnay)的影响就足够了,马克思关于经济过程的基本概念来自魁奈。在1800—1840年,试图发展劳动价值理论的一大帮英国作者或许可以提供很多的暗示和细节,但对我们的目的而言,提到李嘉图的思潮就可以把这些囊括在内。有几位作者,马克思对他们的不友好程度,跟他们和他的距离成反比,他们的工作在很多方面跟他的工作是平行的[让·沙尔·列奥纳尔·西蒙·德·西斯蒙第(Jean Charles Leonard Simonde de Sismondi)、卡尔·洛贝图斯(Karl Rodbertus)、约翰·斯图亚特·穆勒(John Stuart Mill)],对这些人必须撇开不谈,正如跟主要论断没有直接关系的所有东西都应该撇开不谈一样——例如,马克思在货币领域里的成就明显较小,在这方面,他达不到李嘉图的水准。

如今,为了对马克思的论点给出一份极其简短的概述,不可避免地在诸多方面对《资本论》的结构会有不公正的指摘,这部著作尽管在一定程度上尚未完成,在一定程度上受到非难,但它依然把它强劲有力的轮廓线呈现在我们面前。

1. 马克思把价值理论作为其理论结构的基石,从而跟当时及后来的理论家们的平常路线保持了一致。他的价值理论是李嘉图式的。我相信,像弗兰克·威廉·陶西格(Frank William Taussig)

教授这样出类拔萃的权威并不同意这一点,他总是强调二者之间的差异。它们在措辞、推理方法及社会学含义上的确存在着大量的差异,但在赤裸裸的命题上却毫无二致,而对今天的理论家来说,只有命题才是重要的[①]。李嘉图和马克思都说,每一件商品的价格(在完美均衡和完全竞争的情况下)跟这件商品所包含的劳动量成正比,前提是,这种劳动应该与现有的生产效率水平("社会必要劳动量")相一致。两个人都用工作时间来衡量劳动量,并用相同的方法把不同的工作量化约为单一标准。两个人都遇到了类似路径所带来的开始的困难(换句话说,马克思是在他跟李嘉图学着做的时候遇到了这些困难)。关于垄断,或者我们今天所说的"不完全竞争",两个人所说有限。两个人都用同样的论据来回答批评。只不过马克思的论据更不客气,更冗长,更"哲学"——就这个词最不好的意义而言。

人人都知道这一价值理论是不能令人满意的。在围绕它而展开的大量讨论中,正确的确并非全在一方,反对者也使用了很多错误的论点。根本要点并不在于劳动究竟是不是经济价值真正的"源"或"因"。这个问题可能是社会哲学家最感兴趣的,他们很想

[①] 然而,值得怀疑的是,这对马克思本人来说究竟是不是唯一重要的东西。他跟亚里士多德(Aristotle)有一样的误解,即:价值尽管是决定相对价格的一个因素,但它依然是某个不同于相对价格或交换关系的东西,而且不依赖于后者而独立存在。商品价值就是体现在商品中的劳动量这个命题几乎不可能意味着任何别的东西。如果是这样,那么李嘉图与马克思之间确实存在一个差异,因为李嘉图的价值只不过是交换价值,或曰相对价值。这一点之所以值得一提,是因为,如果我们同意对价值的这种看法,那么,他的理论当中很多在我们看来不成立或不重要的内容就不再是这样了。当然,我们不会如此。即使我们仿效某些马克思主义者,采取这样的看法:不管是不是一个明确的"实体",马克思的劳动量价值仅仅是打算充当工具,用来展示社会总收入如何分为劳动收入和资本收入(那么,个别相对价值理论就是个次要问题),情况并不会有所改善。因为,正如我们不久将会看到的那样,马克思的价值理论在这项任务上也并不成功(假定我们可以把这项任务跟个别价格问题区分开来)。

从这里推论出对产品的道义权利,而且,对问题的这个方面,马克思本人当然也并非漠不关心。然而,经济学作为一门实证科学,必须描述或解释实际过程,更加重要的问题是:劳动价值理论作为一种分析工具是如何发挥作用的,真正的麻烦在于,它做得很不好。

首先,它在完全竞争的情况之外并不适用。其次,即便是在完全竞争的情况下,除非劳动是生产中的唯一要素,除非所有劳动全都是同一种类型①,否则的话,它也不能平稳地发挥作用。这两个条件当中,只要有一个不实现,就必须引入另外一些前提,而且,分析的困难很快就会增加到难以处理的程度。按照劳动价值理论的路径来推理,就需要依据没有实际意义的非常特殊的实例来推理,虽说如果在粗略近似于相对价值的历史趋势的意义上来解释它,还是有话可说。取而代之的理论——就其最早的、如今已过时的形式而言,被称作边际效用理论——可能在很多方面表现更好,但真正的论据是:它的适用范围更普遍,一方面它适用于垄断和不完全竞争的情况,另一方面,它同样适用于存在其他因素及很多不同种类和质量的劳动的情况。此外,如果我们把上述限制性前提引入到这一理论中的话,我们就可以从这一理论中得出劳动价值

---

① 第二个前提的必要性尤其有破坏性。劳动价值理论或许能够处理由于训练(后天获得的技能)所导致的劳动量上的差别:每小时的熟练工作应该加上训练过程所产生的适当工作量,这样一来,我们可以在不离开这一原则范围的情况下,使熟练工人一小时的工作等于一小时非熟练工作的若干倍。但说到由于智力、意志力、体力或灵活性所导致的工作量上的“自然”差别,这种方法就不管用了。在这种情况下,我们就不得不求助于天资较低的工人和天资较高的工人各自工作时间的价值差别了——这种价值本身并不能根据劳动量的原则来解释。事实上,李嘉图恰恰是这样做的,他简单地说,通过市场机制的作用,将会以某种方式把这些不同的品质置于正确的关系中,这样我们依然可以说,工人甲的一小时工作等于工人乙的一小时工作的若干倍。但他完全忽视了,他在主张这一方式的时候其实是在诉诸另一种价值原则,实际上是放弃了那个从一开始就失败了的劳动价值原则,这一失败是在其自身范畴之内的,而且,由于除劳动之外还有其他因素存在,所以,它都不及有这样的失败机会。

和劳动质量之间的比例①。因此很清楚,马克思主义者起初试图质疑边际效用价值理论的正确(这正是他们要面对的问题)固然是完全不合理的,但说劳动价值理论是"错误的",也不对。不管怎样,这都已成为历史了。

2. 尽管李嘉图和马克思似乎都没有充分认识到他们选择这样一个出发点,从而把自己置于这样一个位置上的弱点,但他们十分清楚地觉察到了其中一些弱点。特别是,他们都抓住了排除自然因素的作用所带来的问题,因为,那种仅仅建立在劳动量基础上的价值理论,当然剥夺了自然因素在生产和分配过程中的地位。人们所熟悉的李嘉图的地租理论,本质上是一次试图实现这种排除的努力,马克思的理论是另一次努力。一旦我们拥有了一台能够像处理工资问题那样自然地处理地租问题的分析仪器,全部困难立马就消失不见了。因此,关于马克思绝对地租(区别于级差地租)学说的内在优点或缺点,或者关于它跟洛贝图斯学说的关系,也就没什么更多的东西要说了。

但是,即便我们撇开这些不谈,我们还是要面对资本的出现所导致的困难,这里的资本指的是那种其自己也是被生产出来的生产资料的储备。对李嘉图来说,这个问题很简单,在他著名的《政治经济学及赋税原理》(*On the Principles of Political Economy and Taxation*)第一章第四节中,他介绍了下面这样一个观点,并承认它是事实,而没有试图质疑它,即:如果像工厂、机器和原材料这样的资本品被用于一种商品的生产,那么这种商品就会按照

---

① 事实上,据边际效用价值理论可知:为了达到均衡,现有各因素必须这样分配到对它开放的生产用途中去,使得分配给任何用途的最后一个单位所生产的价值,跟分配给其他每一用途的最后一个单位所生产的价值是一样的。如果除了同一种类和质量的劳动之外,不存在其他因素,这显然意味着:所有商品的相对价值或价格必定跟它们所包含的劳动时间成比例,只要存在完全的竞争和流动性。

能够给这些资本品的所有者带来纯收益的价格出售。他认识到，从投资到可销售产品出现要经过一定的时间周期，而上述事实跟这一时间周期的长度有一定的关系，而且，无论何时，只要这一时间周期并不是各行各业都一样，它就会迫使这些商品的实际价值背离它们所"包含"的劳动时间——包括资本品生产所花费的劳动时间。他泰然自若地指出了这一点，仿佛它完全遵循，而不是抵触自己关于价值的基本命题似的；更有甚者，他实际上并未前进，而是满足于由此引出的某些次要问题，明显相信自己的理论依然描述了价值的基本决定因素。

马克思也提出、接受并讨论了同样的事实，从未对它作为一个事实表示质疑。他也认识到，这一事实似乎与劳动价值理论有冲突。但他承认，李嘉图对这个问题的论述很不充分，一方面，他以李嘉图提出这个问题的形式接受了它，另一方面，他认真地着手解决它，为此，他投入了几百页的篇幅，而李嘉图却只用了几百句话。

3. 在这样做的时候，他不仅表现出了对所涉及问题性质更加敏锐的洞察，而且，他还改进了他所接受的概念工具。比方说，他用不变资本与可变资本（工资）的区分卓有成效地取代了李嘉图的固定资本与流动资本的区分，用更加缜密的"资本的有机构成"（它取决于不变资本与可变资本之间的关系）这一概念取代了李嘉图关于生产过程持续时间的初步概念。不过，我们眼下将局限于他对资本纯收益的解释，亦即他的剥削理论。

民众并不总是觉得自己被损害、被剥削了。但那些替他们阐述观点的知识分子却总是告诉他们：他们被损害、被剥削了，这样说未必有什么确切的意义。如果没有恰当的短语，马克思不可能做到，即便他想做到。他的强项和成就是：他洞察了各种论点的弱点,在他之前的民众的精神导师们试图借助这些论点来显示剥削究竟是如何发生,即使在今天,这些论点依然为普通的激进人士提供了现成的理论依据。那些关于讨价还价的能力和欺骗的寻常口号,没有一句让他满意。他想要证明的是:剥削并非偶然而意外地产生于个别情况,而是资本主义制度的必然结果,它不可避免,完全不以个人的意志为转移。

这就是他做事的方式。可以说,劳动者的头脑、肌肉和神经构成了一笔潜在劳动[德语是 arbeitskraft,通常不很令人满意地翻译为劳动力(labor power)]的资本或储备。马克思把这笔资本或储备看作一种物质,它以一定的数量存在,在资本主义社会里是一种商品,像任何其他商品一样。我们不妨想想奴隶制的情况,就可以自己来厘清这一思想。马克思的观点是:工资契约与购买奴隶之间没有本质的不同,尽管有很多次要的差别——"自由"劳工的雇主所购买的确实不是劳动者本人(这跟奴隶制的情况不同),而是他们潜在劳动总量中的一定的份额。

好了,既然这种意义上的劳动(不是劳动服务或实际的工时)是一种商品,那么,价值规律就必定适用于它。换句话说,在均衡和完全竞争的情况下,它所售得的工资必定跟"生产"它的劳动时间成比例。但是,"生产"那种储存在工人体内的潜在劳动储备,究竟要消耗多少劳动时间呢?它就是过去和现在养育劳动者并为他提供衣、食、住所花去的劳动时间①。这构成了潜在劳动储存的价值,而且,如果他卖掉其中的某些部分——以天数、周数或年数来

---

① 除了"劳动力"与劳动之间的区别之外,S. 贝利(S. Bailey)之前就认识到了这一说法的不合理[《论价值的性质、度量和原因》(A Critical Discourse on the Nature,Measure and Causes of Value),1825],马克思本人也注意到了这一点(《资本论》第一卷第 19 章)。

表示——他所得到的工资就相当于这些部分的劳动价值,就像一个奴隶贩子在均衡状态下卖掉一个奴隶时,他所得到的价格就跟上述劳动时间的总量成比例一样。应该再一次指出的是,马克思就这样小心翼翼地避开了所有流行口号,这些流行口号以这样那样的形式认为,在资本主义的劳动力市场上,工人被掠夺或欺骗,或者由于他可悲的软弱,他索性被迫接受任何强加给他的条件。事情并不如此简单:他可以得到其潜在劳动的全部价值。

但是,"资本家"一旦获得了上述潜在服务的储备,他们就有办法让劳动者的工作时间比生产这一储备或潜在储备所消耗的时间更长——提供更多的实际服务。在这个意义上,他们可以索取更长的实际劳动时间,超过他们所购买的劳动时间。由于作为结果的产品也是按照与其生产所消耗工时成比例的价格销售的,因此两个价值之间存在差额——完全产生于马克思的价值规律途径——这笔差额必然要借助资本主义的市场机制落入资本家的腰包。这就是剩余价值(mehrwert)[①]。资本家通过占有剩余价值,从而剥削了劳动者,即使他支付给劳动者的报酬并不低于其潜在劳动的全部价值,即使他从消费者那里得到收入也并不高于他所销售产品的全部价值。再一次应该指出的是,他根本没有诉诸像不合理定价、限制产量或市场欺诈之类的东西。马克思的意思当然不是不承认此类做法的存在。但他是从正确的视角来看待它们,因此从不把任何基本结论建立在它们的基础之上。

我们不妨顺便欣赏一下剥削理论的教学法:"剥削"一词,不管它如今获得的意义多么特殊,多么远离它的寻常意义,不管它从自然法则、经院哲学和启蒙主义作家那里获得的支持多么可疑,它终

[①] 剩余价值率(剥削的程度)被定义为剩余价值与可变资本(工资)之比。

归被纳入了科学论证的领地,并因此服务于战斗的目的。

关于这一科学论证的优点,我们必须小心翼翼地分清楚它的两个方面,其中一个方面不断被批评者所忽视。在静态经济过程理论的一般层面上,很容易让人看出:在马克思自己假设的前提下,剩余价值学说也缺少支撑。劳动价值理论,即便我们同意它对其他每一种商品是有效的,也绝不可能适用于劳动这种商品,因为这将意味着,工人就像机器一样,也是根据理性的成本计算生产出来的。既然他们不是这样生产出来的,那就没有理由假设劳动力的价值与"生产"劳动力所消耗的工时成比例。在逻辑上,倘若马克思接受斐迪南·拉萨尔(Ferdinand Lassalle)的工资铁律,或者,只要他像李嘉图那样按照托马斯·罗伯特·马尔萨斯(Thomas Robert Malthus)的路子来论证,他兴许可以改善这种处境。但由于他非常明智地拒绝这样做,于是,他的剥削理论从一开始就失去了其根本支柱之一。①

此外,可以看出,在所有资本家雇主都通过剥削获取收益的情况下,完全竞争的均衡状态不可能存在。因为在这种情况下,他们分别会扩大生产,这样做的规模效应不可避免地倾向于提高工资水平,并把剥削收益减少到零。毋庸置疑,通过诉诸不完全竞争理论,通过引入竞争过程中的摩擦和制度障碍,通过强调货币和信用领域里搭便车的可能性,以及诸如此类的策略,情况会多少有所改善。然而,这样做只能勉强解释中庸的实例,而这正是马克思打心眼里瞧不起的。

但问题还有另外一个方面。我们只须看看马克思的分析目标,便可认识到,他原本大可不必在这一不利的场地上应战。这很

---

① 我们稍后将会看到,马克思是如何设法取代这个支柱的。

容易做到,只要我们在剩余价值理论中仅仅看到关于完美均衡状态下的静态经济过程的命题即可。由于马克思打算分析的并不是均衡状态(据他说,资本主义社会绝不可能实现这种均衡状态),相反,而是经济结构中不断变化的过程,因此循着上述思路所作的批评并不完全是决定性的。剩余价值在完美均衡状态下或许不能实现,但由于这样的均衡从来都不可能建立,因此剩余价值总是存在。它们可能始终倾向于消失,然而,由于它们不断被重新创造出来,因此总是在那儿。不过,这一辩护不能援救劳动价值理论,特别是当它被适用于劳动本身这一商品的时候,或者被应用于现在这样的剥削理论的时候。但它将使我们能够对结果做出更有利的解释,虽说一种令人满意的剩余价值理论会使它们丧失明确的马克思主义内涵。事实证明,这一方面相当重要。它还让我们更清楚地看到了马克思的经济分析工具的其他部分,并极大地有助于解释一些卓有成效的批评为什么没有对这一分析工具造成更致命的损害,尽管这些批评直接对准了它的基础。

4. 然而,如果我们在正常讨论马克思学说的层面上继续前行,我们将越来越深地陷入困难之中,或者毋宁说,我们将注意到,当追随者们试图沿着导师的足迹一路前行的时候,他们会越来越深地陷入困难之中。首先,剩余价值学说并没有使解决问题容易多少,正如上面所提到的,这些问题是由劳动价值理论与清楚明白的经济事实之间的差异所带来的。正相反,它使得这些问题更加突出,因为,按照剩余价值学说,不变资本(即非工资资本)输送给产品的价值,并不比它在生产中所损失的价值更多;只有工资资本才能输送更多的价值,而且,不同企业所挣得的利润依据其资本的有机构成而有所不同。马克思相信,为了剩余价值总量的再分配,资本家之间会展开竞争,这将使各企业所挣得的利润与其总资本成比例,或者说使个别利润率达到同一水平。我们不难看出,这种困难属于错误问题的那一类,而这些错误问题总是源于试图让一种站不住脚的理论发挥作用的努力①;而解决办法则属于绝望的忠告那一类。然而,马克思不仅相信后者有助于证实统一利润率的出现,并有助于解释商品的相对价格何以会背离它们按照劳动换算的价值②;而且他还相信,他的理论给另一个在古典学说中拥有重要地位的"规律"提供了解释,这一规律就是:利润率有与生俱来的下降趋势。这一规律貌似颇有道理,实际上这种下降趋势源于资本总额中不变部分的相对重要性在高薪行业的提高。推导过程是这样的:如果工厂和设备的相对重要性在这些行业有所提高(在资本主义的发展过程中确实如此),而且,如果剩余价值率(或曰剥削程度)保持不变,那么,总资本的收益率一般来说会下降。

---

① 然而,这里面有一个因素并非站不住脚,对它的发现(不管多么模糊)应该记到马克思的名下。几乎所有经济学家(甚至包括今天的经济学家)都相信:人们生产出来的生产资料,在完全的静态经济中会产生净收益;但这并不是一个确凿无疑的事实。即使它们在正常的实践中似乎产生了净收益,那也很可能要归因于这样一个事实:经济从来就不是静态的。马克思关于资本净收益的论点,可以被解释为以一种迂回曲折的方式承认了这一点。

② 他对这个问题的解答体现在他的手稿中,在他去世之后,他的朋友恩格斯根据这些手稿编辑了《资本论》第三卷。因此,摆放在我们面前的并不是马克思本人最终想说的东西。事实上,大多数批评者都毫无犹豫地宣称他用第三卷断然驳斥了第一卷的学说。表面上,这一裁决毫无道理。如果我们把自己置于马克思的立场上——就此类问题而言我们有责任这样做——那么,把剩余价值看作单位社会生产过程所生产出来的一个"总量",并把剩下的问题看作对这一"总量"的分配也就并非不合理了。但即使这并非不合理,人们依然可以认为,第三卷中所推导出来的商品的相对价格就是根据第一卷中的劳动理论得出的。因此,断言马克思的价值理论完全背离了他的价格理论、前者对后者毫无贡献——正如从威尔赫姆·雷克西斯(Wilhelm Lexis)到乔治·科尔(George Cole)等作者所做的那样——的说法并不正确。然而,即使并非前后矛盾,马克思得到的好处也并不大。余下的控诉依然足够有力。关于价值和价格在马克思的体系中如何相互关联的整个问题,最棒的文献是 L. 冯·鲍特凯维兹(L. von Bortkiewicz)的《马克思体系中的价值计算和价格计算》,刊载于 1907 年的《社会科学与社会政策文库》(*Archiv fur Sozialwissenschaft und Sozialpolitik*),这篇论文也参考了这场并非真正引人入胜的论战中其他一些比较好的著述。

这一论证曾博得很多赞赏,推测起来马克思本人大概也十分满意,人同此心,倘若我们的某个理论解释了一个此前不曾有人解释的观察结论,常常也会感到心满意足。就这一结论本身的是非曲直来讨论它,而不管马克思在推导它的时候犯下的错误,那将是很有趣的。我们大可不必停下脚步来做这样的事情,因为它的前提就与之冲突了。但还有一个虽不同义却同源的命题,它不仅提供了马克思动态经济学的最重要的"力量"之一,而且把剥削理论跟马克思分析结构中的下一个故事联系了起来,这一命题通常被称作"积累理论"。

通过剥削劳动者而榨取来的战利品,其主要部分(据某些信徒说是全部)被资本家转变为资本——生产资料。就其本身而言,除了马克思的特殊措辞让人想起的那些含义之外,这当然只不过是在陈述一个我们非常熟悉的事实,人们通常称之为储蓄和投资。然而,对马克思来说,仅仅这一事实是不够的:如果资本主义过程是以一种冷酷无情的逻辑展开的话,这一事实就不能不是这一逻辑的组成部分,实际上,这一逻辑就意味着它不能不是必不可少的组成部分。承认这一必然性产生于资本家阶级的社会心理不会令人满意,例如,像马克斯·韦伯那样把清教徒的态度看作资本家行为的决定性原因——而且,克制自己,不以享乐主义的态度来享受利润明显很适合他们的生活方式。马克思并没有轻视他觉得能够源自这一方法的任何支持①。但对于一套像他所设计的那种体系来说,必须有某种比这更坚实的东西,某种迫使资本家们积累而不

---

① 例如,他在某个地方(《资本论》第一卷第654页,人人丛书版)论述这一问题的时候,就生动活泼的修辞而言他就超越了自己——我想,对这位经济史观的开创者来说这已经超出了合适的范围。积累可能是也可能不是资本家阶级的"摩西及所有先知",这样的逃避可能会也可能不会让我们觉得不合理——在马克思那里,这种类型和此类风格的论证总是让人联想到有一些弱点必须要掩饰。

管他们感觉如何的东西,某种强大到足以说明那种心理状态的东西。幸运的是,确实有这样的东西。

在阐明这种强迫储蓄的性质时,我应该为了方便起见而接受马克思的某个论点,换句话说,我应该像他那样假设:资本家阶级的储蓄,本身意味着实际资本的相应增加①。这一趋势首先总是发生在总资本的可变部分,即工资资本,即便本意是要增加不变部分,特别是李嘉图称之为固定资本的那部分——主要是机器设备。

在讨论马克思的剥削理论的时候,我已经指出,在一个完全竞争的经济体中,剥削所得将会诱使资本家扩大生产,或试图扩大生产,因为,从他们各自的立场看,那将意味着更多的利润。为了扩大生产,他们就不得不积累。而且,这一做法的规模效应往往由于随之而来的工资增长(就算不考虑随之而来的产品价格的下降),而使剩余价值减少了——这正是马克思心里很看重的一个关于资本主义内在矛盾的绝佳例证。对个别资本家来说,这一趋势本身就构成了他们为什么觉得必须积累的另一个原因②,尽管对作为整体的资本家阶级来说,这会使事情变得更糟。因此,即使是在其他方面都静止的过程中,也会有一种想储蓄的强烈冲动,而这样一个过程,正如我在前面已经提到的那样,只有等到积累使得剩余价值减少到零,并因此消灭资本主义本身之后,它才能达到

① 在马克思看来,储蓄(或曰积累)跟"将剩余价值转变为资本"是一样的。关于这一点我不打算提出争议,尽管个人的储蓄努力并不必然而自动地增加实际资本。在我看来,马克思的观点似乎比我的很多同时代人所提出的反对意见更加接近真理,以至于我并不认为值得在这里挑战它。
② 一般而言,从较小收入中积攒下来的储蓄当然少于从较大收入中积攒下来的储蓄。但对任何给定的收入来说,在一种情况下,如果预期这一收入不可持续或预期它有所减少,在另一种情况下,如果知道它至少能稳定在当前的水平上,那么前者的储蓄就会大于后者。

稳定的均衡。①

　　然而，更加重要也更加令人信服的是别的东西。事实上，资本主义经济不是也不可能是静态的。它也不仅仅是以一种稳定的方式扩张。它不断被新兴企业从内部予以彻底革新，即：随时都有新的商品、新的生产方式或新的商业机会闯入现有的产业结构中。任何现有的结构，以及所有的经商环境，始终处在一个不断变化的过程中。每一种情势，还没来得及修成正果就被颠覆了。在资本主义社会，经济进步意味着混乱。而且，正如我们将在下一部分所看到的那样，在这样的混乱中，无论多么完全的竞争，其发挥作用的方式，完全不同于它在静态过程中发挥作用的方式。通过生产新商品或通过更廉价地生产老商品获利的可能性持续不断地实现，并要求新的投资。这些新产品和新方法，并非在同等条件下跟老产品和老方法展开竞争，而是有着决定性的优势，这种优势对后者来说可能意味着死亡。在资本主义社会里，"进步"就是这样发生的。为了逃脱被低价出售的命运，每一家企业最后都被迫跟牌，自己也去投资，为了做到这一点，就要从利润中拿出一部分进行再投资，即积累②。因此，每一家

① 在某种程度上，马克思也承认这一点。但他认为，如果工资增长并因此妨碍了积累，那么积累率将"因为获利刺激的减弱"而降低，这样一来，"资本主义生产过程的机制就会消除它临时创造出来的那些障碍"（《资本论》第一卷第25章第1节）。资本主义机制这种自我均衡的趋势，其本身肯定不是没有问题，退一步讲，关于这一趋势的任何断言都需要审慎的限定条件。但有趣的是，如果我们碰巧在另一位经济学家的著作中遇到这一命题的话，我们多半会说它是非马克思主义的，而且，倘若它成立的话，它将会大大削弱马克思论点的主旨。就这一点而言，正如在其他很多方面一样，马克思以惊人程度表现了他那个时代资产阶级经济学的局限，而他却相信，自己已经挣脱了这样的局限。

② 这当然不是为技术改进融资的唯一方法。但它几乎是马克思所考虑的唯一方法。由于它实际上是一个非常重要的方法，我们在这一点上不妨效法他，尽管其他方法，特别是从银行借钱的方法（即创造存款的方法），也会产生它们各自的结果，尽管为了给资本主义过程勾勒一幅正确的图景，把这些方法插入进来确实很有必要。

企业都在积累。

马克思比他那个时代的其他任何经济学家都更清楚地看到了这个产业变化的过程，也更充分地认识到了它的至关重要。但这并不意味着他正确地理解了它的性质，也不意味着他正确地分析了它的机制。在他看来，这一机制把自己分解为纯粹的资本规模力学。他没有充分的企业理论，他没能把企业家与资本家区分开来，加上有缺陷的理论技巧，造成了很多不合逻辑的推论和错误。但是，仅仅看到这个过程，就其本身而言，对马克思头脑里的很多目的来说就已经足够了。如果从马克思的论证中推导不出来的东西可以从其他论证中推导出来的话，那么他的那些不合逻辑的推论也就不再是要紧的缺陷了。即便是完全错误和误解，常常也可以借助论证过程中所产生的一般要点的基本正确予以补救——特别是，它们对进一步的分析来说可能并无害处，而在那些没能意识到这种悖论情境的批评者看来，这些进一步的分析似乎无法补救。

我们在前面已经有过一个这样的例证。就其目前的情形而言，马克思的剩余价值理论缺少支撑。但是，由于资本主义过程周期性地不断产生超过成本的临时性剩余收益，尽管是以一种非马克思主义的方式，但其他理论也能做出圆满的解释，因此马克思接下来的步骤，并没有被他先前的失误彻底损害。同样，马克思本人并没有令人满意地证实积累的强制性，而这对他的论证来说是如此重要。但他的解释的缺点，也并没有导致很大的损害，因为，按照前面已经提到的那种方式，我们自己可以轻而易举地提供一种更令人满意的解释，在这一解释中，除了其他东西之外，利润的下降会自行跌落至恰当的位置。从长远来看，总产业资本的总利润率未必会因为马克思的理由（不变资本相对于可变资本的增加)①或其他任何理由而下降。正如我们已经看到的那样，下面这个理由就足够了：每家工厂的利润都持续不断地受到实际的或潜在的竞争的威胁，这些来自新产品或新的生产方式的威胁，迟早要让它亏本。这样一来，我们就获得了所需要的驱动力，甚至无须依靠他的论证中那些不靠谱的部分，而得出一个跟马克思的命题类似的结论，即：不变资本不产生剩余价值——因为，任何个别的资本品的集合都不可能永远是剩余利润之源。

另一个例证是马克思链条的下一环提供的，即他的集中理论，也就是他对资本主义发展过程中工业工厂和控制单位的规模不断增长这一趋势所作的论述。在剥离掉他纷繁的意象之后，他在解释中必须提供的一切②，可以浓缩为这样一段平淡无奇的陈述："竞争之战是用降价这个武器来打的"，而商品价格，"在其他条件相同的情况下，取决于劳动生产率"，劳动生产率又取决于生产规模；而且，"大资本总是打败小资本"③。这很像现行教科书中关于这个问题所说的话，就其本身而言不是很深刻，也不那么令人赞

---

① 据马克思说，利润当然也有可能因为另外一个原因而下降，即因为剩余价值率的下降。而剩余价值率的下降，要么是由于工资的上涨，要么是由于日工作时间的减少——比方说通过立法。即使从马克思理论的立场出发，人们依然可以认为，这会导致"资本家们"用省力的资本品取代劳动，因此也增加了临时性的投资，而不管新商品和技术进步的冲击。然而，我们不能在这里讨论这些问题。但我们可以指出一件怪事。1837 年，拿骚·W. 西尼尔(Nassau W. Senior)出版了一本题为《论工厂法书简》(*Letters on the Factory Act*)的小册子，书中，他试图让人们看到，提议中的减少工作日的工作时间将会导致棉纺工业的利润被彻底消灭。在《资本论》第一卷第 7 章第 3 节中，马克思以前所未有的强烈态度谴责了这个说法。事实上，西尼尔的论点简直是愚蠢的。但马克思是最不应该提出这种批评的人，因为西尼尔的论点完全跟他自己的剥削理论同调合拍。
② 参见《资本论》第一卷第 25 章第 2 节。
③ 这个结论常常被称作"剥夺理论"，在马克思看来，它是资本家们互相消灭的那场斗争的唯一的纯经济基础。

赏。特别是,由于他独独强调个体"资本"的规模,而在描述其影响的时候又因为其技术不能有效地处理垄断和卖方垄断而大受损害,因而上述论证是不充分的。

然而,有那么多非马克思学派的经济学家纷纷对这一理论表示赞赏,这并非毫无道理。首先,考虑到马克思那个时代的环境,预言大企业的出现本身就是一项了不起的成就。但他所做的比这更多。他巧妙地让集中搭上了积累过程这趟顺风车,或者毋宁说,他把前者想象成了后者的组成部分,不仅是其实际形态的组成部分,而且也是其逻辑的组成部分。他正确地洞察了某些结果——比如,"个体资本规模的增长成为生产方式本身不断革命的物质基础"——并且至少是以不全面或扭曲的方式洞察了另外一些结果。他动用了所有阶级斗争和政治的发电机,给围绕这一现象的社会氛围通上电——仅凭这一点,就足以把他的阐述提升到高于相关的那些干巴巴的经济命题之上,对于那些没有想象力的人来说尤其如此。而且最重要的是,他能够一路不停地继续下去,不管是他所勾勒的图景中个别笔触动力不足,还是在专业人士看来他的论证似乎缺乏严谨,都丝毫不能妨碍他。因为归根到底,工业巨人已经隐约出现在地平线上,他们注定要创造的社会情势也已经隐约显现。

5. 再添上两条就可以完成这幅略图:马克思的 Verelendung(贫困化)——或者,恕我斗胆使用它的英文同义词 immiserization——理论,以及他的(也是恩格斯的)经济周期理论。就前者而言,分析和构想都无法补救;就后者而言,分析和构想都出类拔萃。

马克思无疑认为,在资本主义发展过程中,民众的实际工资标准和生活水平,在薪酬较高的阶层中将会下降,而在薪酬最低的阶层中也不会有所改善;而且,这并非由意外的或环境的状况所导致,而正是由资本主义发展过程的内在逻辑①所致。作为一个预言,这当然是非常不准确,各种类型的马克思主义者都费尽周章,想充分利用他们所面对的明显不利的证据来获得最大好处。起初,并且即使到今天还有一些孤立的实例,他们在想方设法挽救这一"规律"上表现出了非同寻常的坚韧,试图把它看作在陈述被工资统计所证明的实际趋势。然后,他们又做出种种努力,试图把它解读为不同的意义,换句话说,就是让它所指的不是实际工资水平,而是劳动收入在国民总收入中所占的相对份额。尽管马克思著作中的某些段落确实可以从这个意义上去解释,但这明显违背了大部分的意义。此外,就算接受这种解释也不会有什么收获,因为马克思的主要结论预设了这样一个前提:人均绝对劳动份额将会下降,或者至少不会增长——就算他确实想到了相对份额,那也只会增加追随者的麻烦。最后,命题本身依然是错的。工资和薪水在总收入中所占的相对份额每年之间变化不大,长期来看非常稳定——肯定没有显露出下降的趋势。

然而,似乎有另一种摆脱困境的办法。某一趋势可能没有显示在我们的统计时序中——它甚至可能显示出相反的趋势,就像在本例中那样——但它有可能是我们所研究制度的内在趋势,只不过可能被例外条件压制住了。事实上,这正是大多数现代马克思主义者所采取的策略。例外条件可以在殖民扩张中找到,或者更一般的情况,在 19 世纪的开疆拓土中找到,他们认为,这样的扩

---

① 这里有第一道防线,马克思主义者像大多数辩护者一样,也习惯于设置这样一道防线,以抵挡潜伏在任何这样清晰的陈述背后的批评意图。马克思并非完全没有看到问题的另一面,他也经常"承认"工资上涨以及诸如此类的情况——事实上人人都能做到这一点——这意味着他充分预见到了批评者要说的任何东西。一位如此冗长的作者,在自己的论证中掺杂了层次如此丰富的历史分析,自然给这样的防卫提供了更大的回旋余地,非教会的神父们可比拟。但是,如果不允许它影响结论,那么"承认"跟自己作对的事实又有什么好处呢?

张给剥削的受害人带来了一段"禁猎期"①。在下一部分,我们将有机会涉及这个问题。与此同时,我们注意到,事实给予这一论证某种表面上的支持,在逻辑上也是无懈可击的,因此,如果上述趋势在别的情况下也能得到证实的话,问题就可以解决。

但真正的麻烦是,马克思的理论结构在这部分是不能让人信服的:和构想一样,它的分析基础也是存在问题的。贫困化理论的基础是"产业后备军"的理论,即生产过程机械化创造失业的理论②。反过来,后备军理论的基础又是李嘉图论述机器的那一章中所阐述的学说。在其他任何地方——价值理论当然除外——马克思的论证都不曾如此彻底地依赖于李嘉图的论证而不增加任何必不可少的东西③。当然,我仅仅只说到了这一现象的纯理论。照例,马克思添加了很多无关紧要的细节,比方说,通过恰到好处的一般化,把非熟练工人对熟练工人的取代纳入了失业的概念;他还添加了无数的例证和成语;最重要的是,他添加了令人印象深刻的背景,其社会进程的广阔背景。

李嘉图起初倾向于抱持一直都很普遍的观点:把机器引入生产过程必定会让广大民众受益。但是,当他开始怀疑这一观点,或者说,无论如何至少是怀疑它的普遍正确性的时候,他以特有的坦率改变了自己的立场。在这样做的时候,他同样以他特有的方式

---

① 这一观念是马克思本人提出来的,尽管得到了新马克思主义者们的发展。

② 当然必须把这种失业跟其他的失业区分开来。特别是,马克思主义提到了那种由于经济活动的周期性变化所导致的失业。由于这两种失业并不是独立的,也由于他在论证中常常依靠后面这种类型而不是前者,因此导致的解释困难,似乎并不是所有批评者都充分认识到了。

③ 对任何一个理论家来说,这一点想必是显而易见的,只要不仅研究过《资本论》第一卷第15章第3、4、5节,特别是第6节(在这一节,马克思论述了补偿理论),而且还研究了第24章和第25章,在这两章中,同样的事物披着部分有所不同的外衣,反复出场,而且经过精心打磨。

向后靠，用他所惯用的方法"想象强有力的例证"，拿出了所有经济学家都熟悉的数字实例，向人们展示：事情也有可能产生相反的结果。一方面，他并不否认自己所证明的只不过是一种可能性——尽管是一种未必不可能的可能性；另一方面，他也不否认，机械化将会通过它对总产出、价格及诸如此类的远期影响，最终给劳动者带来净收益。

就目前的情况而言，这个例证是正确的①。今天的一些更精密的方法支持其结论到了这样一种程度，以至于它们既承认这个例证打算确立的可能性，也承认相反的可能性。它们宣布了决定究竟哪种结果会发生的形式要件，从而超越了李嘉图的例证。那当然是纯理论所能做的一切。要预测实际的效果，还需要进一步的材料。不过对我们的目的来说，李嘉图的例证还显示了另一个有趣的特征。他考虑的情况是：一家拥有一定数额资本、拥有一定数量工人的企业决定采取机械化的步骤。于是，它把建造机器的任务分配给其中的一部分工人，当机器安装完毕后，企业就可以解雇这一部分工人。利润最终可能依然是一样的（在经过可能消灭任何临时性收益的竞争性调整之后），但总收入将会减少，其减少的数额刚好等于先前支付给如今已被"解雇"的这部分工人的工资。马克思关于可变资本（工资）被不变资本取代的观念，几乎就是这一论证方式的精密复制品。李嘉图强调人口过剩，同样跟马克思强调剩余人口严丝合缝，马克思把剩余人口这个说法用作"产业后备军"的替代性术语。李嘉图的学说确实被马克思直接接受了。

---

① 或者，可以使之变得正确，而无损于它的重要性。关于这个论点有少许可疑之处，这多半要归因于它糟糕的技术——可是有那么多经济学家喜欢让这样的技术永存不朽。

　　但是，一旦考虑到在这一薄弱的基础上所竖立起来的上层建筑，原本在李嘉图所构想的有限目的之内还算合格的东西，便立即变得相当不适当了——事实上成了另一个不合理推论的来源，这一回就连关于最终结果的正确见解也没法补救了。他本人似乎也有点这样的感觉。因为，他竭力地抓住了他的老师的那种有条件的悲观结论，就好像后者所举出的有力例证就是唯一可能的情况似的，而且，他甚至更加竭力地攻击有些作者，这些人发展了李嘉图关于补偿暗示的含义，即：机器时代可能给劳动带来好处，即便在引入机器的直接影响会造成损害的情况下（补偿理论是所有马克思主义者特别讨厌的东西）。

　　他有各种理由采取这一路线。因为他迫切需要一个稳定的基础来支撑他的产业后备军理论，除了一些次要的目的之外，这一理论主要服务于两个根本重要的目的。首先，我们已经看到，由于他讨厌（这完全可以理解）利用马尔萨斯的人口理论，从而使自己的剥削理论丧失了一根我们所说的根本支柱。取代这一支柱的，是不断产生①因而永远存在的产业后备军。其次，在某种意义上，《资本论》第一卷第32章不仅是马克思这卷书的终曲，而且是他全部著作的最高潮，为了激活这一章中那些荡气回肠的文句，他所采用的关于机械化过程的特别狭义的观点是必不可少的。我愿意完整地（比我们讨论这个论点所需要的更完整）引用这些文字，为的是让读者清楚地看到马克思的态度，这一态度解释了为什么有些人热情，而另一些人却鄙视。不管它们是一堆似是而非的混合物，

---

① 当然需要强调它的不断产生。有些批评者想当然地认为，马克思假定：那些由于机器的引入而丢掉工作的人将永远失业，这无论是对他的措辞还是意思来说都是完全不公平的。马克思并不否认吸收，因此，那种建立在每次产生的失业都会被吸收这一证据基础上的批评，完全是无的放矢。

还是预言的真理的精髓,原文如下:

> 和这种集中或多数资本家为少数资本家剥夺的现象联系
> 在一起……一切民族在世界市场网中形成了密切联系,从而,
> 资本主义制度的国际性质,跟着发展起来。把这个转化过
> 程所有的利益横加掠夺,并实行垄断的资本大王的人数在
> 不断减少,穷乏、压迫、奴役、退步。剥削的总量,则跟着在
> 增加;但是,人数不断增长,为资本主义生产过程的机构自
> 身所训练、所联合、所组织起来的工人阶级的愤激反抗,也
> 跟着在增长。资本垄断,成了这种和它一起,并且在它下面
> 繁花盛开起来的生产方式的桎梏。生产资料的集中和劳动
> 的社会化,达到了同它们的资本主义外壳不能相容的地步。
> 这个外壳会被炸开。资本主义私有制的丧钟响起来了。剥
> 夺者被剥夺了。
>
> (译者注:引自《资本论》第一卷,人民出版社,1963 年 12 月第 2 版,
> 第 841—842 页)

6. 马克思在经济周期领域的成就很难评估。其真正有价值
的部分,由大量的观察材料和评论所组成,其中大多数属于偶然
性的,零零碎碎地散见于他的几乎所有著作,包括他的很多书
信。试图从这样的断章残片中重建一个从未鲜活地出现过的,
甚至在马克思的头脑中也从未存在过(除了雏形之外)的体系,
在不同人的手中很容易产生不同的结果,而且,也很容易被推崇
者的一种不难理解的倾向所损害,这一倾向就是:借助恰当的解
释,把推崇者自己所赞成的后来的几乎所有研究成果全都归功
于马克思。

由于马克思对这一课题的贡献五花八门，朋友和敌人都一样从未认识到，如今也认识不到评论者所面对的这种任务。鉴于马克思如此频繁地对这个问题发表意见，而且，这个问题明显跟他的基本主旨密切相关，那么，他们就理所当然地认为，必定有某种简单而清晰的马克思主义的周期理论，可以从他的资本主义发展过程的逻辑中产生出来，就像剥削理论从劳动理论中产生出来一样。于是，他们着手寻找这样一种理论，不难猜想他们将会遇到什么。

一方面，马克思无疑赞扬——尽管没有充分地促动——资本主义发展社会生产力的巨大力量。另一方面，他不断强调民众的日益贫困。危机或萧条被归因于下面这个事实：受剥削的民众买不起不断扩张的生产机器所生产出来的，或准备生产出来的东西，而且，由于这个原因以及其他不必重复的原因，利润率下降到了破产的水平，得出这个结论难道不是世界上最自然的事情吗？因此，根据我们想要强调的那个因素，我们似乎确实可以得出那种最无聊的消费不足理论或生产过剩理论。

事实上，马克思的解释一直被归类为消费不足的危机理论①。有两种情况可以用来提供支持。第一，在剩余价值理论中（在其他问题上也是一样），马克思的学说与西斯蒙第和洛贝图斯的理论之间的相似性很明显。这两个人都支持消费不足的观点。由此推断马克思可能做同样的事情并非不自然。第二，马克思著作中的某些段落，特别是《共产党宣言》中关于危机的那段简短的论述无疑

---

① 尽管这种解释已经成为一种时尚，但我只会提到两位作者，其中一位对它的改良版负有责任，另一位可以证明它的继续存在。一位是《马克思主义的理论基础》（*Theoretische Grundlagen des Marxismus*，1905）的作者米哈伊尔·杜刚-巴拉诺夫斯基（Mikhaail Tugan-Baranowsky），他就是以这样的理由来抨击马克思的危机理论；另一位是《政治经济学与资本主义》（*Political Economy and Capitalism*，1937）的作者 M. 多布（M. Dobb），他更赞同这一理论。

有助于这一解释,虽说恩格斯的言论更是如此①。但这无关紧要,因为马克思明确地否认了它,这表现出了卓越的理性。②

　　事实是他并没有一个简单的关于经济周期的理论。在逻辑上从他的资本主义发展过程的"规律"中也推导不出这样的理论。即便我们接受他对剩余价值的产生所作的解释,即便我们承认:积累、机械化(不变资本的相对增加)和剩余人口(它无情地加深了民众的贫困)能够连接成一根以资本主义制度的毁灭而告终的逻辑链条——即便如此,我们还是得不到一个这样的因素:它必然给资本主义发展过程带来周期性的波动,并解释了繁荣与萧条的内在更替③。毫无疑问,我们的手边总是有大量的偶然事件,可以用来弥补缺失的基本解释。有错误的计算、错误的预期及其他各种错误,有乐观与悲观的此起彼伏,有过度投机及对过度投机的反应,还有数不清的"外在因素"的来源。尽管如此,但马克思的机械的积累过程是以均衡速度进行的——原则上没有任何东西表明它

---

① 关于这个问题,恩格斯的略显平常的观点,在他那部辩论性著作《反杜林论》中得到了最好的表达,其中一个段落成了社会主义文献中引用最频繁的段落之一。在那段文字里,他提供了关于危机形态的最生动的记述,无疑非常适合于通俗演讲的目的,而且,他还提出了这样一个观点:"市场的扩大跟不上生产的扩大",这正好站在了寻找解释的地方。他还以赞许的态度提到了约瑟夫·傅立叶(Joseph Fourier)借助"多血性危机"这一不言自明的短语所表达的观点。然而不可否认,马克思撰写了第10章的一部分,因此分担了整个作品的责任。
　　我注意到,这段概述中对恩格斯的几句评论有点贬抑的意思。这确实令人遗憾,但并非出于任何刻意贬低这位杰出人物的意图。不过我想,应该坦率承认,在才智上,尤其是作为一个理论家,他远逊于马克思。我甚至不敢肯定,他是不是总能搞懂后者的意思。因此在引用他的解释时应当注意。
② 参见《资本论》第二卷,1907年英译本第476页,也可参阅《剩余价值理论》第二卷第3章。
③ 对门外汉来说,相反的事实似乎如此明显,以至于要确立这一论断殊非易事,即便我们有世界上的所有空间。读者如果想让自己确信它是真理,最好的方式是研究李嘉图关于机器的论证。在论证中,李嘉图所描述的过程可能导致任何数量的失业,但这个过程可以无限期地继续下去,除了制度本身的最终崩溃之外,不会导致其他的崩溃。马克思应该会同意这个观点。

不该如此——他所描述的过程还可能一直以均衡速度继续下去；就其所涉及的逻辑而言，它本质上既无繁荣，亦无萧条。

当然，这未必是一种不幸。其他很多理论家都曾简单地认为，并依然认为，每当某个足够重要的事物出了差错，危机就会发生。这并不完全是一个障碍，因为它一劳永逸地把马克思从其体系的束缚中解放了出来，使他能够自由地看待事实，而无须歪曲它们。因此，他广泛考虑了各种多少有些关联的因素。例如，他为了驳斥让·巴蒂斯特·萨伊（Jean-Baptiste Say）关于不可能出现普遍过剩的论点，多少有点草率地利用了商品交易中货币的介入——而且别无其他；他为了解释以耐用资本品的巨额投资为特征的行业中的不均衡发展，而利用了低息货币市场；他为了激发"积累"中的突喷，而利用了诸如市场开拓或新的社会需求出现之类的特殊刺激。他试图把人口增长转变成一个解释波动的因素，但并不是很成功①。他指出——尽管他并没有给出真正的解释——生产规模的"突然的痉挛式的"扩张，是"它的突然收缩的前提"。他恰如其分地说，政治经济学的肤浅表现在下面这个事实中："信用的伸张和收缩，不过是产业循环周期变化的症状。政治经济学会把这种症状看为是产业循环周期变动的原因。"②他当然很重视偶然和意外事件所发挥的重要作用。

所有这些都是常识，而且足够可靠。我们得出了从未进入过任何严肃经济周期分析的几乎所有因素，而且总的来说错误甚少。

---

① 在这一点上，他也不是独一无二的。然而，预期他最终会看出这一方法的弱点也并非不公正，而且，指出下面这一点也是中肯的：他对这个问题的论述出现在第三卷，因此很难说这就是他的最终观点。

② 《资本论》第一卷第25章第3节（译者注：中译本第一卷第23章第3节，人民出版社，1963年12月第2版，第696页）。紧接着这段文字之后，马克思沿着现代经济周期理论研究者非常熟悉的方向跨出了一步："结果会反过来变为原因。会不断把自身各种条件再生产出来的这全部过程的沉浮变动，采取着周期性的形式。"（译者注：引文出处同上）

此外，千万不要忘记，仅仅认识到循环变动的存在，在那年头就已经是了不起的成就了。在他之前的很多经济学家对此略有所知。然而，他们的注意力主要集中在那种蔚为壮观的崩溃上，这种崩溃后来被称作"危机"。他们没能真正认识到这些危机，换句话说，他们没能从循环过程的角度来看待问题，而这些危机只不过是循环过程中的偶发事件而已。他们没有上下左右联系起来看问题，而是把这些危机看作由于错误、过度、管理不善或信用机制出差错而导致的孤立的灾难。我相信，马克思是第一个超越传统的经济学家，并成为克莱芒·朱格拉（Clément Juglar）的工作的先导——除了统计上的补充之外。正如我们已经看到的那样，尽管他没有对经济周期给出恰当的解释，但他却清楚地认识到了这一现象，并在很大程度上理解了它的机制。像朱格拉一样，他也毫不犹豫地说到了中间"穿插着小幅波动"的十年周期①。这一周期的原因究竟是什么，这个问题激起了他的兴趣，并使他产生了这样一个想法：它可能跟棉纺工业的机器寿命有某种关系。还有其他很多迹象，表明他专心研究过有别于危机问题的经济周期问题。这就足以让他跻身于现代经济周期研究开创者的行列，拥有很高的一席之地。

还有一个方面必须提到。在大多数情况下，马克思都是按照其普通的意义来使用"危机"这个术语，就像其他人在谈到1825年的危机或1847年的危机时一样。他相信，资本主义的发展总有一天会瓦解资本主义社会的制度架构，因此他认为，在实际崩溃发生之前，资本主义的运行将开始伴随着不断增长的摩擦，并表现出病

① 恩格斯比这走得更远。他给《资本论》第三卷所作的一些注释显示，他也觉得存在更长时期的波动。尽管他倾向于把1870年代和1880年代的繁荣较弱和萧条较强解释为一次结构性改变，而不是一个更长波动周期的萧条阶段的影响（正像很多现代经济学家在谈到战后发展，尤其是最近十年发展时所做的那样），但在这里还是可以看出尼古拉·康德拉捷夫（Nikolai Kondratieff）关于"长周期"的著作的某种先兆。

入膏肓的症状。对这一阶段——人们理所当然地把它想象为一个漫长的历史时期——他使用了同样的术语。他表现出这样一种倾向：要把那些反复出现的危机跟资本主义秩序的这场独一无二的危机联系起来。他甚至暗示，前者在某种意义上可以被看作最终崩溃的预演。由于对很多读者来说，这看上去很像是理解马克思的一般意义上的危机理论的一个线索，因此有必要指出：根据马克思的说法，导致最终崩溃的那些因素，如果没有一个很好的补充假设，就不可能被看作是导致那些反复出现的萧条的原因①，而且，这个线索并没有让我们超越那个并不重要的命题——"对剥夺者的剥夺"在萧条时期可能比在繁荣时期更容易。

7. 最后，资本主义发展将会胀爆资本主义社会制度的观念（必然灭亡理论）提供了最后一个例证，从中可以看到，马克思如何把一个不合理的推论跟有助于挽救结论的深刻见解结合起来。

由于马克思的"辩证演绎法"是建立在那种会激起民众反抗的贫困和压迫的不断增长的基础上的，因此它被这个不合理的推论所破坏，因为这一推论削弱了旨在证明贫困必然增长的论证。此外，那些在其他方面算得上是正统马克思主义者的人很久之前就开始怀疑：工业控制权的集中必然与"资本主义外壳"不相容的论点是否正确。第一个凭借一套组织严密的论证对此提出质疑的人是鲁道夫·希法亭（Rudolf Hilferding）②，他是新马克思主义者这

---

① 要想让自己相信这一点，读者只须再浏览一下前面引述的《资本论》第一卷第 32 章的那段文字就行。事实上，尽管马克思经常提及这一概念，但他总是避免让自己受制于它，这很重要，因为失去概括的机会并不是他的行事方式。

② 《金融资本论》(*Das Finanzkapital*)，1910 年。他根据很多次要情况，质疑马克思过于看重他认为已经证实的那些趋势，而且，社会发展是一个这样的过程，它远比马克思所得出的、之前当然也常常提出的那个过程更加复杂、更加不一致。提一下 E. 伯恩斯坦就足够了；参阅第 26 章。但希法亭的分析并没有拿那些情有可原的情况作为理由，而是依据原则，并根据马克思自己的理由来反驳这个结论。

个重要群体的领袖之一,他实际上倾向于相反的结论,即:通过集中,资本主义可以获得稳固①。考虑到下一部分我将要讨论这个问题,这里我愿意指出:尽管正如我们将要看到的那样,在美国目前的情况下,没有理由相信大企业会"成为生产方式的束缚",尽管马克思的结论事实上从他的前提是推导不出来的,但在我看来,希法亭似乎走得太远了。

然而,即便马克思的事实论据和逻辑推理从前比现在更存在问题,但他的结论,仅就其断言资本主义的发展将会摧毁资本主义的社会基础而言,依然可能是正确的。我相信它是正确的。而且,如果我把一个早在 1847 年就毋庸置疑地揭示了这一真理的见解称作深刻见解的话,我并不认为我是在夸大其词。如今,它已是老生常谈了。最早认为它是老生常谈的人是古斯塔夫·施穆勒(Gustav Schmoller)。尊敬的施穆勒教授阁下是普鲁士枢密院顾问和普鲁士上议院议员,他可不是什么革命者,也没有多少煽动性的姿态。但他慢条斯理地说出了同样的真理。至于"为什么"这样,以及"如何"这样,他同样闭口不谈。

几乎用不着煞费苦心地总结了。不管多么挂一漏万,我们的这篇概述应该足以证明:首先,没有一个完全关注纯经济分析的人可以说绝对成功;其次,没有一个完全关注大胆构建的人可以说绝对失败。

在审理理论技术的法庭上,裁决必定是不利的。执着于一种

---

① 这个论点常常被人们(甚至被它的作者)混同于下面这个论点:随着时间的推移,经济的周期性波动倾向于变得越来越温和。事情可能是这样,也可能不是这样(1929—1932 年间的情况反驳不了它),但资本主义制度的更加稳定,即价格和数量的时序曲线更加平稳,并不必然意味着资本主义秩序承受攻击的能力更加稳定,反之亦然。当然,这两者是相互关联的,但它们并不是一回事。

总是不充分的、在马克思自己那个时代正迅速变得过时的分析工具，一长串不能得出的甚或是显然不正确的推论，一些即使修正了基本推论但有时还是会得出相反结论的错误——所有这一切，都可以被正当地用来指责马克思这位理论技师。

然而，即便是在这样的法庭上，裁决的先决条件也是必不可少的，理由有二。

第一，尽管马克思经常是错误的——有时候甚至不能弥补，但他的批评者远非始终正确。由于他们当中有些是杰出的经济学家，尤其因为其中大多数人他都无缘亲见，所以，这个事实彰显了他的不凡。

第二，马克思对很多个别问题的贡献（既有批评性的也有建设性的）也是如此。在这样一篇概述中不可能逐一列举，更别说加以评价了。不过，我们在讨论他的经济周期理论的时候，已经对其中的某些贡献给出了我的看法。我还提到过他为改进我们的物质资本结构理论所做出的贡献。他在这一领域所设计的图景，尽管并非无懈可击，但在很多地方看来完全是马克思主义的最近著作中，再一次被证明是有用的。

不过，上诉法院——即便依然局限于理论问题——可能倾向于全盘推翻这一裁决。因为有一项真正伟大的成就，可以用来抵消马克思在理论上的轻罪。就他的分析而言，通过一系列错误的甚或是不科学的事物，始终贯穿着一个既非错误亦非不科学的基本观念——它是一个理论的观念，不仅仅是关于无数支离破碎的个别模式，或一般经济数量逻辑的理论，而是这些模式的实际顺序，或经济过程的理论，这个过程正在进行当中，有它自己的驱动力，处在一定的历史时期，每时每刻都在产生其特定的状态，而这一状态本身就决定了下一个时刻的状态。因此，这个存在如此多错误的作者，也正是最早把那个即便在今天看来也属于未来的经济理论具体化的第一人，我们今天依然在为这一理论缓慢而费力地积累着砖石和砂浆——统计材料和函数方程。

他不仅构想了这一观念，而且试图把它付诸实现。对于损害其著作的一切缺点，因为其论点努力要服务的那个伟大目的，而必须做出不同的判断，即使在某些情况下，它们并没有因此而得到充分的补救。然而，有一件对经济学方法论来说至关重要的事情，实际上是他实现的。经济学家总是要么自己来做经济史方面的工作，要么就利用别人的历史著作。但经济史的事实被归到一个单独的领域。即使进入了理论领域，它们也只是扮演例证的角色，或者多半是为了验证结果。它们仅仅是机械地跟理论混合在一起。如今，马克思的混合是化学的混合；换句话说，他把它们引入了产生结果的论证当中。他是第一位这样的顶级经济学家：认识并系统地论述了经济理论如何被转变为历史分析①，以及历史叙述如何被转变为历史论证。关于统计学的类似问题他并没有试图去解决。但在某种意义上，他在另外的地方暗示了这个问题。这也回答了另一个问题，用上一节的末尾所解释的那种方式，这个问题就是：马克思的经济理论在实施其社会学建构上究竟有多么成功。老实说，它还没有成功，但在这一过程中，它把目标和方法都给确立了下来了。

---

① 如果忠实的追随者据此声称马克思为经济学的历史学派树立了目标的话，这样的主张不可能被轻率地驳回，尽管施穆勒学派的工作肯定完全不依赖于马克思的暗示。但是，如果他们进一步声称只有马克思知道如何合理地解释历史，而历史学派的人只知道如何描述事实却不了解其意义的话，他们将会败诉。因为那些人事实上知道如何分析。就算他们的概括不那么包罗万象，他们叙述不那么精挑细选，那也全都是值得赞扬的。

四、导师马克思

马克思主义结构的主要组成部分如今就呈现在我们的面前。那么,这一堂皇壮观的综合整体上又怎样呢?这个问题并非多余。如果它是正确的,那么在这样的情况下,整体比各部分的总和更正确。此外,综合可能糟蹋精华,也可能利用糟粕(这二者几乎出现在每一个地方),以至于就其自身而言,整体可能比任何一个部分更正确或更错误。最后,有的预言只能来自整体。然而,关于后者没有更多的东西要说。我们每个人必须自己决定,它对自己来说意味着什么。

我们这个时代总是反感专门化的绝对必要,因此迫切地呼唤综合,要论呼声最高的地方,莫过于非专业成分占主导地位的社会科学领域①。但马克思的体系清楚地说明了:综合尽管可能意味着新的光亮,但也可能意味着新的束缚。

我们已经看到,在马克思的论证中,社会学和经济学如何互相渗透。在意图上,并且某种程度上在实践中,它们是同一的。因此,所有主要的概念和命题既是经济学的,也是社会学的,在这两个方面传达同样的意义——如果从我们的立场看依然说到两个方面的话。比方说,经济范畴的"劳动"和社会阶级的"无产者",在原则上至少可以使之一致,而在事实上是同一的。再比方说,经济学家的

---

① 有些马克思的崇拜者超越了典型马克思主义经济学家的态度,依然按照表面价值对他所写的每一句话都照单全收,在他们当中,非专业成分所占的比例尤其大。这非常重要。在每个国家的马克思主义者团体当中,门外汉跟受过专业训练的经济学家的比例至少是三比一,而且,即便是这些经济学家,照例都是本章引言中所定义的那种意义上的马克思主义者:他在殿宇恭恭敬敬,而在做研究的时候却相背离。

职能分配——换言之,也就是对收入如何产生的解释,这种收入是作为生产性服务的回报,而不管其接受者属于哪个社会阶级——仅仅是以社会阶级之间分配的形式进入了马克思的体系,并因此获得了不同的含义。或者比方说,在马克思的体系中,资本只有在明显的资本家阶级手里才是资本。而同样的东西,如果是在工人的手里,则不是资本。

毫无疑问,由此给分析带来了活力。经济理论的那些幽灵般的概念开始呼吸。没有血肉的命题开始活动、奔跑和呐喊;没有失去它的逻辑品质,它不再是一个关于一套抽象体系的逻辑属性的纯粹命题;它是描绘狂野混乱的社会生活的笔触。这样的分析不仅传达了一切经济分析所描述东西的更丰富的意义,而且涵盖了更加广泛的领域——它把各种各样的阶级行为都画进了它的图画中,不管这一阶级行为符不符合商业程序的常规。战争,革命,各种类型的立法,政府结构的改变,简而言之,一切在非马克思主义经济学看来只不过是外在干扰的东西,都找到了各自的位置,与(比方说)机器投资和劳工谈判并驾齐驱——每一样东西都被一个单一的解释图景所涵盖。

与此同时,这样的程序也有它的缺点。受制于这种束缚的概念约定,虽说在生动活泼上有所得,但在效率上同样容易有所失。劳工——无产者这一对,可以起到生动说明的作用,即使是一个有点陈腐的例子。在非马克思主义的经济学中,对劳动服务的所有报酬都带有工资的性质,而不管提供服务的人是顶级律师、电影明星、公司高管,还是扫大街的。由于从相关经济现象的观点看,所有这些报酬颇有共同之处,因此这种概括并非毫无意义或毫无用处。正相反,它可能是富有启发性的,即便就事情的社会学方面来说。但是,由于把劳工与无产者等同起来,因此我们便遮蔽了它。

事实上，我们把它从我们的画面中彻底清除出去了。同样，一个颇有价值的经济学命题，可能被它的社会学变种给弄得错误百出，而不是使之具有更丰富的意义，反之亦然。因此，一般意义上的综合，特别是照着马克思的路子所进行的综合，可能会在经济学和社会学中变得更糟。

一般意义上的综合，即不同路径的方法和结论的协调一致，是一件很难的事情，有能力处理的人寥寥无几。结果，通常根本没人去处理它，而从那些只见树木、不见森林的研究者那里，我们听到了对森林的很不满意的叫嚷。他们无论如何也认识不到，某种程度上麻烦就在于材料太多，而综合的森林看上去很像一座知识的集中营。

按照马克思的路子所得出的综合，即：为了使各种事物都服从于一个单一目的而把经济学分析和社会学分析协调起来，当然特别容易看上去就像这种集中营。目的——资本主义社会的历史论证——足够广阔，但分析结构却不是这样。确实有政治事实与经济命题之间的宏大结合；但它们是强行被绑在一起的，二者都没法呼吸。马克思主义者声称，他们的体系解决了所有困扰非马克思主义经济学的重大问题；问题倒是解决了，只不过他们的方法就是把这些问题都阉割掉。这一点需要稍加详尽地阐述一下。

我刚才说过，马克思的综合囊括了一切历史事件（如战争、革命、立法变革等）和一切社会制度（如财产、契约关系、政府形态等），这些东西，非马克思主义经济学家习惯于视为干扰因素或论据，这意味着他们不打算解释它们，而只是分析它们的运行方式和结果。要想界定任何研究的对象和范围，这样的因素或论据当然是必需的。就算它们并不总是被明确界定了，那也仅仅是因为预期人人都知道它们是什么；马克思体系所独具的特征是：它使这些历史事件和社会制度本身都服从于经济分析的解释过程,或者用技术行话来说就是,它不是把它们作为论据,而是作为变量来处理。

因此,拿破仑战争,克里米亚战争,美国内战,1914 年的世界大战,法国的投石党运动,法国大革命,1830 年和 1848 年的革命,英国的自由贸易,作为整体的劳工运动及其任何一场特定的行动,殖民扩张,制度变革,每个时代和每个国家的政党政治及国家政策——所有这一切,全都进入了马克思主义经济学的范畴,而这一流派的经济学声称,要从下列几个方面寻找理论解释:阶级斗争,企图剥削与反抗剥削,积累与资本结构的质变,剩余价值率和利润率的改变。经济学家也不再满足于对技术问题给出技术回答,而是要教给人类其斗争的隐含意义。“政治”也不再是可以且必须从基本问题的研究中提取出来的独立因素,而且,当它介入的时候,也不再是依据个人好恶,或扮演一个顽童的角色,当工程师转过身去的时候便胡乱摆弄机器,或者凭借一种被人恭敬地称作“政治家”的可疑哺乳动物的神奇智慧,而扮演一个解围救困的角色。不,政治本身被经济过程的结构和状态所决定,它像任何买入或卖出一样,完全在经济理论的范畴之内,成了各种影响的导体。

再者,这样的综合刚好就是为了我们而做出的,它所发挥的魅力,是最容易理解不过的事情。而在年轻人当中,在新闻界那些似乎被上帝赋予了青春永驻的天赋的知识公民当中,这一点特别容易理解。他们急切地渴望有大好时机好让自己一显身手,盼着把世界从这样那样的苦难中拯救出来,讨厌晦涩乏味的教科书,在情感上和智性上都深感不满,却没有能力凭借自己的努力实现综合,于是,他们在马克思这里找到了他们想要的东西。那里有打开一切最深秘密的钥匙,有指挥大事小事的魔杖。他们正在看到一个解释图景,它同时——如果允许我暂时落入黑格尔主义的话——

既是最一般的又是最具体的。他们再也不必觉得自己无缘于人生大事——突然之间,他们看穿了政治和商业领域那些傲慢自负的傀儡其实什么都不懂。考虑到其他选择的取舍,谁又能责备他们呢?

是的,当然不能——但除此之外,马克思的综合所提供的这一服务还有什么别的东西呢?我很怀疑。这位描述英国向自由贸易过渡或英国工厂立法的早期成就的身份卑微的经济学家,绝不可能忘记提及产生这些政策的英国经济的结构条件。就算他在论述纯理论的课程或著作中没有这样做,那也只不过是为了更简洁、更有效地进行分析。马克思主义者所要补充的仅仅是坚持原则,以及一套用来贯彻原则的特别狭隘和扭曲的理论。这套理论无疑产生了结果,而且是非常简单而明确的结果。但是,我们只须把它系统地应用于个案,就会彻底厌倦那些关于拥有者和非拥有者之间的阶级斗争的没完没了的唠叨,并开始意识到一种痛苦的不足感,或者更糟,一种琐碎感——如果我们不信奉这一基本图景的话,就会有前面那种感觉,而如果我们信奉的话,就会有后面那种感觉。

马克思主义者总是得意地指出,关于那些被认为是资本主义发展过程中与生俱来的经济趋势和社会趋势,马克思所做的诊断是成功的。正如我们已经看到的那样,这个说法不无道理:马克思比他那个时代的其他任何作者都更清楚地洞察了向大企业发展的趋势,不仅如此,他还洞察了后续情况的某些特征。我们还看到,在这一情况下,构想极大地有助于分析,以至于可以补救后者的某些缺点,并使得分析的意义比分析中的一些贡献性成分本身更正确。但仅此而已。这一成就必定被"贫困不断增长"这个预言的落空所抵消,这一落空是错误的构想和有缺点的分析的共同结果,而马克思主义者关于未来社会事件发展的很多推断都是建立在这一预言的基础之上的。为了理解当前的情况和问题而在整体上信赖马克思的综合的人,往往不幸地陷入严重错误①。事实上,如今很多马克思主义者似乎感觉到了这一点。

尤其是,倘若按照马克思的综合来解释最近十年的经验的话,那就更没有理由骄傲了。任何长期萧条或令人不满的复苏,都可以证明任何一种悲观的预言,完全就像证明马克思的预言一样。在这种情况下,垂头丧气的资产阶级和得意扬扬的知识分子的谈论,便给人留下了相反的印象,由于他们的恐惧和希望,这样的印象自然获得了马克思主义的色彩。但没有确切事实能证明马克思的任何特定诊断,更不能推导出这样一个结论:我们所目睹的并不只是一次萧条,而是马克思预期要发生的资本主义发展过程的一次结构性变革的征兆。因为,正如我们将在下一部分指出的那样,人们观察到的所有现象,比如,异乎寻常的失业、投资机会的缺乏、货币价值收缩等等,都没有超出诸如 1870 年代和 1880 年代这样一些萧条占主导地位的时期那众所周知的模式,恩格斯曾经以克制的态度评述过这样的萧条,他的这种态度给今天的热情追随者树立了榜样。

马克思的综合被看作解决问题的工具,有两个突出的例证可以说明这一工具的优点和缺点。

首先,我们来考量一下马克思的帝国主义理论。它的根源在马克思的主要著作中都可以找到,但新马克思主义学派发展了这

---

① 有些马克思主义者会回答说:非马克思主义的经济学家对于我们理解自己所处的这个时代简直毫无贡献,以至于马克思的追随者无论如何在这方面到底高出一筹。究竟是一言不发好还是错话连篇好,这个问题姑且不谈,我们要记住的是:这个说法是错的,因为非马克思主义的经济学家和社会学家实际上都做出了重要的贡献,虽说大多是针对个别问题。马克思主义者的这个说法,尤其不能建立在把马克思学说跟奥地利学派、瓦尔拉学派或马歇尔学派相比较的基础之上。这些学派的成员在大多数情况下完全是、在所有情况下主要是对经济理论感兴趣。因此,这方面的成就跟马克思的综合是不可比的。它只能跟马克思的理论工具相比,而这一领域的比较,优势全在他们这一边。

一理论,这一学派在 20 世纪头 20 年里兴盛,他们宣布跟老一辈的守护者——比如,卡尔·考茨基(Karl Kautsky)——断绝关系,做了大量的工作来翻修这一体系。维也纳是该学派的中心;奥托·鲍威尔(Otto Bauer)、鲁道夫·希法亭、马克斯·阿德勒(Max Adler)是该学派的领袖。在帝国主义领域,有很多其他人继续他们的工作,只不过重点有一些次要的改变,其中杰出的人物是罗莎·卢森堡(Rosa Luxemburg)和弗里茨·施特恩伯格(Fritz Sternberg)。其论证简述如下。

一方面,如果没有利润,资本主义社会就不可能存在,它的经济体系就不可能运转,另一方面,正是由于这一体系的运转,才使得利润不断被消灭,因此,不断努力保持利润的存在就成了资产阶级的中心目标。正如我们已经看到的那样,与资本构成的质变相伴随的积累,是一种补救办法,尽管暂时缓解了个别资本家的处境,但最后却会使事情变得更糟。于是,迫于利润率下降的压力——我们应该还记得,利润的下降,一方面是因为不变资本相对于可变资本的增长,另一方面是因为在工资趋于增长,工时趋于缩短的情况下剩余价值率不断下降——资本便不得不到那些依然有劳动可以任意剥削,机械化过程尚不发达的国家去寻找出路。这样一来,就有了资本向不发达国家的输出,它本质上是资本设备的输出,或者是消费品的输出,这样的消费品可以用来购买劳动或换取可以购买劳动的东西①。但它也是这个词的普通意义上的资本输出,因

① 不妨想想支付给部落酋长的奢侈品,用来换取奴隶,或换取用来雇佣本地劳工的工资物品。为了简洁起见,我将不考虑下面这个事实:我们所设想的那种意义上的资本输出,一般会作为两国之间总贸易的一部分而发生,而这样的总贸易也包括跟我们所设想的那个特殊过程毫无关系的商品交易。当然,这些交易在很大程度上使得资本输出更加便利,但并不影响它的原则。我还将忽略另外一些类型的资本输出。我们正在讨论的理论并不是,也不打算是关于国际贸易和金融的总论。

为输出的商品不会用输出国的商品、服务或货币来偿付——至少不会直接偿付。而且，如果为了保护投资，使之免遭当地环境中的敌对行动——或者，如果你愿意的话，也可以说是反抗剥削的行动——的损害，免遭来自其他资本主义国家的竞争，而不得不在政治上征服不发达国家，资本输出也就演变成了殖民化。这项任务通常由军事力量来完成，而军队要么由殖民资本家自己提供，要么由他们的本国政府提供，后者因此没有辜负《共产党宣言》中所给出的定义："现代的国家政权不过是管理整个资产阶级的共同事务的委员会罢了。"当然，军队也并不是仅仅用于防卫的目的。还有征服，有资本主义国家间的摩擦，以及竞争资产阶级之间互相残杀的战争。

还有一个要素完成了这一帝国主义理论，就像它如今呈现出的样子。只要殖民扩张是被资本主义国家不断下降的利润率所促进，它就应该发生在资本主义发展的后期——事实上，马克思主义者们就说帝国主义是资本主义的一个阶段，更准确地说，是最后一个阶段。因此，它与资本主义产业控制权的高度集中同时发生，与作为中小企业时代典型特征的那种竞争的衰落同时发生。对于由此导致的垄断性限制产量的趋势，以及随之而来的保护本国禁猎区免遭其他资本主义国家偷猎者闯入的趋势，马克思本人并未特别强调。或许，他是个太能干的经济学家，不会信赖这一太不靠谱的论证路线。但新马克思主义者却乐于利用这一路径。因此，我们不仅得到了帝国主义政策的另一个刺激及帝国主义困局的另一个来源，而且，作为一种副产品，我们还得到了一种其本身未必是帝国主义现象的理论：现代保护主义。

应该指出的是，在这个过程中，还有一点对马克思主义者解释进一步的困难很有帮助。当不发达国家已经发达的时候，我们所讨论的这种资本输出将会减少。接下来可能会有这样一个时期，在此期间，宗主国与殖民地将会——比方说——以制造品交换原材料。但到最后，制造商的出口也会下降，与此同时，殖民地的竞争会使其在宗主国要求有自己的一席之地。试图阻止这一事态的出现，将会为摩擦（这回是每个老牌资本主义国家与其殖民地之间的摩擦）、独立战争以及诸如此类的纷争提供进一步的根源。不过，在任何情况下，殖民地最终都会对宗主国的资本关上大门，宗主国的资本再也不能从本国利润逐渐消失的环境逃入国外更富饶的牧场。缺乏出路，产能过剩，彻头彻尾的僵局，到头来是有规律地反复出现的全国性的破产及其他灾难——多半是由于资本主义的彻底绝望所导致的世界大战——这些都是可以有把握地预期的。历史就这么简单。

这一理论是马克思的综合试图以何种方式解决问题并因此获得权威的绝佳例证（多半是最好的例证）。整个事情似乎是从两个基本前提完美地推导出来的，这两个前提都牢牢地嵌在了马克思体系的基础上，它们是：阶级理论和积累理论。我们这个时代一连串至关重要的事实似乎都可以得到完美的解释。国际政治的整个迷局似乎可以通过强有力的分析，一举予以厘清。而且，在这个过程中，我们看到，本质上始终一样的阶级行为，为什么和如何依据原本只能决定其策略方法和措辞的不同环境，而采取不同的形式：要么是政治行为，要么是经济行为。假如资本家集团自由支配的手段和机会不变，如果洽谈一笔贷款更有利可图，那么就会坐下来商定一笔贷款。假如手段和机会不变，如果发动战争更有利可图，那么就会发动一场战争。后者像前者一样有资格进入经济理论的考量。就连纯粹的保护主义，如今也已经从资本主义发展的逻辑中漂亮地生长出来了。

此外，这一理论充分展示了一个优点，这一优点与通常被称作应用经济学领域中大多数马克思主义概念的优点是一样的。这就是它跟历史事实和当代事实之间的密切关联。凡是仔细读过我这篇摘要的读者，大概没有一个人不震惊于下面这个事实：在论证的每一步，都有支持性的历史实例纷至沓来，俯拾即是。谁难道没听说过欧洲人在世界各地压迫本地劳工吗（例如，中南美的印第安人在西班牙人手里遭受的压迫）？没听说过猎获奴隶、贩卖奴隶和苦力贸易吗？资本输出在资本主义国家难道不是一直存在吗？它难道不是几乎始终伴随着旨在征服本地居民、打败其他欧洲强国的军事征服？殖民化难道不是一直有相当明显的军事化的一面，即使当此事完全由诸如东印度公司或不列颠南非公司之类的商业企业操控的时候？塞西尔·罗兹（Cecil Rhodes）和布尔战争不正是马克思本人想要的最好的例证吗？在大约 1700 年以来的所有事件中，殖民野心一直是欧洲麻烦中的一个重要因素，这一点难道不是相当明显吗？至于眼下这个时期，谁没有听说过，一方面是关于"原材料战略"的事情，另一方面是热带地区本土资本主义的发展在欧洲激起的反响？还有诸如此类的事情。至于保护主义——得了吧，那是再清楚不过的事情了。

但是，我们最好是慎重一些。凭借乍看之下有利的例证，未经详细的分析便给出表面上的证明，可能是非常靠不住的。此外，正如每个律师和每个政治家都知道的那样，积极地诉诸人们所熟悉的事实，大大有助于诱使陪审团或议会也接受他想要他们相信的那种解释。马克思主义者充分运用了这一技术。在本例中，这一点尤其成功，因为被讨论的那些事实刚好结合了这样的优点：人人略知皮毛，透彻理解的人却寥寥无几。事实上，虽说我们在这里不能详细讨论，但即便是仓促地反思一下，亦足以令人心生疑虑：

"事情并非如此。"

在下一部分,我们将会对资产阶级与帝国主义的关系略作评述。现在我们将考虑这样一个问题:就算马克思对资本输出、殖民化和贸易保护主义的解释是正确的,那么,把它作为我们在使用帝国主义这个不严密的、被误用的术语时所想到的一切现象的理论是否恰当? 当然,我们总是可以这样来定义帝国主义,以便使它的意思刚好就是马克思的解释所意指的那种东西;我们总是可以声称自己相信:所有这些现象必定都可以用马克思的方式来解释。但接下来,帝国主义的问题——始终假定这一理论本身是正确的——就只能用同义反复的方法来"解决"①。马克思的路径——或者说,就这个问题而言,任何纯经济学的路径——是否能得出一个不是同义反复的解决办法,这个问题尚须考量。然而,在这里我们大可不必操心,因为还没等我们走那么远,其立足的根基就成问题了。

乍一看,这一理论似乎颇为适合某些实例。英国与荷兰对热带地区的征服提供了最重要的例证。但另外一些实例,比如,像新英格兰的殖民,它就不适合了。即使是前一种类型的实例,马克思

---

① 这种强加于人的空洞的同义反复,其危险性可以通过几个例证得到最好的说明。法国武力征服阿尔及利亚、突尼斯和摩洛哥,以及意大利武力征服阿比西尼亚(编辑注:即埃塞俄比亚),并无重要的资本主义利益来推动。事实上,这种利益的存在是一个很难证实的借口,而且,这种利益后来的发展,是一个缓慢的过程,是在政府的压力下进行的,这就足够令人不满了。如果说,这看上去很不马克思主义,那么人们将会回答:这样的行动是在潜在的,或预期的资本主义利益的压力下采取的,或者说,归根到底,其根源"必定"是某种资本主义利益或客观必然性。那么,我们就可以找到绝不会根本没有的确凿证据,因为资本主义利益像其他任何利益一样,实际上会受到任何情况的影响,而且会对任何情况加以利用,也因为,资本主义机体的特殊条件总是会呈现出某些可以合理地跟国家扩张政策联系起来的特征。很明显,正是先入为主的确信,而不是任何别的东西,使得我们继续一项如此令人绝望的工作;如果没有这样一种确信,我们绝不会着手这项任务。我们实际上大可不必自找麻烦;我们完全可以说:"事情必定如此",并到此为止。我所说的同义反复,正是这个意思。

的帝国主义理论也不能提供令人满意的描述。承认利润的诱惑在推动殖民扩张的过程中扮演了一个重要角色,明显是不够的[①]。新马克思主义者并不打算证实这种令人不快的陈词滥调。就算这些实例对他们来说很重要,有一点还是必然的:殖民扩张必定是以前面已经指出过的那种方式,迫于积累给利润率带来的压力而发生的,因此是正在衰落的或者至少是已经充分成熟的资本主义的一个特征。但是,殖民冒险的英雄时代恰恰是早期的、未成熟的资本主义的时代,那时候,积累才刚刚开始,任何这样的压力——特别是还有剥削国内劳动的任何障碍——都明显不存在。垄断因素倒并非不存在。正相反,它远比今天更明显。但这只能增加解释的不合理,这一解释把垄断和政府说成是近代资本主义的特征。

此外,说到这一理论的另一条腿:阶级斗争,情况并不会更好。一个人必须戴上眼罩,才可以集中关注从来都只是扮演配角的殖民扩张中的阶级斗争方面,才可以用阶级斗争来解释这样一种现象:它提供了阶级合作的一些最显著的实例。殖民扩张既是一场趋向更高利润的运动,也是一场趋向更高工资的运动,长期来看,它给无产阶级带来的好处,肯定超过它给资本家利益集团带来的好处(部分是因为对土著劳动的剥削)。但我不想强调它的结果。根本点是:它的原因跟阶级斗争没有多大关系,而且,它与阶级结构的关系,充其量不过是那些属于资产阶级,或通过殖民事业而跻身于资产阶级行列的群体和个人的领导地位中所包含的那种关系。然而,如果我们摘下眼罩,并且不再把殖民化或帝国主义看

[①] 强调每个国家实际上都在"剥削"它的殖民地这个事实也还不够。因为那是一个国家整体对另一个国家整体的剥削(是一切阶级对一切阶级的剥削),它跟马克思主义的那种剥削还不一样。

作是阶级斗争中的副产品，那么，马克思关于这个问题的东西也就很有限了。在这个问题上，亚当·斯密（Adam Smith）所说的东西一样好——事实上更好。

新马克思主义的现代保护主义理论这个副产品还是留下来了。古典文献中充斥着对"邪恶利益集团"——当时主要是但绝不完全是指农业利益集团——的痛骂，指责这些大声嚷嚷着要求保护的利益集团对公共福祉犯下了不可饶恕的罪行。因此，古典作家有一套很不错的关于贸易保护原因的理论——而不仅仅是关于其结果的理论，而且，如果我们把现代大企业的保护主义利益集团补充进来，我们就在合理范围内走到最远了。同情马克思主义的现代经济学家确实还不至于笨到说：如今就连他们的资产阶级同僚也看不出保护主义趋势和大单位控制趋势之间的关系，尽管这些同僚未必认为有必要强调一个如此明显的事实。倒并不是说古典作家及其迄至今日的继任者关于贸易保护的观点是正确的：他们对保护主义的解释过去是、现在依然是不全面的，就像马克思主义的解释一样不全面，更何况他们对结果及相关利益的评估常常是错误的。但是，至少50年来，关于贸易保护主义中的垄断成分，马克思主义者所知道的一切，他们全都知道，这倒不是什么难事，因为这一发现早已是老生常谈。

古典作家在一个重要的方面比马克思主义的理论高出一筹。不管他们的经济学究竟有多大价值——多半并不大——但他们大多数人都坚守它[①]。就事论事，这倒是个优点。有一种论点认为，

[①] 他们未必仅仅局限于古典经济学。当他们超出这个范畴的时候，结果只会让人沮丧。因此，詹姆斯·穆勒（James Mill）的纯经济学著作尽管不是特别有价值，但也不能简单地斥之为不可救药的劣等品。真正的毫无意义的文章——而且是陈词滥调的毫无意义的文章——是他论述政府及同类主题的那些文章。

很多保护性关税的存在是由于大企业的压力,这些企业想利用保护性关税,让它们的产品在国内的价格维持在比没有保护性关税的情况下更高的水平上,大概还为了使它们的产品能够在国外卖得更便宜;这个论点虽说是老生常谈,但它是正确的,尽管任何关税从来都不完全是,甚至不主要是由于这个特殊的原因。正是马克思主义的综合,使得这个论点变得不恰当,甚或是错误的。如果我们的志向只是要理解现代保护主义所有政治的、社会的和经济的原因和含义,那么,这个论点是不充分的。比方说,美国人只要有机会倾诉衷肠,他们就会说,他们对保护主义政策的一贯支持,并不说明他们热爱大企业的统治,而是说明他们热切地希望构建并维持一个他们自己的世界,摆脱世界上其他地区的一切兴衰沉浮。那种忽视此类因素的综合,并不是一笔资产,而是一笔债务。但是,如果我们的志向是要把现代保护主义的所有原因和含义归纳为现代工业中的垄断因素,把它看作唯一的直接原因,并且,如果我们根据这个论点来阐述的话,那么它就是错误的。大企业有能力利用民意,而且它培养了民意;但要说大企业创造了民意,那是荒谬的。那种得出——毋宁说是假设——这样一个结论的综合,倒不如根本没有综合。

如果我们公然不顾事实和常识,把这个关于资本输出和殖民化的理论吹捧为国际政治的根本解释,并因此把国际政治分解为一方面是垄断资本家集团之间的斗争,另一方面是各资本家集团与各自的无产阶级的斗争,那么,事情就会变得更糟。这种东西可能对党派文献很有用,但在别的方面,它只不过表明:童话并非资产阶级经济学所专有。事实上,大企业,或者从富格尔(Fugger)到摩根(Morgan)这样的大金融集团,对外交政策所发挥的影响力非常之小,而且,在这样的大型企业或银行集团能够说上话的大多数情况下,他们缺乏经验的半吊子主义也往往会导致失败。资本家集团对本国政策的态度主要是适应性的,而不是原因性的,今天比从前更是如此。而且,他们的态度在很大程度上取决于对短期利益的考量,这些短期利益距离任何深谋远虑的计划跟距离任何明确的"客观"阶级利益同样遥远。在这一点上,马克思主义只是在阐述流行的迷信。①

在马克思主义结构的各个部分,还有另外一些情况类似的实例。例如,我们不久之前从《共产党宣言》中引用的那个关于政府性质的定义,其中肯定有真理元素。而且在很多情况下,这一真理将会解释政府对一些表现更明显的阶级对抗的态度。但老实说,这一定义中所包含的理论是并不重要的。值得费心的问题是:这一理论为什么以及如何在大多数情况下与事实不符,或者即使与事实相符,也不能正确地描述那些"管理整个资产阶级的共同事务的委员会"的实际行为?而且在大多数情况下,这一理论都可以用同义反复的方法证明为真。因为任何一项政策,只要不是彻底消灭资产阶级,都可以被认为是服务于经济的或经济之外的、长期的或短期的资产阶级利益,至少是为了避免更糟糕的事情出现。然而,这并不能使这一理论更有价值。不过,还是让我们转到关于马克思主义综合解决问题能力的第二个例证吧。

---

① 这一迷信跟很多值得尊敬但心志单纯的人所信奉的另一种迷信可谓相差无几,后者自己对现代史的解释基于这样一个假设:在某个地方,有一个由极其聪明、极其恶毒的犹太人所组成的委员会,在幕后控制着国际政治,甚或多半是一切政治。马克思主义者倒不相信这一迷信,但也并不更高明。说来有趣,每当我面对其中任何一个理论的时候,我总是很难以一种让我自己满意的方式予以回答。这不仅仅是由于我所处的环境对一些事实论断很难加以否定。主要的困难源自下面这个事实:人们不仅对国际事务及其相关人员缺乏第一手知识,而且缺乏洞察谬论的脑子。

　　根据马克思的说法,科学社会主义区别于空想社会主义的标志就在于它证明了:社会主义是必然的,不以人们的意志或愿望为转移。正如前面已经说明的那样,这个说法的全部意思就是:凭借其自身的逻辑,资本主义的发展趋向于消灭资本主义,并产生社会主义的事物秩序。就证明这些趋势的存在而言,马克思究竟在多大程度上成功了呢?

　　关于这种自我毁灭的趋势,问题已经给了回答。马克思并没有证明资本主义经济必然因为纯经济的理由而崩溃这一理论,希法亭的异议就足以表明这一点。一方面,关于一些对正统派论点来说必不可少的未来事实,尤其是关于贫困和压迫必然增长的事实,马克思的一些命题缺少支撑;另一方面,即便这些命题全都为真,也未必能从这些命题推导出资本主义秩序崩溃的结论。马克思正确地认识到了资本主义发展过程中的其他一些趋势性的因素,就像——我希望指出这一点——最终结果本身一样。关于后者,或许有必要用别的表述来取代马克思的表述,那么,"崩溃"这个说法可能就是用词不当,特别是如果把它理解为由于资本主义生产机器的失败而导致的崩溃的话;但这并不影响这一理论的本质,不管对它的表述及它的含义有多大的影响。

　　关于向社会主义发展的趋势,我们首先必须认识到这是一个截然不同的问题。资本主义,或任何其他的事物秩序,最终都有可能崩溃——或者说经济和社会的发展比它更快——然而社会主义的凤凰或许并不能从灰烬中诞生。可能会出现混乱,而且,除非我们把资本主义之外的任何非混乱的替代物都定义为社会主义,否则就一定有其他的可能性。普通的正统马克思主义者——至少是在布尔什维主义出现之前——所预期的特殊类型的社会组织肯定只是众多可能情况中的一种。

马克思本人尽管非常明智地忍住了没去详细描述社会主义社会,但他还是强调了它出现的条件:一方面,存在巨大的产业控制单位——当然,它会极大地促进社会主义化;另一方面,存在一个受压迫、受奴役、受剥削,但同时人数众多、遵守纪律、团结一致、已经组织起来的无产阶级。这在很大程度上暗示了一场决战,是两个阶级之间长期斗争的剧烈阶段,也是它们最后一次互相严阵以待。这还暗示了接下来将会发生什么;这暗示了这样一种观念:这样的无产阶级将会"接管",并通过无产阶级专政来结束"人对人的剥削",实现无阶级社会。如果我们的目的就是要证明马克思主义是至福主义信条家族中的一员,那么这样确实就足够了。由于我们关注的并不是这一方面,而是科学预言,因此它明显是不够的。施穆勒的立足点更牢靠。尽管他也拒绝在细节上下功夫,但他明显把这个过程设想为一个不断官僚化、国有化以及诸如此类的过程,最终以国家社会主义为结果,我们喜欢也好,不喜欢也罢,这个结果至少有了明确的意义。因此,即使我们在整体上同意马克思的崩溃理论,他也还是没能把社会主义的可能性转变为确定性;如果我们不同意崩溃理论的话,那么,接下来的失败就更不用说了。

然而,在任何情况下——不管我们接受马克思的推理还是接受任何别的东西——社会主义都不会自动实现;即使资本主义的发展,按照我们所能想象到的最马克思主义的方式为社会主义提供了一切条件,但要使它实现,依然需要明确的行动。这当然符合马克思的说法。他的革命不过是他的想象倾向于给那种行动披上的特殊外衣。他在成长岁月经历了 1848 年的所有激动兴奋,而且,尽管他完全能够鄙视革命的意识形态,却不能摆脱它的束缚,对这样一个人来说,强调暴力大概是可以理解的。此外,他的大部分听众几乎都不愿意倾听缺乏神圣感人号召的启示。最后,尽管他看到了和平过渡的可能性(至少对英国来说是这样),但他或许没有看到这样的可能性很可能实现。在他那个年代,这一点并不是那么容易看出,他所珍爱的两个阶级对垒斗争的观念使他更难看到这一点。他的朋友恩格斯实际上不怕麻烦,研究起了战术。但是,尽管革命可以归属于非本质要素,但明确行动的必要性依然存在。

这还应该解决那个让追随者分化的问题:是革命,还是渐进?如果我理解了马克思的意思的话,答案不难给出。对他来说,渐进是社会主义之母。他太过强烈地执着于社会事物的内在逻辑,以至于不可能相信革命能够取代渐进工作的任何一部分。尽管如此,革命还是要到来。但它到来的唯一目的,只不过是为了根据一整套前提写出最后的结论。因此,马克思的革命完全是另一回事,无论在性质上,还是在功能上,既不同于资产阶级激进派的革命,也不同于社会主义的密谋者的革命。它本质上是那种水到渠成的革命。诚然,那些不喜欢这个结论,尤其是不喜欢把它应用于俄国情形的追随者们①,可以在马克思的著作中找出很多这样的段落,它们似乎与这一结论相矛盾。但在这些段落,马克思自己也跟他通过《资本论》的分析结构明白无误地说出来的最深刻、最成熟的思想相矛盾,而且,就像任何因为洞察了事物的内在逻辑而获得启迪的思想一样,在可疑宝石的古怪闪光的照耀之下,它也带有明显的保守含义。而且归根到底,为什么不呢? 任何严肃的论点,从来都不曾毫无条件地支

---

① 卡尔·考茨基在他为《剩余价值理论》所写的序言中甚至声称,1905 年的革命就是为了马克思的社会主义,尽管很明显,少数知识分子的马克思主义术语把关于它的一切都说成是社会主义的。

持任何"主义"①。说对马克思可以从保守的意义上来解释（如果剥离掉那些锦言妙句的话），只不过是说我们可以严肃地对待他。

———————————

① 这一论点可以引申得更远。特别是，在劳动价值理论中，没有什么专门属于社会主义的东西；每个熟悉这一理论的历史发展的人当然都会承认这一点。不过，剥削理论也同样如此（当然除了措辞之外）。我们只须认识到，马克思所说的那种剩余的存在，是——至少曾经是——我们在"文明"这个术语中所包含的一切东西赖以产生的必要条件（这事实上很难否认），而且我们已经认识到了这一点。要成为一个社会主义者，当然不一定要是个马克思主义者；但要成为一个社会主义者，做个马克思主义者也是不够的。社会主义的或革命的结论可以在任何科学理论中留下印记，但没有任何科学理论必然包含它们。而且，没有任何东西能让我们处在萧伯纳在某个地方所描述的那种社会学愤怒当中，除非它的作者故意要激怒我们。

马利·埃斯普里·里昂·瓦尔拉[*]   (1834——1910)

Marie Esprit Leon Walras

[*] 这篇文章最初以《马利·埃斯普里·里昂·瓦尔拉》为题,发表于《国民经济、社会政策与行政管理杂志》(*Zeitschrift für Volkswirtschaft, Sozialpolitik und Verwaltung*)第 19 卷,1910 年,第 397—402 页。由沃尔夫冈·F.施托尔珀(Wolfgang F. Stolper)博士译成英文,施托尔珀曾在波恩和哈佛师从熊彼特教授,如今是密歇根大学经济学副教授。

今天，当我们回顾瓦尔拉的学术生涯，让我们吃惊的是无条件地献身于一项任务中所潜藏的那种简单的伟大。这项任务的内在逻辑、必然性和力量，给我们留下的印象就像是一件自然之事。专门思考纯经济学问题，构成了它的全部内容，此外别无其他。没有任何东西打乱整幅图画的统一。在它里边没有任何其他重要因素；只有它影响着我们。他毕生的工作成就，仿佛是凭借它自身的重量，缓慢却稳定地在我们的身上留下了它的印记。

他生平中的外部事件可以简略地讲一下。我从瓦尔拉的自传①中选取了材料，给这幅有着重要科学史意义的画卷配上一个朴素的画框。瓦尔拉 1834 年 12 月 16 日出生于厄尔省的埃夫勒市。他的课业显示了这位思想家对实际事务的不适应：就像一个通过研究勒内·笛卡儿（Rene Descartes）和艾萨克·牛顿（Isaac Newton）来准备报考理工学校的人，我们不难预料他的失败；像每一个有探索精神的人所经历的那样，他也对轻车熟路缺乏热情。他曾在矿业大学试着学习过一段时间，结果不能令人满意。接下来他尝试过新闻行当，为不同的企业工作过，全都不怎么成功。然而，对我们来说，重要的是，早在 1859 年发表的第一部作品里——这部作品试图驳斥普鲁东的基本观念——他就已经确信：可以用数学的方法来处理经济理论。打那以后，他就知道自己想要的是什么，打那以后，他的全部力量都专注于一个目的。这里就是他工

① 载《经济学家杂志》（*Giornale degli Economisti*）1908 年 12 月号。

作的起点——仅就方法而言,而不是就任何特定问题而言。他觉得自己不得不朝着这个方向走,虽说他并没有马上知道自己能走多远。当时也缺乏必要的环境和闲暇——在自传中,他用辛辣刻薄的笔调描述了法国科学圈子的氛围;而且总的说来,他没有打下很好的根基。

就在这个节骨眼上,机遇给科学帮了大忙。1860 年,瓦尔拉在洛桑参加了一次"税赋大会"——会议的讨论给他的第二部伟大著作带来了灵感——他在那里建立的关系,导致 10 年后他获得了洛桑大学新创立的经济学教席。这一教席无论是对科学还是对瓦尔拉都有着重要的意义。每一个对瓦尔拉的工作给予高度评价的人,都会被他自传材料中的这一部分深深打动,在这一部分,他十分严肃地描述了他如何去找省长,为的是获得出国许可(因为动员的威胁而必须这样做),描述了他如何"在 1870 年 12 月 7 日从卡昂出发,经昂热、普瓦提埃、穆兰和里昂",前往洛桑。甫一抵达,他便开始工作,鞠躬尽瘁,直至他毕生的任务完成。

1892 年,他从这一职位上退休,但一直作为名誉教授跟洛桑大学保持着联系。他在克拉朗附近的一套很小的公寓房里继续工作。1910 年 1 月 4 日,瓦尔拉在那里去世。

我还得提到另外一件事:人们对他的案头工作毫不重视,这一阴影笼罩着他生命中的最后 30 年。这是一个老故事。在这个世界上,真理和红颜从来都是一样的薄命。而且,如果一件新鲜事物本质上是由看待事物的方式所构成,而不是迎合广泛兴趣和理解的发现和发明,更有甚者,如果这样的"见解"就像瓦尔拉的情形那样远离同行们的当前兴趣,那么就不难理解,外在的成功必然来得既不容易也不迅速。如果我们把所有这些因素考虑在内,我们就大可不必对实际实现的东西感到不满;或许,我们应该惊讶于成功是如此之大,而不是惊讶于它的如此之小。瓦尔拉创立了一个学派,而且——主要是通过阿尔弗雷德·马歇尔(Alfred Marshall)——他的影响扩大到了该学派之外。早先,当法兰西伦理与政治科学学院拒绝他的作品时,究竟谁在接受审判,早已一清二楚。而且,用不着大吹大擂,这部作品的影响越来越深远而广泛。尽管长期以来,瓦尔拉没有任何辩护者,但他还是在有生之年看到了那个时刻,他高兴地得知,他的观念无须辩护,它们已经超出了科学时尚的领地之外。但他并不是这样想的,他从未战胜过挣扎和失败的记忆。他的自传以苦涩的文字结束,他似乎一直沉湎于苦涩的思想——就这样,悲剧性的因素始终笼罩着他表面如此平静的一生。

1909 年春,纪念他第一部著作出版 50 周年的庆祝会,就像雨后的一缕阳光,让他深受感动。人们给予他的赞美,是他从未感受过的。他所得到的认可,他从前想都不敢想。那是他一生中最伟大的时刻。

经济均衡理论足以让瓦尔拉有资格赢得不朽的名声,这一伟大理论那水晶般清澈透明的思路,用一束基本原则的强光,照亮了纯经济关系的结构。在洛桑大学为纪念他而竖起的那座纪念碑上,只镌刻这样几个字:équilibre économique(法语:经济均衡)。诚然,他的基本观念使他得出了很多具有实际意义的结论。没有一个人能比他更令人信服地提倡土地国有化,在货币政策领域,很少有人能跟他比肩。但是,与他为我们提供的知识比起来,所有这一切都无足轻重。他把毕生的著述都综合在了 3 部著作中①,它们

---

① 《纯粹政治经济学要义》(*Éléments d'économie politique pure*),1900 年第 4 版(1874 年第 1 版);《社会经济学研究》(*Études d'économie sociale*),1896 年;《实用政治经济学研究》(*Études d'économie politique appliquée*),1898 年。

全都属于经济科学中最丰富的著作,但真正不朽的是第一部书第二—六节中所包含的思路。

瓦尔拉是从安东尼·奥古斯丁·古诺(Antoine Augustin Cournot)的理论着手的。但他很快就发现——他这样告诉我们——古诺的需求曲线(把需求总量看作价格的函数)只严格适合于两种商品的交换,而对于两种以上商品的交换,它只提供了一个近似值。起初,他也仅仅局限于前者的情况,并以精确的方式,从一种商品的需求曲线得出另一种商品的供给曲线,然后,他通过这两条曲线的相交点得出两种商品的均衡价格。从这些曲线(它们指示了目标市场的商品总量)他得出了各个经济单位各自的需求量和效用曲线,并因此获得了其理论结构的基石:边际效用的概念。在这一阶段,这一理论发表于 1873 年,并在随后几年里得到了进一步的发展。他的结论跟卡尔·门格尔(Carl Menger)和威廉姆·斯坦利·杰文斯(William Stanley Jevons)的结论是一致的,这种一致就像他们的出发点和方法上的差异一样显著。这些简单命题中所包含的是一项具有根本性的重要意义的成就。

这是一条连续不断的推理链中的第一环,更多的问题从这里产生。首先是两种以上商品交换的问题,它给科学阐述带来的困难比外行所想象的更多。其次是瓦尔拉已经触及了生产的问题,因为他把一定数量的消费品的市场(之前他一直是孤立地考虑这一市场)跟结构类似的生产要素市场并列了起来。这两种市场一方面通过既不赚也不赔的企业家联系起来,另一方面通过下面这个事实联系起来:在纯粹的竞争和均衡的条件下,所有生产资料销售的总收入,必然等于所有消费品销售的总收入。一方面,每个参与交易的人必定想让效用最大化,另一方面,所谓的生产系数总是以明确的方式不断改变,因此,当我们考虑到这两个条件的时候,"成本"与"效用"相互作用的理论,以及随之而来的整个经济过程的基本原理,便最终得出了一个极其简单的解决办法。

瓦尔拉通过下面这个假设提出了资本化的问题:某些生产性服务的出售者总在储蓄,并把这些储蓄投资于"新的资本品",因为市场对这样的资本品有一定数量的需求。这些"新的资本品"的价格是在它们所提供的服务的基础上形成的。这一价格反过来为"老的生产物品"的资本价值提供了基础,这解决了资本化的问题,或者说是所有商品的资本价值的来源问题。这一观点自然有它的不足之处。但我们之所以注意到它,只不过是因为我们今天总是把它跟欧根·冯·庞巴维克(Eugen von Bohm-Bawerk)的成就相比。就算它像很多早期的利息理论一样,在某些方面有过错,但它在很多别的方面不同于其他理论,比它们更值得赞许。瓦尔拉的利息理论或许是能和李嘉图的理论相比较的最好的理论,但他们彼此的关系,就好比大厦与地基的关系。

在瓦尔拉的体系的所有部分当中,他的货币理论随着时间的推移而经历了最多的改变,直到它被认定为这一领域最成熟的果实之一。在 1876 至 1899 年之间,瓦尔拉的大部分工作奉献给了货币理论。在第一版的《纯粹政治经济学要义》中,他依然从"必要的流通"开始,但他后来把自己的货币理论建立在个人对支付手段的需求上。这一差别非常重要。我们不可能说经济对交易媒介的需求与人对面包的需求是在同样的意义上。然而,这样一种个人对支付手段的渴求却完全类似于他对面包的需求。它是可以被归到边际效用递减规律之下的某种东西。这一原理后来得到了很好的利用,并从"流通方程"中发展出了一套完美的货币价格形成理论。然而,既然我们不可能在这里逐一细说,那么这样说也就足够了:特别是瓦尔拉关于复本位问题的论述完全是经典的,而且在未来很长一段时间里是决定性的。

在瓦尔拉那里，整个纯经济学取决于两个条件：每个经济单位都想让效用最大化，每种商品的需求与供给相等。他的所有命题都是从这两个假设推导出来的。弗朗西斯·伊西德罗·埃奇沃思（Francis Ysidro Edgeworth）、恩里科·巴罗内（Enrico Barone）等人或许补充了他的工作，帕累托等人或许在个别地方超越了他，但他的工作的意义却没有因此而受到损害。凡是知道严谨的自然科学的起源和工作的人，都会知道，无论是在方法上还是在本质上，这些人的伟大成就与瓦尔拉的成就属于同一种类型。经验告诉我们，很多现象互相依存，要找出这些现象的准确形式，并使这些形式互相归纳、互相推导，这是物理学家所做的事情，也是瓦尔拉所做的事情。而且，瓦尔拉是在一个全新的领域做这样的工作，不可能利用几百年的准备工作。他直接着手工作，而且有了非常好的结果。他是在无人帮助，没有合作者的情况下做这件工作，直到他自己创造了这些条件——除了自己给自己打气之外，没有来自其他人的任何鼓励。尽管他知道，尽管他想必早已知道，在他自己的这一代人当中，无论是在经济学家当中，还是在数学家当中，他都别指望获得成功，也别想得到认可，但他还是做了这件工作。他孤独地走在一条人迹罕至的小路上，没有实干家和科学家通常能得到的那种道义上的支持。就这样，他的肖像显示出了把创造性的头脑和被创造的头脑区别开来的所有特征。关于此人，我要说的就这些。他的工作总有一天会得到认可——或迟或早。

卡尔·门格尔[*]

Carl Menger

(1840 — 1921)

[*] 这篇文章最初以《卡尔·门格尔》为题,发表于《国民经济与社会政策杂志》
(*Zeitschrift für Volkswirtschaft und Sozialpolitik*)新序列第 1 卷,1921 年,
第 197—206 页。由汉斯·W. 辛格(Hans W. Singer)博士译成英文。辛格
从前在波恩大学是熊彼特教授的学生,后为联合国经济发展代理科长。

一个论点的力量如何，有一个严格的检验，这就是：它是否可以凭借自身的资质被看作是决定性的，抑或，它需要一连串支持性的次要论证才能站住脚。同样，一个人毕生的事业，其重要性的一个严格检验是：你是否可以从中找出一项其本身就具有伟大意义的成就，抑或，它只能被描绘为一幅由很多零零碎碎的片段拼凑而成的镶嵌画。门格尔属于那种有资格被看作为科学史做出了一项决定性成就的思想家之一。他的名字永远跟一项新的解释原理联系在一起，这项原理给整个经济理论领域带来了革命性的变革。不管你描绘他的性格中有怎样重要的或可爱的特征，不管你举出什么额外的科学成就，不管你说他如何专心教学，如何学识渊博——但跟奠定其地位的那巍然高耸的成就相比，所有这一切都相形见绌。当然，门格尔的传记作者会把所有这些材料整合到一起，组成一幅混合图画，用来表现一位强大而富有魅力的人物。但这幅图画的重要性来自他的一项伟大成就，而门格尔的名声却无须这些细节来增光添彩。

　　在度过完全退休的 20 年之后，门格尔离开了我们，在此期间，他得以有闲暇的时光，来探索和享受他感兴趣的领域。因此，我们获得了足够的距离，使我们能够讨论他毕生的工作，那已是经济科学史的组成部分。他的工作确实令人难忘。门格尔的科学品格赖以产生的背景，可以简短地加以概述。自 16 世纪以降，由于对现实的怀疑，由于实际政策的需要，关于经济问题逐渐发展出了一点点知识储备。自那时起，换句话说，就是自现代交换经济开始跨越乡村和庄园界限的时候起,货币政策和贸易政策的问题引发了一些讨论,人们以一种原始的方式把这些讨论跟一些显著经济事件的原因和结果联系在一起。朝向个体经济和自由贸易发展的缓慢趋势,伴随着越来越多的小册子和书籍,它们的作者通常更倾向于解决当时的实际经济问题,而不是思考那些更为根本性的问题。在 18 世纪,出现了一门经过整合的科学,有自己的学派、结论、辩论、教科书和学术专家。这是经济科学的第一个时期,我们可以认为,这一时期在亚当·斯密那里达到了巅峰。接下来,是一个分析和专门化的时期,英国古典学派在这一领域傲视群雄,不可一世。我们这里所关注的正是这一领域,因为门格尔的成就刚好就在这一领域。李嘉图把自己的名字铭刻在这一时期。在这个过程中,发展出了一套在广泛限度内可以说具有科学性或一般正确性的合乎逻辑的理论体系,纯经济理论诞生了。

有一点始终不是十分清楚:如此迅速的成功,为什么会紧跟着如此彻底的失败。这一新学科的几个主要思想者依然在工作;他们尚未超越处理基本问题的阶段;但我们已经看到经济学家圈子内部的瘫痪停滞,以及圈子之外人们普遍的怀疑、敌意和忽视。毛病部分出在已实现成果的内在缺陷,所使用的某些方法的原始性,某些思考的明显肤浅,以及某些结论清楚可见的不充分。然而,所有这些应该都不是致命的,因为这些缺点是能够改进的。但没有人着手这样的改进工作,没有人对这幢新的理论大厦的内部结构感兴趣,因为——这里还潜藏着失败的另外一个原因——公共舆论和专家都因为一个完全不同的理由掉头而去:新理论太过急切地试图解决实际问题,急于跟不同的政治和社会党派争论是非,要求承认其科学上的正确性。就这样,自由主义的失败也成了新理论的失败。结果,特别是因为在某些国家——尤其是德国——

普遍存在对社会理论的敌意,以及一种坚守哲学传统与历史传统的智力遗产的趋势,除了经济和社会政策之外,古典理论的外表很少传给下一代,而通向其内部结构的道路几乎被堵死了。年轻人几乎不知道这里面有多少科学知识,甚至不知道有更多获取知识的可能性。因此,这一理论看上去似乎不过是观念史上的一段插曲,是试图为短期经济政策提供基础而已。当然,不可避免的是,专家当中还是应该有一些小的理论蓄水池被保存在不同的地方。就孤立的实例而言,还是实现了一些具有重大意义的成就,但本质上,这块地尚未开垦。约翰·海因里希·冯·屠能(Johann Heinrich von Thünen)与赫尔曼·海因里希·戈森(Hermann Heinich Gossen)在德国的名声并没有改变这一裁决。只有社会主义理论是建立在古典方法论的基础上,尚没有僵化。

凭借科学伟大的自由意志,卡尔·门格尔毕生的工作就在这一背景上浮雕般地凸显了出来。没有外部的激励,肯定也没有外部的帮助,他着手处理那幢已经泰半坍塌的经济理论的大厦。推动他一路向前的,不是对经济政策或观念史的兴趣,也不是对增加已经积累起来的材料储备的渴望,而主要是一个天生理论家对新的知识原理的探索,对调动事实材料的新工具的探索。而且,尽管很多研究者通常充其量不过是获得局部的成功,解决某一学科很多个别问题中的一个,但门格尔属于这样一种研究者:他们摧毁一门科学的现有结构,再把它置于一个全新的基础之上。旧的理论被推倒了,推倒它的,不是那些对它不屑一顾的历史学家和社会学家,不是那些拒绝其实际结论的经济政策和社会政策的制定者,而是一个认识到其内部的有机缺陷,并在它自己的基础上处理它,从而把它转变成某种新东西的人。

为了一个更广泛的圈子阐述一套理论的基本原理总是很棘

手,因为基本原理的最终阐述似乎总是有点不言自明。一个分析家的智力成就,并不在于表述基本原理的那句话的内容,而在于他知道如何使它产生更多的成果,知道如何从它推导出相关科学的所有问题。如果你告诉某个人,下面这句话表达了力学的基本原理——一个不朝任何方向移动的物体处在平衡状态——那么,外行就很难理解这一命题的用处,也很难理解这一阐述的智力成就。因此,如果我们说,门格尔理论的基本理念是,人因为自己需要某些物品而赋予它们以价值,那么我们必定懂得:这不会给外行留下什么印象——更何况,就连大多数专业经济学家在理论问题上也是外行。门格尔理论的批评者总是声称:从来就没有一个人完全不知道主观估价这么回事,而且,最不公平的事情莫过于提出这样一个琐碎无聊的说法作为反对古典学派的理由。不过,回答非常简单:不难证明,几乎每一个古典经济学家都曾试图从这一认识出发,然后因为毫无进展——由于他相信,在资本主义这台机器中,主观估价已失去它作为发动机的作用——从而把它扔到一旁。而且,就像主观估价本身一样,建立在主观估价基础上的需求现象也是如此,跟成本的客观事实比较起来,这一现象被认为毫无用处。时至今日,门格尔学派的批评者依然会时不时地宣布:主观价值论充其量只能解释定量消费品的价格,别无其他。

因此,重要的不是下面这个发现:人们是因为从满足需要的观点赋予商品以价值并据此购买、销售和生产它们;而是下面这个完全不同的发现:这一简单的事实,及其在人类需要法则中的根源,完全足以解释关于现代交换经济一切复杂现象的基本事实;而且,尽管外在表现明显相反,但人类需要是"鲁滨孙经济"(或称无交换经济)之外的经济机制的驱动力。导致这一结论的思路,始于下面这个认识:价格形成是现代交换经济特有的经济特征——不同于其他一切社会的、历史的和技术的特征——而且，所有特定的经济事件都可以包括在价格形成的框架之内。从纯经济的观点看，经济体系只不过是一套依赖性的价格体系；所有特殊问题，无论你怎么称呼它们，都只不过是同一个不断重复的过程的特例而已，所有特殊的经济规律，都是从价格形成的规律推导出来的。在门格尔著作的序言中，我们已经发现了这一认识是作为一个不证自明的假说。他的根本目标是要发现价格形成的规律。一旦他成功地从"需求"和"供给"这两个方面，把解决价格问题的办法建立在对人类需求的分析上，建立在弗里德里希·冯·维塞尔（Friedrich von Wieser）所说的"边际效用"上，那么经济生活的整个复杂机制便立刻显得出乎意料的透明简单。余下的要做的一切，仅仅是精心推敲，并沿着越来越复杂的细节之路前进。

门格尔的主要作品题为《国民经济学原理：第一部，总论》（*Grundsatze der Volkswirtschaftslehre，Erster Allgemeiner Teil*），出版于1871年，它包括了上述基本问题的解决办法，并清楚地暗示了所有的未来发展，而且，这本书，加上杰文斯和瓦尔拉的那些大致同时发表的独立著作，必须被视为现代经济理论的基础。他完全相信自己的论据，仔细推敲每一个句子，沉着、坚定而清晰地向我们展示了价值理论的巨大变革。赞赏门格尔的人常常把他的成就跟尼古拉·哥白尼（Nicolas Copernicus）的成就相提并论，批评他的人甚至更加频繁地嘲笑这种比拟。今天，对于这样的争论已经可以形成这样一个看法：门格尔革新了一门科学，跟哥白尼在新的基础上建立起来的那门科学比起来，这门科学中的正确思想要晚得多，也不完美得多。从这个意义上讲，后者的技术成就更大，也更困难，更何况，外行无法检验其所在领域的结论，因而被蒙上了神秘的色彩。但就本质和性质而言，门格尔的工作属于同一类别,就像一个军队指挥官率领一支小规模部队在被人忽视的战区大获成功,其个人成就足以跟拿破仑和亚历山大相提并论,尽管不熟悉情况的人可能对这样的类比大惊小怪。互相比较通常都带有误导性,而且可能导致无谓的争论。但是,既然它是一种对外行定义一个人的地位的手段,那么我们且不妨斗胆把门格尔跟其他经济学家作一下比较。比方说,如果我们把他跟亚当·斯密相比,我们立即会意识到,他的成就比这位苏格兰教授的成就要狭窄得多。亚当·斯密表达了他那个时代的实际需要,他的名字跟那一时期的经济政策密不可分。门格尔的成就是纯科学的,而且,作为一项科学贡献,它还是纯分析的。他的工作只能跟斯密的一部分工作相比较。斯密根本没有原创性,特别是在基本的科学问题上,他引人注目地肤浅。门格尔挖得很深,完全是凭一己之力发现真理,这对斯密来说是完全办不到的。

李嘉图更跟他棋逢对手。这里我们有了两个理论天才,尽管在理论的领域之内,是两个根本不同的天才。李嘉图的高产和敏锐,在于他设法从非常原始的基础出发,提出了很多实际的结论和见解。门格尔的伟大恰恰在于这些基础,而且,从纯科学的观点看,他的地位应该更高一些。李嘉图是门格尔的先决条件——这一先决条件门格尔自己肯定创造不出来。但门格尔是李嘉图理论的征服者。

既然门格尔及其学派很快就被认为是马克思理论唯一有严重威胁的竞争对手,那么我们不妨试着把他跟马克思也作一番比较。这里,你必须完全不考虑作为社会学家和先知的马克思,并局限于其著作的纯理论架构。门格尔只能跟马克思的部分工作一争高下。但仅就这一部分而言,无论是在创造力上,还是在成功上,门格尔都明显超过了马克思。马克思是李嘉图的学生,甚至是李嘉

图的某些追随者的学生,尤其是 1820 年代在英国从事著述的那些
社会主义和半社会主义价值理论家们的学生。门格尔不是任何人
的学生,他所创造的东西能够站得住脚。要避免误解,就不能从门
格尔的著作中推导出经济社会学或经济发展的社会学。对经济史
和社会阶级斗争的图景,他只做出了很小的贡献,但门格尔的价
值、价格和分配理论到目前为止一直是最好的。

我说过,门格尔不是任何人的学生。事实上,在门格尔的前
面,只有一位先行者,此人已经充分认识到了门格尔的基本观念的
重要性,他就是戈森(Gossen)。门格尔的成功,把这位孤独的思想者
所撰写的那本已经被人遗忘的著作从沉睡中唤醒了。除此之外,自
经院学派以降,当然有很多关于主观价值理论的线索,甚至是建立
在这一理论基础之上的价格理论的线索,尤其是安东尼奥·吉诺维
希(Antonio Genovesi)和尼古拉斯·伊斯纳尔(Nicholas Isnard)
的论述,接下来还有 19 世纪初叶一些德国理论家的论述。但所有
这一切,并不比我们前面提到的那个明显事实的问题更重要。要
想从这些线索中看出更多的东西,你必须已经通过自己的劳动得
出了它们的意义。此外,任何科学成就总是老树开花。否则的话,
人类就不知道该怎么对待它,花落满地,无人理睬。但在科学生活
中,或者在一般意义上的人类生活中,总会有一些原创性可言,门
格尔的理论就完全属于他自己——属于他,属于杰文斯和瓦尔拉。

这也解释了人们接受他的礼物的方式,以及他的早期命运。
他的礼物就是他在 30 至 40 岁这个时期思考和奋斗的成果,对任
何一个思想者而言,这段年华都是一段神圣的高产时期,创造出了
后来开花结果的东西。门格尔出生于 1840 年 2 月 23 日,他的《国
民经济学原理》出版的时候,他刚好 31 岁。起初,他把书稿呈送给
了维也纳大学,想凭借它获得教书的资格;我们只有记住他是在一

片怎样的沙漠里栽下了自己的树，才能认识到他的个人成就有多么巨大。在经济学的领域里，已经很长时间没有生命的迹象。即便想找出一项还算不错的成就，你都必须追溯到 1848 年，追溯到约瑟夫·冯·索南菲尔斯（Joseph von Sonnenfels）——他的书是最早的官方教科书。每一样拿得出手的东西，都是从德国引进的。当门格尔在维也纳大学开始任教的时候，他所遇到的那些人，几乎完全不理解他的想法，也不理解他能够使之硕果累累的整个领域。他后来告诉我们，他们对他的态度很冷淡。然而，他最终站住了脚跟，当上了教授，时间的推移带给他科学家通常享有的荣誉，但他从未忘记当初的奋斗。而且，他在德国依然被人们所忽视，这仅仅是因为，这一领域一方面被社会政策所主宰，另一方面被对经济史细节的研究所主宰。他完全是孤军奋战，没有一个平台可以把他的声音传播到世界，没有任何势力范围，没有拥有一位知名教授传统上可以自由支配的那些工具。他眼睁睁地看着自己面对人们的不理解，而这种不理解反过来又导致敌意。

任何一个理解科学进步内幕史的人，对于为了让新观念被接受而在小圈子中使用的所有花招都心知肚明。但门格尔对此一窍不通，而且，即使他知道怎么做，他也缺乏实施此类活动的手段。但他强大的力量穿透了所有丛林，战胜了一切敌军。首先，那完全是他自己的功绩。在人类灵魂的内部，在那种能摆脱传统观点束缚并独立地深入钻研事物的智力能量，与创立学派的能力——那种能够吸引并说服未来思想者的特殊魅力——之间，有一种微妙而密切的联系，虽说这种联系并不总是很明显，而且表面上看来常常似乎并不存在。就门格尔的情况而言，他对智力工作的专注，直接导致他把注意力集中在宣布他的结论上。尽管他再也没有对价值理论的问题发表过自己的看法，但他把自己的原理灌输给了整整一代学生。除此之外,他还正确地认识到,在德国,遭到拒绝的,与其说是他的很多理论,不如说是他的所有理论;而且,为了确立理论分析在社会事务中的正确地位,他着手战斗。多亏了这场战斗——通常被称作"方法论之争"——我们才有了他那部论述社会科学方法论的著作,在这部著作中,他试图以系统化的透彻,通过那些到今天都很难超越的阐述,从方法论混乱的灌木丛中清理出一片精确研究的场地。这一贡献也具有永久性的价值,即使知识论领域后来取得的进步在很多方面已经超越了它。把这部后期作品放在同等重要的位置上,对他的主要贡献是不公平的,但它对同时代人的教育性影响却同样不可估量。在德国之外它没什么影响,对它来说也不需要有什么影响。因为在德国之外,他试图确立的那些观念大多已经被普遍接受。对德国科学的发展来说,它是一块里程碑。

此外,在传播他的观念上,命运之神对他很是青睐,很多学派创立者难得有这样的好运降临在自己身上:有两位同等的智力精英跟他结成同盟,他们在同等原创力的水平上直接继续他的工作,这就是庞巴维克和维塞尔。这两个人的工作和努力——直接跟门格尔自己的工作相联系,尽管他们自己也要求知识领袖的地位,但这并没有阻止他们不断回到门格尔——创立了"奥地利学派",这一学派凭借它的基本观念,缓慢地征服了这一特定领域的科学界。成功来得很慢。它常常以心理上可以理解但依然不是很愉快的方式出现,而且,在科学史上我们总能看到这样的情形,倘若一个群体缺乏那种只能称作"科学广告"的手段的话。就这样,本质性的东西被人们接受了,但伴随这种接受的,并不是充满感谢的认可,而是基于一些次要问题的形式上的拒绝。这就是在意大利发生的事情。一些重要的英国理论家也没有完全摆脱这个缺点。它在美国所受到的接待是热情而慷慨的,在法国——当接待最终发生的时候——也是如此,而在斯堪的纳维亚国家和荷兰,则尤其如此。只是在这种程度的成功得以实现之后,新的趋势才在德国被作为既成事实而接受。于是,门格尔终于在有生之年看到了自己的学说在任何经济学兴盛的地方被科学圈所讨论,看到了自己的基本观念缓慢而不知不觉地超越了流行讨论的层面,成了无可争议的科学知识储备的组成部分。他自己敏锐地意识到了这一点,即使他像一个真正的学者那样,有时候会因为某个同僚所施加的这样那样的小烦恼而大光其火,但他依然意识到了自己在改写科学史,意识到了自己的名字绝不可能从科学史上消失这一事实。

我们所有人都知道,今天的任何科学成就,都不可能在未经研究进程修正的意义上永存不朽。门格尔自己的继任者,以及所有那些在经济学领域沿着另外的方向追随瓦尔拉的研究者们,已经对他所设想的结构做出了一些改变,而且毫无疑问,未来还会继续这样做。然而,在另外的意义上,他的成就是永远不会过时的。这里所说的另外的意义是:如今已经毫无疑问,在知识的道路上,他成功地向前跨出了一大步,而且,他的著作一定会超越大量昙花一现的出版物,大多数这样的出版物注定要被人们遗忘,而他的著作一定会代代相传,被人们所认可。

即使一项成就算不上多么伟大,但还是有些东西值得一提,最重要的是,他为《政治科学辞典》(*Handwörterbuch der Staatswissenschaften*)撰写的货币理论条目,以及他对资本理论及实际货币问题所做出的贡献。我们还要提到他作为一个教师的工作,这项工作已经铭刻在我们(远远超出专家的小圈子)当中岁数较大的人的记忆里,不会被忘却;还有他惊人广泛的兴趣。但所有这些,跟他的价值和价格理论比起来就显得微不足道了,可以说,这一理论是他真实人格的表达。

　　不过,我们这里悼念的,不仅是一位思想家,而且是一个可爱的人。那些被我们所珍爱的无数宝贵的记忆,萦绕在每一个认识他的人的心里。

阿尔弗雷德·马歇尔[*] (1842—1924)
Alfred Marshall

[*] 原载《美国经济评论》(*American Economic Review*)，第 31 卷第 2 号，1941 年 6 月。

阿尔弗雷德·马歇尔《经济学原理》发表 50 周年评价①

① 这篇文章是根据 1940 年 12 月 29 日我在新奥尔良会议上对美国经济学会宣读的一篇"论文"的记录改写而成。在不同的地方补充了一些论述,这些论述来自我更早的一篇未发表论文,而那篇论文则根据凯恩斯先生的《马歇尔回忆录》一文中所包含的材料进行了修订,凯恩斯的这篇文章最早发表于《经济学杂志》(*Economic Journal*),后收入 A. C. 庇古(A. C. Pigou)编辑的《阿尔弗雷德·马歇尔纪念文集》(*Memorials of Alfred Marshall*, 1925)和 J. M. 凯恩斯的《传记随笔》(*Essays in Biography*, 1933)。借此机会,我要对这篇《马歇尔回忆录》表达我的感激之情,我认为它是传记文学中最杰出的作品之一。本文所参考的是 1933 年的版本。

一

　　大约 15 年前，我在伦敦经济学院搞过一个系列讲座，在讲座中，我顺便对马歇尔的巨大影响表达了我的敬意。于是，听众当中有人给我写了一封信，用提问的形式表达了一种感觉，大意是，马歇尔的学说，就像穆勒的学说一样——或者说，就这一点而言，就像亚当·斯密的学说一样——也会过时。我将以回答这个问题的形式把我要说的话写下来。

　　在某种意义上，马歇尔的经济学已经过时了。他对经济过程的见解，他的方法，他的结论，已经不再是我们的了。我们可能喜爱并欣赏他那强有力的结构，尽管在批评和新观念的冲击下这一结构已经是遍体鳞伤，但依然把它那些庄严宏大的线条散布在我们自己作品的背景中。我们可以喜爱并欣赏它，就像喜爱并欣赏彼得罗·佩鲁吉诺（Pietro Perugino）的圣母像一样，认识到她完美地体现了她那个时代的思想和感情，也认识到我们已经离她多么遥远。

　　当然，这只不过是这 50 年来所做工作的必然结果，如果马歇尔的《经济学原理》（*Elements of Economics*）对我们来说仅仅是"经典"这个含混说法所传达的那种东西的话，这 50 年的时间里恐怕就是颗粒无收。那是所有领域里一切经典共同的命运。如果可以以小比大的话，那么可以说，现代经济理论跟《经济学原理》的理论的关系,与现代物理学跟 1890 年代的物理学的关系之间,存在着重要的相似性。如果我的记忆没骗我的话,正是在 1894 年,H. L. 洛伦兹(H. L. Lorentz)说,他觉得,理论物理学已经臻于完美,因此不再非常有趣。如今,这种感觉肯定已不复存在。优美、简单而清晰的轮廓线已不复存在。相反,我们看到了战场上的一片狼藉——是互相不协调的一堆堆事实和一件件技术,根本看不到把这堆乱七八糟的东西组合成建筑结构的前景。经济学领域也发生了非常类似的事情。这里我的意思不是指资本主义制度的兴衰荣枯,也不是指对这一制度的道德和政治态度的变化。马歇尔对实际问题、社会问题及其他问题的看法并不那么过时。它们或许过时了,但它们是不是过时,跟本文的目的毫不相干。要紧的是他的分析工具是过时的,即使没有发生任何让我们改变政治态度的事情,他的分析工具也是过时的。就算历史静止不动,除了分析之外任何事情都不曾前进半步,裁决也必定是一样的。

然而,在另外的意义上,马歇尔的学说绝不可能过时。它的影响将会无限期地持续下去,这不仅是因为如此宏阔而有力的学说已经融合为后代子孙的遗产,还因为它有一种能有效地抵抗衰朽的特殊品质。马歇尔是最早认识到经济学是一门进化科学的经济学家之一(虽说批评他的人不仅忽视了其思想中的这一因素,而且在某些情况下,实际上正是以它忽视了进化方面为由对他的经济学提起指控),特别是,他声称自己要研究的人性是可塑的、不断变化的,是不断改变的环境的函数。但再一次应当说明,这跟我们现在讨论的问题毫无关系。大有关系的是,他把他的"进化思想"带进了他的理论工作中。关于这一点,并没有结论已定的意思。不像穆勒,马歇尔决不会说:某个问题已经彻底解决,关于它没有什么需要进一步解释的东西,无论是由他自己还是由其他作者来解释。正相反,他充分认识到,自己正在建造的,本质上是一幢临时建筑。他所指向的地方总是超越了自己的范围,总是指向自己没有机会进入的天地。因此,新的问题、观念和方法,对其他人的工作来说是敌人,而对他的工作来说却是盟友。在他所建造的那片巨大的设防营地里,已经给所有这些留出了空间——事实上是预先准备好的住处。对他的统治的反叛一直很多,但大多数反叛只是局部的。有时候,反叛者发现——或者是其他人帮他们发现——马歇尔早已预见到了他们的目标,因而实际上没有任何反叛的必要。

二

《经济学原理》是 20 余年辛勤工作的成果①。当这些成果最终在 1890 年发表的时候,立即大获成功。如果直奔《经济学原理》一书所提出的分析工具的核心,不可能给予它充分的公正。因为,在这个核心的前后、上下、左右周围,有一套 19 世纪英国资本主义的经济社会学,建立在有着令人印象深刻的宽广度和可靠性的历史基础之上。事实上,马歇尔是一位第一流的经济史学家,尽管他可能算不上一个历史技师。他对历史事实的掌握,和他善于分析的思维习惯,并非分别存在于不同的地方,而是形成了一个如此紧密

---

① 在这 20 年期间,马歇尔发表了几篇论文,并跟他的妻子合作,在 1879 年出版了《产业经济学》(*Economics of Industry*)一书。同年,在亨利·西奇威克(Henry Sidgwick)的鼓动下,他自印了两本篇幅不大的专著:《对外贸易的纯粹理论》(*The Pure Theory of Foreign Trade*)和《国内价值的纯粹理论》(*The Pure Theory of Domestic Values*),在英国和国外流传。这两本专著的大部分内容后来收进了《经济学原理》和《货币、信用与商业》(*Money, Credit and Commerce*)一书的附录中。

的结合,以至于鲜活的事实进入了理论,而理论又进入了纯粹的历史观察。当然,这一点在《产业与贸易》(*Industry and Trade*)一书中比在《经济学原理》中表现得更加明显。在《经济学原理》中,即使在历史导论部分,历史事实也被大肆缩减,以至于无论是追随者还是批评者都几乎找不到它的踪迹。但尽管如此,这里仍然有历史事实,而且,他不知疲倦地、充满同情地观察当代商业生活的结果也是如此,很少有学院派经济学家像他那样理解当代商业生活。就其性质而言,后面这项成就包含了某些局限。他那个时代英国中等规模商业企业的实践占据了这位分析家太多的注意力,无疑超出了一份声称具有普遍性的阐述中所应有的。但在这些局限之内,它所达到的真实性大大地超过了亚当·斯密——他是唯一可比的实例。这或许就是他在英国为什么没有引起制度学派的反对的原因之一。

诚然,在美国引发了这样的反对。这不难理解。一种无视历史背景的、被简化了的马歇尔学说盛行于大学的常规教学中,直至很多更有活力的知识分子彻底烦透了它。很自然,在跟一个已经被传统化的马歇尔决裂的时候,他们可能认为,他们是在跟真正的马歇尔决裂,而且,在试图切断他们通向经济现实之路的时候,他们大概忽视了这样一个事实:有一个马歇尔的指示牌,指向如何实现他们的计划。

《经济学原理》的分析核心,当然在于静态经济理论。在判断事例的是非曲直上,它的原创性不像它应有的那么显著,因为对我们来说,它只是那个时代已经发展或正在发展的一个学派的成员之一。而且,这个学派的其他成员无疑跟马歇尔互不相干,而他的工作习惯和他的发表方法,使得经济思想史学家不可能对他的见解抱同样的肯定态度。我不希望被误解。约翰·梅纳德·凯恩斯先生为他的老师撰写的那篇传记,见证了马歇尔的主观独创性,而且也拿出了证据,这些在我们看来似乎相当有说服力①。在这个问题上,马歇尔本人庄严地保持了沉默,并通过对经典作品,特别是对李嘉图和穆勒谨慎地保持公正态度,而对门格尔、杰文斯和最伟大的理论家瓦尔拉采取武装中立的立场,来表明自己的感情。但下面的重构可能离真相不远。

我们从凯恩斯先生的文章中得知,最初并不是对知识的好奇把马歇尔带入经济学家的阵营,而是一种慷慨的冲动把他从道德思考驱向这一阵营,这种冲动就是要帮助推动一项伟大任务:减轻他在英国穷人当中所观察到的苦难和堕落。在谈到自己对这个课题的专注时,一位沉湎于当代经济学家的智慧的朋友总是粗暴地拒绝他,这也是他为什么转向穆勒的《政治经济学原理》(*Principles of Political Economy*)去寻求启示的原因。马歇尔的著作中还有另外一些迹象暗示他最早是从这个来源学习经济学的。他还在1867年研究起了李嘉图。即便我们不知道,也不难推断,当一个完全接受数学训练的人毅然决然地转向这两位作者的时候,将会发生什么:首先,他会对这两位作者——尤其是穆勒——在证明的说服力和结论的确定性上表现出来的含糊不清和粗心大意大吃一惊;其次,他会立即着手消除各种限制,并使命题一般化。实际上,要把穆勒的结构转变为马歇尔的结构,需要做的工作并不比这多很多。

当然,这已经是一项非常可观的成就。很多理论物理学家因为更小的成就而获得了不朽的名声。马歇尔本人承认自己得到了古诺和屠能的帮助,这两个人的深刻影响确实很明显。局部或特

---

① 凯恩斯:《传记随笔》,第180页及之后。

殊均衡分析的需求与供给曲线是古诺的曲线［虽说不应该忘了弗莱明·詹金斯（Fleeming Jenkins）］，而边际分析——在任何情况下，一个有数学头脑的人都会自动想到它——是屠能的。特别是关于边际效用，杰文斯在1862年英国经济学会的剑桥会议上提交了一篇论文——《政治经济学的一般数学理论简述》，在"效用系数"这个名称下包含了边际效用的观念。瓦尔拉《纯粹政治经济学要义》的两部分先后出版于1874年和1877年。这两部分所包含的静态模型的理论架构，比马歇尔的《经济学原理》中所包含的要全面得多。但是，考虑到马歇尔的阅读习惯，他当时很可能不知道它们，而所有其他拥有技术优先权的著者都只有一些零零碎碎的贡献。

这似乎解释了马歇尔为什么倾向于把几乎所有经济理论改革家要说的话都转嫁给穆勒和李嘉图。尽管一个热心推崇瓦尔拉的人多半有理由因为《经济学原理》中很少提到瓦尔拉而感到不快，而一位热心推崇马歇尔的人，则可能因为他这方面没有表现出更有胸襟的宽宏大量而感到遗憾，但可以断定，不可能有人对马歇尔在承认别人帮助方面提出严肃的反对。不过，对于他在书面和口头上就那位他应该深表感激的、伟大的非人格盟友——数学——所发表的评论，这样的反对意见应该是顺理成章的。

如果上面的诊断正确的话，那么，关键点是，不仅他的数学才能有助于他在经济理论领域的成就，而且，正是对数学分析方法的实际运用产生了这一成就，并把斯密—李嘉图—穆勒的材料转变成现代研究工具，如果没有数学分析方法，这样的转变是不可能实现的。当然，可能有人争辩说，关于一个互相依存的经济数量体系，任何特定的结论，甚或是一般见解，也可以通过与数学无关的方法来实现，这就像可能有人争辩说，凡是铁路能把我们带到的地方,我们步行也可以到达。但是,即使我们选择忽视下面这个事实:除非用本质上是数学的方法——尽管在一些简单实例中无须在形式上是数学的——否则就不可能提供严格的证明。但依然有另外一个事实:马歇尔所实现的那种成就实际上是以一个数学模型作为先决条件。马歇尔一直拒绝承认这一点。他从未给予这位忠实盟友以充分的荣誉。他隐藏了帮他完成这项工作的工具。

当然有很好的理由这样做。他不希望吓跑门外汉,他想被"商人们读懂"——这真是古怪的野心!他担心——这种担心不无道理——树立了一个榜样,可能诱使那些受过数学训练的人认为:数学是一个经济学家所需要的一切。然而,你可能希望,对于那些部分程度上是被他的作品所激励,从而开始拥护精确经济学的人,他应该给予更多的鼓励。他似乎没有认识到,"数学失控"的危险不仅仅局限于经济学的领域,尽管在别的领域并没有这么可怕。任何一门科学,如果在献身这一科学的人当中不存在失控者的话,它就不会取得任何进展。在人类知识的所有分支当中,不能独独只有经济学永远被束缚在外行容易理解的东西上。事实上,马歇尔本人的著作也不可能被那些根本没有掌握微积分原理的读者所充分理解。让他们认为他能够被理解,起不了什么好的作用。如果马歇尔坚定地支持这一前进路线(在开辟这条路线上他所做的工作比其他任何人都要多),可能会收到更好的效果。

三

然而,一个学派的每个成员都有其与众不同的特征,指出他所属于的学派,并不能充分描述马歇尔的个人特征。

第一，让理论家的眼睛为之一亮的特征是结构的简洁。这个优点跟成功大有干系，如果我们把马歇尔的阐述跟瓦尔拉的阐述进行比较的话，这个优点就显得尤其突出了。后者有一种令人厌倦的沉重，而前者则轻松优雅、流畅自如。所有费劲的痕迹都从高度磨光的外表上消失得无影无踪。命题被优雅地提出。证明简单而精炼——至少在摘要附录中是这样。马歇尔的数学修养甚至训练了他的文字表述。这也解释了他的图式为什么简单得令人着迷。

此前就有人将几何图解用于经济学论证，尤其是古诺。到如今，我们当中很多人已经不再有这样的雅兴了，因为使用比较容易的二维变化不可避免地意味着过于简单化。但它们依然是处理基本命题（即使简单）的价值无法估量的工具。它们成功地厘清了很多要点。在不可胜数的课堂上，它们被证明是一种恩惠。几乎所有最有用的几何图解，我们都要归功于马歇尔。

第二，《经济学原理》的正文暗示了、它的附录证明了马歇尔充分掌握了一般均衡的观念，发现了"一整套哥白尼体系，根据这一体系，经济学宇宙的所有组成部分都通过互相抗衡和互相作用，而保持在它们各自的位置上"[①]。但为了展示这一体系的运转，他打造并广泛使用了一个不同的模型，这个模型更容易掌控，尽管它的应用领域也受到了更大的限制。在大多数情况下，尤其是在该书的第五篇中，他主要考虑了在"工业"中运作的中等规模的企业，这些企业的重要性尚没有大到足以对经济领域其余事物的发展产生可观的影响；考虑了个别商品，这些商品只吸纳了其购买者总支出中的很小部分。这种"局部的"或"特殊的"分析有其缺点。他没有

---

① 凯恩斯：《传记随笔》，第 223 页。

充分说明——或许他自己并没有充分认识到——有多少现象被它排除在视野之外,它在粗心大意者的手里有多么危险:庇古教授十分必要地强调了其所处理的工业的"小规模",我敢说,这种强调一定会让马歇尔的某些信徒大吃一惊;还有一些人则粗心大意地把马歇尔的需求和供给曲线应用于像劳动这样的商品上。但是,如果我们坦率地承认这种方法本质上是一种近似法——此外,如果我们宣布放弃我们今天对这种工业概念的反对意见的话——那么,我们就可以自由地享受它所产生的丰硕成果,正是为了这些成果,马歇尔背离了严格的正确性,并发展出了实际上比他的表述方法所暗示的更大胆、更新颖的东西。

第三,为了收获这些成果,他设计出了那些人人熟悉的、唾手可得的方便工具,比如,替代法,弹性系数,消费者剩余,准地租,内部经济和外部经济,代表性企业,主要成本和补充成本,长期和短期。这些都是我们的"老朋友"了,成了我们的分析武器库里十分熟悉的兵器,以至于我们几乎再也认识不到我们应该多么感谢它们。当然,它们或它们所代表的东西,并非都是全新的。但即便是那些不算全新的东西,接下来也都各就其位,并第一次成为真正有用的东西。然而,像"老朋友"一样,它们偶尔也被证明是靠不住的。其中,有些工具——比如,代表性企业和外部经济——掩盖了,而不是改善了某些逻辑困难,当我们一方面脱离了静态范围,另一方面脱离了个别工业的范围的时候,我们注定要遇到这样的困难。一路下行的成本和供给曲线,不可能通过这些手段来挽救。一度试图这样做的努力,占用了有可能更好地用于彻底改造的能量。

第四,当我们再次回想一下马歇尔可能拿来支持特殊均衡方面的理由时,当我们分析一下那些方便就手的工具时,我们不能不对其理论思想的现实主义感到吃惊。特殊均衡分析揭示了个别产业和个别企业的实际问题。当然,它所做的不止这些,它还是企业经济学的科学基础。其中,有些工具直接取自商业实践,例如,主要成本和补充成本;而另一些工具,比如,准地租及内部经济和外部经济,则非常适合捕捉经济情况,阐述经济问题。像这样的工作,马歇尔的同辈甚至根本没有尝试过;而其他每一件事情,他们不仅尝试过,而且实现了,在某些方面比马歇尔所实现的更全面。因此,全面而详尽地阐述一般均衡理论,只能是重复瓦尔拉的工作;仅仅阐述特殊均衡方法的概念未免老生常谈。但后者受到前者的启发,而前者得到后者的补充——这完全是马歇尔自己的成就。

第五,尽管它本质上是他所得出的静态理论,但他总是超越它的范畴来看待问题。任何时候他都尽可能地插入动态因素,事实上超出了他依然保留的静态逻辑所能兼容的。在他的路线的某些部分,特别是当它触及潜藏在他关于"时间因素"的论述背后的现象时,遮蔽视线的薄雾主要源自这里。关于他的某些曲线,有一种混合特征,后来的分析很快就发现了这一特征。虽说他并没有攻克这座堡垒,但他还是有效地把自己的军队领到了它的面前。这还不是事情的全部。还有更重要的关键点进入我们的视野,只要我们超越静态—动态的区别,走向停滞—进化的区别。马歇尔容忍了(看来似乎有些遗憾)其分析工具的静态性质,但他很不喜欢停滞的假设,以至于忽视了它对某些目的来说还是很有用的。他的思想是按照进化演变的路子走的——按照一个有机的、不可逆转的过程。他给自己的命题和概念赋予了几分进化演变的风味,而在他用来阐述这些命题和概念的事实材料中,这样的风味就更多了。我并不认为它们背后的进化理论是令人满意的。如果不超越市场的自动扩张——这种扩张仅仅由人口的增长和储蓄所推动,它导致内部经济和外部经济,而后者又反过来导致进一步的扩张——任何图式都不可能令人满意。但它依然是一个进化的理论,是亚当·私密的启示的重要发展,大大优于李嘉图和穆勒在这个问题上的贡献。

<h1 style="text-align:center">四</h1>

然而,这一成就尽管令人印象深刻,但是,如果不是披着迎合时代精神的外衣昂首阔步的话,它恐怕不会取得如此巨大的成功。从根本上讲,马歇尔建造了一台"分析的机器……在发现某一类真理时普遍适用的机器……不是某一个具体的真理,而是一台用来发现具体真理的机器"①,发现存在诸如经济分析的一般方法这样一种东西,或者换种说法,发现就经济学家的分析方法所涉及的逻辑而言,不管他们是研究国际贸易、失业、利润、货币,还是研究其他任何问题,他们基本上总是适用同样的图式,这一图式并不随着手头的特定主题而改变——这一发现并不是马歇尔的。它也不是他所在的那个经济学家群体(他是这个群体中如此杰出的一员)的发现。为了让我们自己相信:至少自重农主义者以降所有熟悉自己业务的经济学家想必都知道这一真理,我们只须看看李嘉图的著作就行了。李嘉图著作第一章(被第二章所补充)明显就是这台"发现具体真理的机器"的设计图,余下的章节只不过是应用这张设计图的一系列实验。但是,在马歇尔之前,没有一个经济学家如此充分地领悟了这张设计图的意义,如此干劲十足地鼓吹它,如此

---

① 引自凯恩斯先生的《混合引用》一文,见《传记随笔》,第208页。

始终如一地奉行它。

现在，对一个这样看待经济理论的性质和功能的人，你可能指望他写出一本跟《经济学原理》大不相同的论著，一本绝不可能广受民众喜爱的论著。我们已经看到了《经济学原理》为什么更幸运的一些原因：马歇尔的历史、哲学修养几乎显示在每一页上——他的分析图式包含在一个让外行感到友好和舒适的华丽框架里。分析的骨架不会对你龇牙咧嘴。它被包裹在鲜活的血肉和皮肤里，马歇尔对商业实务的观察使得他很容易把这些皮肉组合起来。所有这一切并不仅仅意味着亲切而惬意的图解，它意味着这一理论"感染"了一般公众，在经济理论领域，还没有其他同类论著做到过这一点。

然而，还有别的东西。在一些更幸运的人类知识领域，分析家被允许一心干自己的事，而无须经常考虑并指出这件工作的实用优点；他甚至可以不受惩罚地远离实际应用的任何可能性——这就是他为什么进展顺利的原因之一。经济学家不仅要跟那些前途渺茫的难题作斗争，他还要不断被人们蛮不讲理的要求所折磨，这些要求包括：拿出直接"有用"的结果，解决迫在眉睫的难题，以及对人类处境的改善表示同情。他不像物理学家，不允许他这样回答问题：一切成功的产品都是迂回生产出来的，而且，即便是实用的结果，也最好不是通过直接以它为目标的方式而实现的。但对于鼓励这些要求的信条，马歇尔并不觉得厌恶。事实上，他完全同意这样的信条。L'art pour l'art（法语：为艺术而艺术）在他那非常有益格鲁-撒克逊人特点的灵魂中没有位置。服务于他的国家和他的时代，教给人们直接有用的东西，就是他最想做的事情。他不反对关于人类价值的陈词滥调，他喜欢宣讲高尚生活的福音。

此外，他的高尚生活的观念，他对社会问题的看法，他对公共领域和私人领域的一般见解，碰巧都符合他的国家和他的时代的观念、看法和见解。更准确地说，他的理想和信念不是 1890 年普通英国人的理想和信念，而是 1890 年普通英国知识分子的理想和信念。他接受了他周围的制度，特别是私有企业和家庭制度，无疑很欣赏它们的生命力或围绕它们发展起来的文明的生命力。他接受了当时盛行的功利主义化的、去神学化的基督教。他洋洋得意地扛起了正义的旗帜，而毫不怀疑凭借白人的艰巨责任在功利主义正义信条与大莫卧儿的遗产之间达成的妥协的正确性。他从温暖的内心出发，兴高采烈地同情社会主义的理想；又从冷静的头脑出发，屈尊俯就地用高高在上的口气对社会主义者说话。因此，他能够准确地把读者想要的东西给予他们——既高尚而又令人鼓舞的预言——同时回应自己良心的召唤。

我们或许会怀疑在一部科学专著中表白信仰是否正当——虽说就这方面而言，马歇尔归根到底跟牛顿在同一条船上①。比方说我就有这样的怀疑。更有甚者，我们或许并不欣赏那个特殊的预言。我承认，最让我愤怒的事情，莫过于宣讲维多利亚中期的道德（添加了边沁主义的调料），从一个中产阶级价值的图式来宣讲，既没有魅力，也没有激情。但这并不能改变下面这个事实：马歇尔的绝大多数读者感觉完全不同，他们欢迎这样的分析，里面充满了在他们看来是唯一正确而得体的精神。

---

① 我惊讶地发现，这两个伟人之间有一种在我看来十分古怪的相似性，我常常感到疑惑，这种相似性有多少要归因于他们非常类似的环境，有多少纯粹是碰巧。这种相似不仅在于他们都拥有学术泰斗的地位，对基本信条的坚定自信，以及对批评的过度敏感，还有更多的相似之处。两个人都发展出了他们极其不愿意照原样发表的方法。他们都喜欢对自己的设计图守口如瓶。他们得出了结论，但他们呈现这些结论的方式却不同于他们发现这些结论的方式，而且是在耽搁了很长的时间之后。尤其是在晚年，他们两个都假装看不起那些他们取得如此巨大成就的事情。

五

但关于马歇尔的著作,还有比他实际上已经实现了的任何成就都更加伟大的东西——某种确保不朽的东西,或者,可以说是一种生命力,这种生命力远远超过任何具体成就的寿命。除了他交给我们使用的,并不可避免地要在我们手里磨损的他的天才产品之外,《经济学原理》中还有关于进一步向前发展的微妙建议或指导,并表现出我一开始就曾试着加以定义的那种领袖品质。列举前者的一些实例并不难,而要传达后者的意义则殊非易事。

第一,一部如此重要的著作,就应该指导接受其教导的那一代人的工作,这是再自然不过的事。因此,1890 年之后 30 年的经济学文献当中,有大量马歇尔的命题和技术工具的发展与重述,以及它们的必然结果。马歇尔的弟子和衣钵传人庇古教授、丹尼斯·H. 罗伯逊(Dennis H. Robertson)、弗雷德里克·拉文顿(Frederick Lavington)、G. 肖夫(G. Shove)及其他很多人的著作,提供了我们大家都耳熟能详的数不清的实例。甚至埃奇沃思的部分贡献也属于这一类别。命题举一个例子,技术举一个例子,也就足矣。

马歇尔是第一个让我们看到完全竞争未必使产量最大化的人。就我所知道的而言,这是一垛古老城墙上的第一个缺口,它带来了这样一个命题:可以通过限制利润正在减少的产业、扩大利润正在增长的产业,从而使产量增长到超过竞争条件下的最大值。庇古、R. 卡恩(R. Kahn)及另外一些人紧跟着这一暗示,最终发展出了一个相当有趣和重要的领域。

　　再者,需求弹性的概念可能并不完全值得人们献给它的所有赞扬。但它依然开创了运用弹性的概念来推理的风气,我们大家都认为这种办法很方便。如今,将近有一打弹性概念在使用。其中,就重要性而言,替代弹性的概念居首。虽说有一点倒是真的:它只有在极其严格,以至于实际上对任何真实模式都不适用的限制性前提下才能很好地工作,但它极大地有助于厘清一些论点,而这些论点一直是很不必要的论战的缘由——比方说,在生产过程中引入机器是否会损害劳动者利益的问题。对马歇尔的结构来说,替代的概念是基本的。他对"替代原则"的强调,几乎可以被看作他的图式与瓦尔拉的图式之间主要的纯理论差别。因此,新工具完全是由在《经济学原理》中可以找到的材料组成的,只要把它们组合起来就行。

　　第二,尽管马歇尔对长期趋势和短期趋势所作的区分,并没有十分圆满地表达他原本打算表达的东西,但它在清晰而现实的思考上带来了一次巨大的进步,完全有资格获得人们以欣然接受的方式向它表达的敬意。马歇尔自己广泛地使用它,并通过这样做给我们上了一课,我们这代人过去和现在一直渴望从这样的课程中受益。通过缓慢的成长,它最终发展成了经济学的一个完整的分支:短期分析。

　　第三,马歇尔显然是另一个比较晚近的经济思想体系——不完全竞争理论——的奠基人。我认为,在很一般的意义上,这一点是真的,而就英国的版本而言,这一点就尤其明显了。可以看出,皮埃罗·斯拉法(Piero Sraffa)在他 1926 年那篇著名论文中向英国读者介绍的观念,源自跟马歇尔的成本递减曲线的逻辑难题作斗争——在《生产成本与生产数量》(*Costo di Produzione e Quantità Prodotta*)中,这一点就更清楚了。此外,在《经济学原理》中有一些建设性的意见,特别是在关于个别企业的特殊市场的论述中。罗伊·哈罗德(Roy Harrod)先生和琼·罗宾逊(Joan Robinson)夫人构建了我们所赞赏的结构,从而简单地证明了他们既是合格的马歇尔主义者,同时也是有着强大创造力的经济学家。

我承认,我即将代表马歇尔提出的第四点主张并不是那么无可辩驳。我说过,尽管他掌握了一般均衡的观念,但他还是把它推到了幕后,而在台前竖起了那幢更方便的局部分析(或称特殊分析)的大厦。然而,尤其是在《经济学原理》的第六篇,他着手对整个经济过程进行广泛的概括。如果这些概括既不是局部分析也不是总体分析的话,那么它们的性质又是什么呢?好吧,我想我们必须承认第三种类型的理论——在我自己的工场里,它被称作"总量理论"。当然,他并没有把自己对这种总量的论述跟货币联系起来。他没能做到这一点,尽管他在货币理论方面有很多重要发现——由于这是一篇关于《经济学原理》的评论,因此不可能在这里提到它们——这多半是我对他提出的唯一的根本性批评。但实际上,如果一个人从局部分析开始,接下来想就整个经济过程说点什么,那么,当他对很难驾驭的一般均衡的观念感到失望的时候,转向总量理论难道不是很自然的事情吗?接下来,货币理论——用罗宾逊夫人的话说——作为总产量和就业的理论就会自动出现,难道不是吗?

第五,有人指出,马歇尔坚持一种明确的经济发展理论,尽管按照他的习惯,他确实没有极力让读者注意到它,但这一理论就占据着其思想的中心。不应该怀疑我对它抱有很大的同情。但我应该指出——不是作为一种哲学,而是作为一种研究工具——它所发挥的影响,比我们当中大多数人所知道的更大。H. L. 穆尔的趋势价值,只有在这一理论的基础上才能被认为是近似均衡价值。

而且，W. M. 珀森斯（W. M. Persons）也在这一理论中找到了处理趋势问题的理论依据，就像他在"哈佛晴雨表"系列文章中所做的那样。

第六，对于现代计量经济学的出现，马歇尔的影响是最强大的影响之一。《经济学原理》与《国富论》（*Wealth of Nations*）尽管有很多相似之处，但是，如果我们不考虑时间因素，并把二者都归为主观的、受当时条件制约的成就，从这个共同点上加以衡量，那么，有一点前者肯定比后者高出一筹。亚当·斯密明智地把当代思想和前代思想中他认为最有价值的东西组合了起来，并加以发展。但他没有做任何工作来发展他伸手可及的最重要的成就之一——17 世纪的"政治算术"；而马歇尔却把握了分寸，坚定地引领本学科走向了不仅是数量的，而且是数字的经济科学，并为之奠定了基础，尽管他实际上着手去做的事情并不是那么多。这一点的重要性怎么高估都不过分。经济学在能够用数字表示结果之前，绝不可能有也不应该有任何威信。

马歇尔对这一点的认识究竟有多么清晰，可以从他的《新老两代经济学》（1897 年）这篇演说中看出来。但我们应该感激他的，远不止是一项计划，而是一条明确的研究路径。要想让我们自己相信这一点，我们所要做的一切，就是再看一眼我前面所描述的他的那些"方便工具"。在统计学的意义上，它们全都有很高的可操作性。我们只需动动手，试着从统计材料构建一个企业、一个家庭、一个市场的模型，我们就会发现，我们在这样做的时候遇到了这些工具打算对付的困难。尽管如此，它们依然很有用，但我们要想充分欣赏它们，就必须认识到：不管它们可能是别的什么东西，它们首先是计量的方法——是使数字计量更加方便的工具——并且是以统计计量为目标的一般工具的组成部分。它们多半不是最好的可用工具,也肯定不是唯一可用的工具,但它们是同类工具中最早的,计量经济学的努力几乎不可能从任何其他的工具开始。

例如,大量的计量经济学的努力首先对准了统计需求曲线的推导,这显然不是巧合:马歇尔的需求理论提供了一个还算过得去的基础。如果他不希望得出一种近似方法(至少在很多情况下,这一方法被证明在统计上是可以处理的),那么,强行加上所有那些使得我们能够界定点弹性或那种需求曲线本身的限制,就几乎没什么意义了。事实上,只要我们从这个观点来看待它们,那些导致很多反对的限制就变得完全不可理解了。不妨以消费者租金的概念为例。诚然,从这个特殊的暗示中并没有得出太多的东西。但是,如果它的意思并不是要导致对量化福利的统计计算的话,那么马歇尔为什么不满足于只提到这一剩余的存在(作为一个多元函数),而是像朱尔斯·杜普伊(Jules Dupuit)在他之前所做的那样,坚持这种简化(把自变量减少到两个),从而招惹误解和反对的危险呢?当然,同样的推论也适用于他的成本和供给函数,并解释了他为什么坚持那些长期产业供给曲线,这些曲线在理论家看来并不好,然而却开拓了某些统计的可能性①,它们接近于更正确、更一般的模型。

马歇尔在货币理论领域的攻城略地,也可以拿来支持下面这个论点:对一种能有效掌握统计事实的理论工具的构想,遍布于他的所有作品中,而且实际上是其最与众不同的特征。庞巴维克的推理无疑是数量的。但他似乎从来没有想到统计计量的可能性,他也没有做任何工作使自己的理论适合于统计计量。瓦尔拉的体系虽说不像我们当中很多人所认为的那样毫无希望,但它依

———
① G. T. 琼斯在他论述报酬递增的著作中部分利用了这些可能性。

然呈现了让人望而生畏的困难。只有马歇尔的学说勇往直前。更不消说，它也小心谨慎。我们也需要这样。勇往直前也好，小心谨慎也罢，他依然是我们所有人的伟大导师。

　　站在深沟大壑的边缘上，我们全都在徒劳地寻找一条明确的康庄大道，每当我们蓦然回首，就会看到马歇尔以一种奥林匹亚山神般的庄严宁静，安详而泰然地端坐在他信仰的堡垒中，依然在向我们讲述很多值得倾听的东西——然而，最值得我们深思的莫过于这句话："我越是研究经济学，我所拥有的经济学知识似乎就越少……如今，在这半个世纪快结束的时候，我意识到我对经济学比刚开始的时候更加无知。"是的，他是一位伟大的经济学家。

维尔弗雷多·帕累托[*] (1848——1923)

Vilfredo Pareto

[*] 原载《经济学季刊》(*Quarterly Journal of Economics*)，第 63 卷第 2 号，1949 年 5 月。

G. H. 布斯凯（G. H. Bousquet）教授在一本论述帕累托生平与著作的书①中讲到，在社会主义日报《前进报》（*Avanti*）的讣闻中，帕累托被描述为"资产阶级的马克思"。把一个不放过任何机会对"无知而怯懦的资产阶级"尽情倾泻蔑视的人称作"资产阶级的"，我不知道这是否恰当。但就其余的方面而言，这个比方倒是很好地传达了帕累托给本国同胞留下的印象：他们实际上已经把他抬举到了一个高处不胜寒的地位上，在当时的经济学家和社会学家当中无出其右者。其他国家则没有为他的雕像建立起类似的底座，在英美世界里，直到今天，无论是作为一个人还是作为一个思想家，人们对他依然颇感陌生。的确，在他的社会学论著被翻译成英文之后，帕累托在美国曾

---

① G. H. 布斯凯：《维尔弗雷多·帕累托：生平与著作》[载《当代史研究、文献和考据辑录》（*Collection d'études，de documents et de témoignages pour servir à l'histoire de notre temps*），巴黎，1928]。除了帕累托著作的数学部分之外，我强烈推荐这部作品，因为作者本人就是一位经济学家和社会学家，这部作品以满怀激情的笔触写成，同时又避免了门生或传记作者那种醉心于反映光荣事迹的心态。布斯凯还撰写了《帕累托之后的社会学纲要》（*Précis de sociologie d'après Vilfredo Pareto*），以及帕累托的《社会主义体系》（*Systèmes Socialistes*）和《政治经济学教程》（*Manuel d'économie politique*）的导论，还有一篇英文短论，题为《维尔弗雷多·帕累托的著作》（1928），此外还在他的《论经济思想的发展》（*Essai sur l'évolution de la pensée économique*）中为帕累托保留了一个光荣的位置。其他的纪念性评论当中，只需提一下我们所说的官方评论就足够了，那就是阿方索·德·皮特里-托纳利（Alfonso de Pietri - Tonelli）教授在意大利科学发展协会经济组发表的演讲[发表于 1934 年 11 和 12 月号的《政治经济评论》（*Rivista di Politica Economica*）]，以及卢吉·阿莫罗索（Luigi Amoroso）在 1938 年 1 月号的《计量经济学》（*Econometrica*）上发表的论文。

风行一时①。但这一风潮很快就在道不同不相为谋的氛围中偃旗息鼓了。此外,就相关领域纯理论家的小圈子而言,帕累托在 1920 年代和 1930 年代,换言之,也就是在亚瑟·鲍利(Arthur Bowley)教授的《经济学的数学基础》(*The Mathematical Groundwork of Economics*)出版之后,对英美的经济学发挥了相当可观的影响。但无论是在英国还是在美国,马歇尔和后马歇尔时代的经济学已经在帕累托所擅长的方面提供了足够多的东西,甚至还没等到别的思潮抢走帕累托已经占领的阵地,就阻止了他攻城略地。

这看上去似乎令人吃惊,因为,理论经济学中的几个重要发展,如今都可以从他这里找到根源。但这并不难解释。帕累托是远离英美思潮的法、意文明中一个区域的产物。即便在这一区域之内他的高大形象傲然独立。帕累托不可能被归类。他从不讨好任何"主义"。没有任何宗派或党派能够声称他属于本派,尽管很多宗派和党派都从他发挥影响的广阔知识领域里窃取了一些零碎片段据为己有。他似乎乐于跟当时的主流趣味和口号背道而驰。极端放任主义的信徒或许可以从他的著作中挑出大量的段落,来支持他们的观点。然而,他最鄙视的东西,莫过于自由主义的"金权民主"或"财阀煽动"。社会主义者应该感谢他,因为,正如我们将要看到的那样,他对社会主义学说做出了非常重要的贡献,也因为他对意大利政府在 1898 年采取的反社会主义措施提出了抗议。然而,他不仅是个反社会主义者,而且是这样一种类型的反社会主

---

① 在哈佛,这一时尚以著名生理学家、已故的 L. J. 亨德森(L. J. Henderson)教授为代表,参见他的《帕累托的普通社会学》(*Pareto's General Sociology*,1935)。有些哈佛人应该还记得他的非正式的帕累托"讨论班",实际上是由这位教授滔滔不绝的长篇大论所组成。在这些讨论班里,他以对帕累托思想那种非传统的伟大的同情理解和深刻领悟,英勇顽强地跟不可避免的专业困难作斗争。

义者：他们的批评因为轻蔑而话里带刺。法国的天主教徒可能要感谢他，因为他抨击了对法国牧师的迫害，这种迫害是德雷福斯（Dreyfus）事件的一个如此令人厌恶的续篇。然而，他之所以抨击孔贝（Combes）部长的"俗人"政策，并非因为他相信法国天主教会的使命或教义，而是因为：他是个绅士。

这样一个独立而好斗的绅士，习惯于干劲十足地突然加入争论当中，而这样的争论，其本身对于某一方来说可能是令人愉快的，却很少有机会受到公众的欢迎。到如今，他已经是明日黄花。但即便是在他风头正劲的时期，我们大家都熟悉的政治和社会口号也控制着官方辞令、新闻媒体、党派政纲，以及包括经济学在内的通俗文献。他用来呈现其严格科学结论的词句，在当时并不比现在更通俗。一个人只要浸染了美国教科书中盛行的那种精神，然后翻开帕累托的《政治经济学教程》，他就会认识到我下面这段话的意思：现代社会信条和口号的天真爱好者，必定会感觉到自己被一顿闷棍赶出了帕累托的大门；他读到了他坚决不承认为真的东西，但同时也读到了令人不安的大量实例。由此看来，问题并不是要解释帕累托为什么没有发挥更广泛的影响，而是要解释他何以居然还发挥了这么大的影响。

倘若我们能够局限于帕累托对纯理论的贡献，那么就大可不必去了解他的为人，以及他的社会背景和社会地位。但是，他的整个为人，以及限制他的所有力量，都十分明显地跟不属于经济学纯逻辑命题的每一件事情有关，因此，跟通常的科学成就的评价比起来，更需要让人们对这个人和这些力量有一个清晰的概念。首先，我将尝试做这件事情。接下来，我将简略地回顾一下帕累托在纯理论方面的工作。最后，我将浏览一下他的社会观念，这一观念在他的《普通社会学纲要》（*General Sociology*）中表达得很不充分。[①]

一、帕累托其人

帕累托的父亲、热那亚人拉菲尔·帕累托侯爵，看来似乎是19 世纪上半叶意大利复兴运动的典型产物，是朱塞佩·马志尼（Giuseppe Mazzini）的热心支持者——大概更多是出于民族原因，而非社会原因——是一切阻碍意大利走向民族统一之路的政府毫不妥协的敌人，在这个意义上（即便不是在其他意义上）他是个革命者。他因此流亡巴黎，在那里，本文的主人公维尔弗雷多出生，他的母亲是一位法国女子。既然约瑟夫·加利尼（Joseph Gallieni）将军曾经把自己描述为 Francese ma anche Italiano（意大利语：法国人但也是意大利人），那么，维尔弗雷多·帕累托也可以把自己描述为 Italiano ma anche Francese（意大利人但也是法国人）。他在 1858 年被带到了意大利，在那里完成了通常的学

[①] 罗卡（Rocca）和斯皮尼迪（Spinedi）两位先生在《经济学家杂志》（*Giornale degli Economisti*，1924）中开列了一份书目，差不多算是很完整了，但这里只需提到下列几项：《关于纯经济学基本原理的思考》（载《经济学家杂志》，1892—1893）；《洛桑大学政治经济学讲义》（*Cours d'économie politique professé à l'universite de Lausanne*，1896—1897）；《巴黎高等社会研究学院讲课摘要》（*Résumé du cours donné à l'École des Hautes Études Sociales de Paris*，1901—1902）；《社会主义体系》（1902）；《政治经济学教程》（*Manuale di economia politica*，1906）；《政治经济学教程》（法文版，1909，这是前书的法文译本，但因为它的数学附录彻底重做了，所以必须单独列出）；《普通社会学纲要》[*Trattato di Sociologia Generale*，1916；法文本，1919；英译本题为《心理与社会》（*Mind and Society*），1935]；法文版《数学百科全书》（*Encyclopédie des sciences mathématiques*，1911）中的"数理经济学"词条（最初德文版《数学百科全书》中的相应词条无足轻重）。此外还有几本书和无数的论文，但就我所知道的而言（帕累托在报刊媒体上发表了很多文章，其中大多数我无缘一见），其中包含的带有科学性质的内容，都已经包含在前面提到的一种或多种出版物中。

业,于 1869 年获工程学博士学位。他立即开始从事工程和工业管理,以此作为职业。在经历了不同的职位之后,被晋升为意大利钢铁公司的总经理。只是在 1893 年,他才获得聘任,成为瓦尔拉在洛桑大学的继任者,虽说这之前的几年里他就已经被认为是一个全职经济学家。因此,他主要从事经济学研究的那段时间大约是从 1892 至 1912 年——实际上,他晚年的所有工作就性质而言都是社会学的。1906 年,他从经济学教授的职位上退休,回到了日内瓦湖畔的乡下家中,在精力充沛而多产的晚年生活中,逐渐成为"西利奈的孤独思想者"。

大体上,这对我们的目的来说已经足够了:我们只要强调上述几件事实,而无须添加其余。首先,理论家们会注意到,由于他作为一个工程师所接受的训练——而且,他似乎在理论方面受过培养——他很早的时候就掌握了专业水平的数学[1]。其次,值得注意的是,帕累托十分熟悉工业实践,其程度在经济学家当中十分罕见——这种熟悉,其意义完全不同于通过学院派经济学家、公务员和政治家们可资利用的手段来获得的那种熟悉。但是,再次,正是他对经济政策和一般政策的当下问题抱有强烈的兴趣,使得他早在开始他创造性的工作之前就已经成了某种意义上的经济学家,这一点我们稍后会在谈论另一个问题的时候提到。弗兰西斯科·费拉里(Francesco Ferrara)的名声和影响力当时正如日中天,冰霜尚未笼罩那被不加批判的自由主义所美化的理论结构。费拉里的著作,尤其是那些他为《经济学家文库》(*Biblioteca dell'*

---

[1] 我觉得没法准确地说出他在这方面究竟达到了何种程度。帕累托还要 V. 沃尔泰拉(V. Volterra)告诉他:"$Xdx + Ydy$"这个表达式始终是一个无限大的积分因子,而两个以上变量的表达式就不一定存在这样的因子(《政治经济学教程》,第 546 页注释)。我很怀疑,一个真正的"专业人士"是否会忽视这一点。

economista）中收入的经典著作所撰写的著名序言,对帕累托所起的作用不亚于——甚至超出了——他在学生时代所能学到的任何大学课程。然而,他通向瓦尔拉的道路,却是马费奥·潘塔莱奥尼(Maffeo Pantaleoni)后来标划出来的。

上面所说的事实,没有一件可以完全解释帕累托的社会和政治见解,甚或也不能完全解释他对他那个时代和国家的实际问题的态度。我从来都不相信,人格的深池可以被抽干见底。但我敢肯定,所有认识他的人都会同意,贵族背景在他的身上比在平常情况下意味着更多的东西。尤其是,这一背景使得他无法跟他在生活中遇到的那些人成为精神上的兄弟——不能成为一个被各不同群体充分接受的成员。这一背景还使得他无法跟资产阶级思想的创造物——例如,民主与资产阶级这对所谓的孪生兄弟——建立起情感上的联系。遵循这一背景,他在经济上的独立——起初只是勉强独立,后来才稍显富裕①——使他变得更加孤立,因为这种独立为他提供了孤立自己的可能性。

依然是遵循这一背景,他的古典学识起到了同样的作用。我的意思并不是指他与他那个时代每个受过教育的人所共有的那部分古典学识,而是指他焚膏继晷、孜孜不倦地研究希腊、罗马古典文献而得来的那部分。古代世界是一座博物馆,而不是应用科学的实验室,过于相信能从那里汇集智慧的人,注定要远离1890年或1920年存在的任何一个群体。他参与了关于本国政治和政策的争论,其结果使得自己彻底孤立——这种孤立是如此彻底,以至于早在接受洛桑大学的邀请之前他便决定移居瑞士。孤立对他的火爆脾气也有影响,而这种火爆脾气实际上无法忍受孤立——他

---

① 这种相对富裕要归功于一笔遗产,而非由于他先前作为一个企业主管的活动。

的火爆脾气只是在晚年才因为第二次婚姻而有所缓和,这次婚姻给他带来了家庭的和睦(参见《普通社会学纲要》的献辞)。

但是,他为何要在一怒之下离开祖国呢——那个他从心底里热爱的祖国,那个他不仅渴望而且目睹了其新生的祖国?超然的旁观者很可能会提出这个问题,因为在他们看来,这个新生的王国在帕累托移民之前的那 30 年里似乎并不那么糟。除了经济增长速度可观、正在摆脱财政混乱之外——敬请我们的凯恩斯主义者原谅——这个新国家还在社会立法上迈出了最初的步伐,并成功地把自己建成了当时所谓的强国之一。从这个角度看待事物,我们的观察者会对像阿戈斯蒂诺·德普雷蒂斯(Agostino Depretis)这样的政权满怀敬意。而且,考虑到新的民族国家在建立之初所遭遇的困难,他会体谅这幅图景中不那么令人愉快的部分。但帕累托不会有这样的体谅。他只看到了无能和腐败。他不偏不倚地与一届接一届政府作勇猛的斗争,正是在那个时期,他被称作极端自由主义者——是 19 世纪毫不妥协的放任主义鼓吹者的那种意义上的极端自由主义者——而且,他帮助在那一时期的德国新政推行者当中创造了这样一种印象:边际效用只不过是一个邪恶的花招,为的是阻挠改革者[1]。关于帕累托对经济政策的态度,以及这一态度在他 1900 年之前的科学著作中所留下的鲜明痕迹,这大概是在此要说的一切。但即便是在那个时期,他的那种极端自由主义当中依然存在着某种东西,其所指的方向与官方自由主义的信条和口号背道而驰。他肯定是个反国家主义者,但因为政治的理由而不是因为纯经济的理由——这一点不像英国古典主义者——

---

[1] 德国批评者因此接受了他的《政治经济学讲义》。事实上,这本书所包含的可以用作不同解释的内容甚少。然而,它却包含了这样一个论点:书中所断言的纯竞争的那些优点跟实际的经济过程没什么关系,因为纯竞争实际上并不盛行。

他并不反对政府行为本身,而是反对议会民主的政府,反对那种赢得英国古典主义者热烈拥护的议会民主的政府。从这个角度来看,他的那种放任主义,其含义完全不同于英国式的放任主义。一旦我们认识到了这一点,其余的也就不难理解了。

在 19 世纪末及 20 世纪最初 20 年里,越来越多的法国人和意大利人开始发出不满的声音,这种不满五花八门,从纯粹的失望,到对议会民主沙龙舞式的运转方式及其在法国和意大利所产生结果的强烈反感。有这种情绪的人包括像 E. 法盖(E. Faguet)和 G. 索雷尔(G. Sorel)这样一些人,他们并不局限于任何一个党派。这里并不是分析这种情绪的地方,更别说对其做出判断了。对我们来说,唯一要紧的是它们的存在,以及这样一个事实:晚年的帕累托正是从这一思潮中凸显出来的,而这只是因为他本人从同时代人当中凸显出来,因为他撰写了一部使这一思潮合理化的社会学著作——连同索雷尔和加埃塔诺·莫斯卡(Gaetano Mosca)的著作一起。

有一些特殊的、历史上独有的环境,在英国人和美国人的思想里发展出了一种同样特殊而独有的对民主政治的态度,但他们并未察觉到这些环境,因此,帕累托对法西斯主义的态度,其可能具有的意义在他们看来不免有些奇怪。但这种态度其实丝毫不成问题。要想解释它,无须任何理论。1914—1922 年的事件,把他召回了政治争论的竞技场。关于第一次世界大战的起源,关于凡尔赛和约的失败,以及关于国际联盟的徒劳无益,他所发表的精辟分析都属于他突出的成就,尽管在意大利之外并没有产生什么反响。但最重要的是,他多少有点恐惧目睹了意大利的社会瓦解,这种瓦解只有亲眼所见才会相信。他把所有这些年的麻烦都归因于一个堕落的资产阶级政治制度的软弱,这位罗马史的研究者或许想到了罗马共和国时期的惯例,即元老院为了应对紧急情况,总是指示执政官任命一位几乎拥有无限权力(尽管是临时权力)的官员,即独裁官: *videant consules ne quid detrimenti res publica capiat* (拉丁文:执政官要留心别让国家遭受损害)。但意大利宪法中并没有这样的规定,就算有这样的规定也于事无补。因此,独裁官就只好自命。除了这一点,以及除了认可墨索里尼(Mussolini)在恢复秩序上所获得的成功之外,帕累托从未走得更远。墨索里尼把参议员的职位授予了这位坚持宣扬温和主义、始终支持出版自由和学术自由的人,以此给自己贴金[①]。但直到生命中的最后一刻,帕累托始终拒绝信奉法西斯主义,就像他拒绝信奉任何其他主义一样。从英美传统的立场来判断他的行为——或者说,实际上是他的任何行为和感情——都不得要领。

其余的一切尽在池底。

二、理论家帕累托

评价帕累托对经济学的贡献,必须首先对他的领导功绩给予恰如其分的赞扬。他从未在意大利教过书。洛桑大学的法律系对于一场智力征服战来说,并不是个十分有利的司令部。西利奈的乡村宅第看上去就像是一个隐居处。然而,他却做到了瓦尔拉做不到的事:他创立了一个完整意义上的学派。一个由著名经济学家所组成的核心圈子,一个由不那么著名的追随者所组成的外围圈子,此外还有一个由多少有些固定的支持者所组成的广泛外围,

---

① 关于此事,参阅布斯凯:《维尔弗雷多·帕累托:生平与著作》,见《当代史研究、文献和考据辑录》第 182—194 页。

在 1900 年之后很快就脱颖而出。他们在建设性的工作上互相合作。他们培养私交。他们在论战中互相支持。他们承认一位导师和一种学说。

这一学派明确地说是意大利人的。正如有人已经指出的那样，只有少数几个外国支持者，尽管帕累托学说的个别片段最终在英国和美国获得了认可。帕累托学派从未统治过意大利的经济学。任何学派都不曾统治过本国。但有这样一个正好相反的印象，即：李嘉图学派曾经统治过英国的经济学，不过，这一印象是不切实际的历史编纂造成的。另有几个意大利领袖人物，像路易吉·伊诺第（Luigi Einaudi），完全坚持了自己的立场，而另一些人，像德尔·韦基奥（Del Vecchio），尽管承认帕累托的杰出地位并采纳他的这一或那一学说，但在思考和著述的时候又好像根本不存在帕累托这个人似的。然而事实上那里还是出现了一个这样的学派，作为其基础的理论结构，不仅普通读者难以理解，而且，就其某些最具原创性的部分而言，经济学者——特别是那些无缘亲聆大师教诲的学者——也难以理解。

但是，一旦我们正确地认识到并因此抛开这一领导功绩，我们就能看到一位接续瓦尔拉的工作的理论家。当然，这一点从来没人否认，就连最狂热的信徒也不否认，尤其是帕累托本人更不否认。在这一点上，观点的分歧不可避免地局限于：帕累托究竟在多大程度上超越了那位伟大的先驱，以及这两个人的精神高度究竟孰高孰低。在这个问题上，信徒们要么跟外人无法一致，要么在内部莫衷一是，为什么会这样，有几个理由可以解释。其中一个理由想必马上就会注意到。瓦尔拉是披着政治哲学的外衣提出了他的不朽理论，就性质而言这种政治哲学是超科学的，此外，它并不合每个人的口味。要想表达这种哲学究竟是什么，恐怕没有比称之为小资产阶级激进主义哲学更合适的方式了。他觉得自己有使命来宣扬一种社会理想,这种社会理想来自 19 世纪上半叶的半吊子社会主义作家,或者,我们可以同样公正地说,它来自功利主义。他把土地国有化看作自己学说的基本项,而且,他是个货币改革者,其计划带有明显的现代情调。所有这一切都是帕累托所憎恶的东西。它只是形而上学思考,而且是一种非常冷漠的形而上学思考。他们之间的共同点仅限于纯理论,特别是瓦尔拉的均衡方程。但在其他每一个方面,他们都差别很大,即便他们在为数理经济学并肩战斗时结下了友谊,即便帕累托在获得洛桑大学教席的事情上欠下了瓦尔拉的情,但这些都阻止不了他们之间根深蒂固的互相厌恶之情溢于言表,甚或也阻止不了他们在跟第三人交谈时流露出这样的情绪。尽管他们的纯理论是用同一个模子浇铸的,但他们的思想体系各为一体,他们关于社会进程的看法也并不相同。所有不愿意完全无视一个人的哲学和实际建议的经济学家,换句话说,也就是大多数经济学家,都会仅凭这个理由而认为帕累托的结构跟瓦尔拉的结构完全不是一回事。

无论如何——我们暂且不考虑社会学——他仅仅在纯理论领域开创了科学史,只有一个例外。我们不妨首先指出这个例外。在《政治经济学讲义》中,也在 1896 年的一篇单独的论文中,帕累托发表了计量经济学领域具有高度原创性的开拓性成就,这一成就首先奠立了他的国际声望,并以"帕累托法则"的名头,创造了可以公正地称之为致力于其决定性讨论的一整套文献。假设 N 代表其收入高于 x 的人数,A 和 m 是两个常量,那么,"帕累托法则"可以表述为:

$$\log N = \log A + m \log x$$

《政治经济学教程》的第七章包含了帕累托对这一概括所作的最成熟的解释。在这里,我们只限于指出它所带来的两类问题。首先,有一个是否合适的问题。有人做过大量的研究,其中一些研究者要么是为了彻底驳倒这一法则,要么是为了确立描述收入不平等的其他方法的优越性。读者会注意到,核心问题在于 m 的近似不变。然而,总的来说,帕累托法则经受住了考验,用下面这个事实就足以证明:即使在今天,一些有能力的统计学家有时候还在使用它。但是,其次,还有解释的问题。假定直到近期,以等级为依据的收入分配一直非常稳定,那么我们由此又能推导出什么呢?这个问题从来没有成功地得到解决。这场讨论的大多数参与者(庞古是其中之一)都只局限于批评帕累托的解释——至少可以说,这一解释实际上一开始就容易招致反对——而且,像我们的很多论战一样,这场争论也无果而终。似乎很少有(即使有的话)经济学家认识到了这样的不变量为经济学未来提供的可能性①。从这一立场看,帕累托的"法则"从严格意义上讲是开拓性的,纵然其特殊形式最后没有留下任何东西。

我想借此机会谈谈另一个问题。在《政治经济学教程》中,帕累托在"论人口"的那一章论述了他的收入分配"法则"。就人们在这一标题下通常讨论的主题而言,这一章并没有太多值得注意的内容。但它包含了很多其他东西,像"帕累托法则"一样,这些东西通常并不包含在人口理论中,正是这些条目使这一章生气饱满,并给它带来了清新感和独创性。帕累托的精英循环理论便是一个例证(参阅后面的第三节)。其中大多数东西就性质而言是社会学的,而非经济学的,有些东西清晰地——实际上几乎是天真地——

---

① 特别是,似乎没有一个人认识到,对此类不变量的寻找和解释可能为一种全新类型的理论奠定了基础。

显示出了某些偏见,这些偏见是如此不协调地逼视着这位人类偏见的伟大分析家①。

在严格意义上的所谓纯理论领域,帕累托的思想发展缓慢,实际上到最后依然保持着某些前帕累托特征。除了费拉里以及英国和法国"古典时期"经济学家的早期影响之外,他还始于瓦尔拉的静态均衡方程——那是在认识到它们实际上是解决其他一切问题的关键之后,起初他对这些方程并非没有抵触。他进一步受到了一些暗示的激发,所有这些暗示,自 1885 至 1895 年这 10 年间没有一个有能力的经济学家能够接受②。最后,他实际上知道自己的直接前辈们的技术缺点及其他局限。因此,他自己的理论工作最适合他来做——实际上,其中大多数工作都由瓦尔拉本人做了③。但他的早期作品,比如,《关于纯政治经济学的基本原理的思考》(载《经济学家杂志》,1892—1893),从未超出过瓦尔拉的路标所指示的范围。他的《政治经济学讲义》明显也是这样。有些虽然尊敬帕累托,但严格说来并不属于帕累托学派的经济学家,曾经

---

① 例如,不管我们如何看待他对女性主义现象的解释,但当我们读到他讨论这个问题的第一句话(第 400 页)时,我们都会忍不住哑然失笑,这句话是:"女性主义是一种病……"这句话并没有显示出多少客观性或超然性。关于帕累托的严格意义上的人口理论和这些社会学的附加部分,读者不妨参看 J. J. 施宾格勒(J. J. Spengler)教授的《帕累托论人口》一文,载《经济学季刊》,1944 年 8 月和 11 月。
② 对其中有些暗示,帕累托的反应方式是消极的,即便实际上不是敌对的。他从来没有充分地欣赏马歇尔——这主要是因为他原则上反对局部分析——而且,他似乎也从未认识到奥地利学派的原始技术背后的一切。但他欣赏埃奇沃思和威克斯蒂德(Wicksteed),尽管对后者有很多反对意见。他对欧文·费雪(Irving Fisher)的欣赏比人们普遍知道的要多得多,他不仅欣赏《价值和价格理论的数理研究》(*Mathematical Investigations into the Theory of Value and Price*),而且后来还欣赏《资本与收入的性质》(*The Nature of Capital and Income*)和《利率》(*The Rate of Interest*)。听到他对《资本与收入的性质》给予高度赞扬让我颇感意外。
③ 瓦尔拉完全知道他要想完成自己已经认识到只是个临时结构的东西而需要走的所有捷径。他从不相信诸如生产的常系数、生产的无时间限制、间接成本的不存在、企业的同等规模之类的假设能够或应当永远站得住脚。瓦尔拉不仅是开拓者,他还指出了接下来该做什么。

把令人怀疑的恭维话奉献给他：称《政治经济学讲义》是他的杰作。它确实是一项惊人的成就，一种强烈的气质使之始终生气饱满，甚至使一些因循守旧的段落也闪烁着灵气。但帕累托拒绝重印或再版这部著作，他是对的。因为，就纯理论的范畴而言，它没有什么特别属于帕累托的东西。只是在1897年之后，他才上升到了他自己的高度。最早证明他的进步的主要著作是《纯经济学新论的某些章节的概述》(载《经济学家杂志》,1900)，以及他在巴黎的《讲课摘要》。① 接下来，《政治经济学教程》，或者更准确地说是它的法文版(因为它的附录)，标志着他所达到的最高点。

他在这一点上所建立起来的高塔，其结构远非无懈可击。有很多东西在一部包罗万象的论著中是必不可少的，但在这部著作中受到的关注很不够。我的意思并不仅仅是说，就人们通常在一部"指南"中寻找的那些品质而言，帕累托的著作无法跟马歇尔的著作相提并论。更为严重的是，理论工具的重要部分构想得很不恰当。例如，帕累托的货币理论总的来说劣于瓦尔拉的货币理论。他的资本与利息理论的所有优点全都来自瓦尔拉的资本与利息理论。关于利息，他似乎满足于依靠下面这个事实来解释：物质资本不是免费品，它们的服务因此也不是免费的。他的垄断理论，我相信，就连最宽容的解释也救不了它。② 尽管存在所有这些短处，但某些批评者所得出的不利判断完全是错的。其最重要的长处是价值理论和生产理论，我们马上将会予以讨论。但这两种理论只不过是

---

① 参见第124页注释①。
② 然而，他把垄断理论包含在一般理论的主体当中，这样做还是有某种优点。而且，千万不要像在大多数情况下那样，把他的国际贸易理论简化为仅仅是对比较成本的批评。他勾勒出了——尽管没有进行详尽的阐述——自己的理论，这一理论最早把一般均衡工具应用于国际贸易。参见哈伯勒(Haberler)：《国际贸易理论》(*Theory of International Trade*,1936)，第123页。

一项成就的应用,因此我们首先必须试着搞清楚这一成就本身。

从纯理论的观点看,任何一个精通瓦尔拉体系的人首先产生的一个想法必定是:要把它的普遍性提升到更高的水平。当我们追随瓦尔拉以及所有边际效用理论家的脚步,通过交换、生产等现象向前走的时候,我们就会发现,他们试图解决的那些问题,就终极逻辑而言,可以归纳为一个问题:他们的所有问题——不仅仅是生产的问题——都是经济数量变化中的问题,形式上是一样的,差别仅仅在于经济行为在不同领域所受到的不同限制。不妨假设我们决定要做我们在一切科学领域所做的事情,换句话说,就是把所有经济问题的共同核心分离出来,并一劳永逸地构建一套关于这一共同核心的理论。"思维经济"的观点[参见 E. 马赫(E. Mach):《思维经济学》(*Denkökonomie*)]会证明这种努力对功利主义者来说是正当的。这种理论将会作用于十分普通的指标,比如,"偏好"和"障碍"之类,而不必止步于我们赋予这些词的特定的经济学意义。我们可以超越经济学,而上升到关于一些没有明确定义的、仅仅受到某些限制的"事物"体系的概念,并试着发展出完全一般的数理逻辑体系。这样一条路,对于那些为了展示经济逻辑的某些特征,代复一代地使用原始工具的经济学家——比如,我们那位值得尊敬的朋友鲁滨逊·克鲁索——来说,应该相当熟悉。帕累托只不过是在更高的水平上、在更宽阔的战线上做同样的事情。但在这样的高度上很难呼吸,更难前进。一些很有能力的批评者,像已故的 A. A. 杨(A. A. Young),都持有这样一种观点:除了"枯燥无味的概括"之外,帕累托别无建树。但只有未来才能告诉我们事情是否果真如此。在此之前,我们应该承认帕累托的尝试是伟大的。

有一个例子,或许可以显示出,这样一种"急于概括"不仅可以产生逻辑的石头,而且能产生经济的面包,尽管有它的缺点,这就是：这种概括自《政治经济学讲义》那个时候起，就一直在一个相对较低的水平上进行。正如人人都知道的那样，马克思的工作就是分析资本主义发展过程，这样的分析无疑旨在向我们展示，资本主义发展过程将导致社会主义社会，但他完全没有做出任何努力，试图勾画出社会主义社会的经济学。对于后面这个问题，有很多马克思主义的和新马克思主义的贡献只能描述为并不成功。到如今，也正如人人都知道的那样，对于社会主义学说，巴罗内提供了马克思主义理论所不能提供的助益，巴罗内那篇论述这个主题的著名论文（《集体主义国家的生产管理部门》，载《经济学家杂志》，1908）仅仅在一些次要细节上被现代作者所超越。但巴罗内论点中的基本观念，在帕累托的《政治经济学讲义》第二卷（第94页）和《政治经济学教程》（第362页）中已经清楚地指出来了，可以说，这一观念就是要把经济过程的逻辑核心提升到使之便于观察的制度外衣的基础之上。一旦我们把自己置于帕累托关于偏好和障碍的一般理论的立场上，读者就不难注意到，作为一个特例，这一观念是如何出现的，虽说它也曾出现在维塞尔的面前。

就这个特例而言，帕累托差不多失去了优先权——至少在英美经济学家当中是这样——尽管他不仅提出了这个问题，而且指出了解决它的途径。就其他情况而言，他因为仅仅局限于暗示，从而完全丧失了优先权。因此，借助后见之明，我们可以在《政治经济学教程》中发现很多线索，它们昭示了后来的动态经济学。然而，所有这些暗示，比如，他提到类似于追踪曲线（如狗与主人问题，参见第289页）的适应形式，以及连续波动的存在（参见第528页），都只不过是消极的暗示，旨在向我们显示：经济制度趋向于一种独特而稳定的"解决办法"（即一套能满足其条件的独特价值）的趋势，是一个比当时的经济学家们（包括瓦尔拉）所想象的更加可疑的问题①。他没有积极地使用这些暗示②,没有指出解决这些问题的方法。因此我认为,我们应该毫不犹豫地把帕累托的作品描述为静态理论,并且,如果我们补充说他比其他人更清楚地知道静态理论的局限性以及这些问题的要求③,那么我们基本上就做到公正了。

现在,我们简短讨论一下帕累托在价值和生产领域的工作,并记住:从上面简要介绍的观点看,它们实际上可以合并为一套单一的理论。

大多数(即便不是所有)现代理论家都会同意,杰文斯、门格尔和瓦尔拉的效用和边际效用理论,其历史意义主要依赖于下面这个事实:它充当了一个阶梯,这些经济学家可以通过这一阶梯攀登到一般经济均衡的概念,虽说瓦尔拉比奥地利学派或杰文斯更清楚地洞察了、更充分地发展了这一概念④。换句话说,效用和边

---

① 例如,参见他为《数学百科全书》所撰写文章中对不稳定均衡的讨论。
② 肤浅的危机理论(参见第 528—538 页)肯定没有资格被列为例外。
③ 帕累托本人把纯经济学的课题分为静态经济学和动态经济学,前者研究连续均衡,在我看来似乎是指相对比较静态的经济学,后者研究经济现象的活动,似乎是以一种特殊的方式把真正的动态经济学跟发展问题融合起来,要不是这两者在帕累托那里都十分初步的话,这种方式将被证明是很不方便的。我知道,这种情形在信徒看来必定大不相同。但是,尽管后者的态度自有其立足之地,但在这里,我们不能采取这样的态度。
④ 正如凯恩斯勋爵在他那篇关于阿尔弗雷德·马歇尔的传记随笔中所指出的那样,马歇尔也充分掌握了这一概念,并且,根据凯恩斯的说法,还有其他一些迹象,我们可以相信,他独立地达到了这一概念,而且比瓦尔拉更早,而不是更晚。然而,这并不能改变下面这个事实:在《经济学原理》的相关附录(第四版的注 xiv 和注 xxi)之前,他并没有就这一概念发表任何东西,此外,根据分配优先权的一般规则,这些附录只能被描述为浮光掠影的匆匆一瞥。因此,我们的结论是,瓦尔拉的优先权是无可置疑的。但奥地利学派(尤其是维塞尔)的优先权也是如此。很显然,数学技能的缺乏,特别是没能掌握联立方程的体系,这一点使得门格尔无法得出本质上与瓦尔拉体系相似的严谨体系。有些历史学家是把一般均衡概念归到古诺的名下,但我并不认为他们是对的。《财富理论的数学原理的研究》(*Researches into the Mathematical Principles of the Theory of Wealth*)第 11 章除了承认经济数量的一般互相依存关系之外别无其他,并且,无论是在这一章,还是在其他任何地方,对于如何努力使这一概念变得更明确、更有成果,古诺并没有提供任何指导。《财富理论的数学原理的研究》中所有的实际工作,要么是局部分析,要么是某种程度上的总量分析。

际效用理论是通向真正要紧的事物的几条可能的途径之一,它提供了一种极好的方法,以容易理解的方式,揭示了把经济制度结合在一起,并实际上把很容易部门化的大量经济现象整合为统一制度的各种关系,除此之外,这一理论本身并没有什么重大的意义。或者,再换一种不同的说法,效用理论是一个极其有用的启发性假说,仅此而已①。但无论是瓦尔拉,还是奥地利学派,都不这样看。正相反,在他们看来,效用理论不亚于终极真理,不亚于发现了打开纯经济学一切秘密的钥匙。结果,他们特别强调这一理论,而这种强调反过来导致帕累托及帕累托学派的人特别强调他们对这一理论的抛弃。英语世界的作者,特别是罗伊·艾伦(Roy Allen)和约翰·希克斯(John Hicks)两位教授,也都跟着出牌,非常慷慨地祝贺帕累托获得了在他们看来似乎是头等重要的新起点。事实上,有一种被广泛接受的观点,大意是:这个新起点是帕累托的主要贡献。

　　《政治经济学讲义》中有一些迹象表明,帕累托从一开始就对瓦尔拉的价值理论不是十分满意。但他的修正,要么无足轻重,要么不是原创性的,依然不出这一原理本身的范围。在无足轻重的修正当中,我们仅仅提一下他用满足度(ophélimité)这个术语取代了效用这个术语[用基本满足度(ophélimité élémentaire)取代了边际效用或瓦尔拉的稀缺(rareté)],理由是后者带有太多误导性的联想。在那些不是帕累托原创的修正当中,我提一下,效用和边际效用作为消费单位在一个给定时期内所占有或消费的一切商

---

① 然而,我希望清楚地表明我的观点,首先,我不认为它的启发性价值迄今已被耗尽;其次,阅读正文中的陈述必须附带下面这个条件:"就建立静态均衡的确定性和稳定性的目的而言。"它还可以有其他的用途,我们无法肯定,它不可能为了诸如此类的其他目的而随时复活。

品的函数这一概念，取代了瓦尔拉的概念：每一商品总的边际效
用只是该商品数量的函数。这一明显的改进要归功于埃奇沃思，
但我承认，我有些怀疑埃奇沃思是否充分认识到了这一改进所导
致的理论上的困难，因为它把在杰文斯、瓦尔拉和马歇尔那里只是
普通微分的最后一级效用转变成了偏微分，而且，这极大地增加了
我们在尝试着证明经济制度——哪怕是最简化的形式——的确定
性时所遇到的数学上的困难。[1]

　　但没过多久，肯定在 1900 年之前（这一年，帕累托在巴黎的讲
课使得他的观点改变众所周知），帕累托就认识到，至少为了他的
目的，可计量效用（基数效用）的概念可以安全地抛弃了[2]，或者无
论如何，至少可以为了欧文·费雪在《价值和价格理论的数理研
究》第二部分首次确切地提出来的那些理由而抛弃它。为了挽救
局面，他求助于埃奇沃思最早提出的无差异曲线和偏好曲线。但
埃奇沃思依然是从可计量总效用出发，由此推导出了对这些曲线
的定义，而帕累托却把这个过程反过来了。他把无差异曲线当作
既定的起始点，显示了由此出发有可能达到完全竞争环境中经济

---

① 更准确地说，当我们试着证明有且只有一组价值能满足一般均衡方程的时候，只要
　我们遵循这样一个假设：每种商品的边际效用仅仅取决于该商品的数量，而且，只
　要我们除了基准货币之外不承认任何其他货币，那么，就我所能看到的而言，一切都
　很顺利。即便如此，那些为了提供确定性的证据而必不可少的限制，在我看来从经
　济学上讲似乎是完全可以忍受的。正是那些偏微分的闯入，制造了实际上的困难。
② 古斯塔夫·卡塞尔(Gustav Cassel)在 1899 年得出了同样的结论。他甚至比瓦尔
　拉走得更远，宣称根本用不着任何效用概念。在这里，我们不可能解释这一主张
　为什么没有道理，以及他从自己简单地假设的市场需求曲线出发的方法为什么是
　不能接受的。然而，为了充分理解经济理论史上的这段插曲，我们有必要记住，在
　那个时期，不仅是效用理论本身，还有在其基础之上建立起来的一切成本和分配理
　论，都遇到了巨大的阻力。这种阻力有时候是由于反对运用不可计量的、无法证实
　的心理量值而激发的，尤其是在德国和意大利，而在别的地方也是如此。因此，帕累
　托及其他人对边际效用理论的反对，与某些作者再三重复的一种普遍盛行的论点会
　师了(或者至少是给它增加了新的活力)，而帕累托本人并不愿意跟这些人联合
　起来。

均衡的确定性，接下来还可以得到跟效用完全相同的某些函数（如果确实存在效用的话）。无论如何，至少有可能得到（序数形式的）效用指数，或者帕累托所谓的指数函数（《政治经济学教程》，第540页，注1）。

有两点我想交代清楚。第一点，帕累托尽管修改了埃奇沃思的发明，以便为自己所用，但他赋予了各种无差异曲线以一种它们在埃奇沃思的《数理心理学》（*Mathematical Psychics*）中并不具有的意义。它们完全被剥除了任何效用的含义，而且，效用概念为经济均衡理论所做的事情，如今将由关于这些无差异曲线的形式的某些假设来做。新的观念就是要用那些关于可观察行为的假设，来取代效用的假设，并因此把经济理论建立在那些在帕累托看来似乎更加坚固的基础之上。当然，可能有人坚持认为，尽管有过几次尝试，但迄今尚未有人实现这样的观察，而且很难醉心于这样一种希望：我们可以从全范围的客观数据中得出完整的经验主义的无差异曲线图。因此，我们不妨把它们称作潜在经验主义的，或者滥用伊曼纽尔·康德（Immanuel Kant）的说法，称之为"可能的经验"。为了完全不同于埃奇沃思的目的而引入这些曲线，要不是因为——正如帕累托所承认的那样——这一成就在上面提到的费雪的著作中已经有过预示的话，无论如何可以称之为一项真正原创性的成就。

第二点，帕累托自己的论证给他带来了他在彻底摆脱旧的效用理论时所经历的困难。他始终留心那些可能要说到效用甚至基数效用的情况，这些情况的存在——以及因此带来的可积分性的问题——继续引起他极大的兴趣。他的指数函数跟旧的概念非常类似。事实上，正如艾伦和希克斯所指出的那样，他从未成功地使自己完全摆脱出来，他继续使用一些跟自己的基本观念并不合拍的概念，比如，埃奇沃思对竞争性和互补性的定义。我们不妨再补充一句,这一基本观念早在 1902 年就由 P. 波宁塞格尼(P. Boninsegni)予以发展和辩护了①。到 1908 年,恩里科·巴罗内明确地超越了帕累托,因为他在前面已经提到过的那篇论文中,把他在价值理论问题中的基本假设局限于他所谓的这样一个事实:面对产品和生产性服务的给定价格,每个人都是以某种独一无二的、"我们不打算深究其动机"的方式,在消费品与储蓄之间分配他从销售自己的服务中所获得的收入。他指出,这彻底废除了效用函数或无差异函数的任何概念。故事的其余部分众所周知,我们就用不着浪费时间了。我这里仅仅提一下以下这些著作:哈里·约翰逊(Harry Johnson)和尤金·斯拉茨基(Eugen Slutsky)的暂时几乎无人注意的论文;鲍利在他那部影响更大的《经济学的数学基础》中所作的重要的再阐述;艾伦与希克斯、尼古拉斯·乔治斯库-罗根(Nicholas Georgescu-Roegen)、保罗·萨缪尔森(Paul A. Samuelson)以及 H. 沃尔德(H. Wold)等人的著作。如果我们承认眼下的局面是"暂时最终的"局面,那么,我们确实必须把欧文·费雪(Irving Fisher)或帕累托看作现代价值理论的守护神,向他们致敬。

但是,比现代价值理论的守护神更确切的说法是,帕累托是"新福利经济学"的守护神。他如何开始效力于一项他完全缺乏同情的事业呢? 这个故事不乏幽默之处。从经济学刚刚诞生的时候起,一种定义得很宽松的公共福利就在经济学家的著作中扮演了一个重要角色。功利主义[切萨雷·贝卡里亚(Cesare Beccaria)、杰里米·边沁(Jeremy Bentham)]的那些耳熟能详的口号,为这一概念的合理化立下了汗马功劳;价值的效用理论似乎颇有资格把它付诸实施:事实上它很快就着手这项工作,比如,在税收领

① 参见《纯经济学的基础》,载《经济学家杂志》,1902 年 2 月。

域。费雪—帕累托的关于各种无差异曲线的理论,由于摧毁了运用基数效用甚或是个人间效用(满足度)比较的论点的基础,乍一看我们可能认为,它应该摒弃所有这一切。但是,帕累托非但没有得出这个结论——尽管他蔑视我们时代的政治人道主义——反而立即着手重新研究集体满足度最大化的问题。权威性的阐述还得留给巴罗内[①],但主要观念还是帕累托的。第一,他指出,如果那些获利(按基准货币计算)的人能够补偿那些亏损(按基准货币计算)的人,并依然有一定的利润剩余,那么强加给任何给定经济模式的所有改变,从完全客观的意义上讲,都可以说是增加福利或集体满足度。这一准则实际上会挽救通常被经济学家们所忽视的某些——尽管不是全部——福利判断[②]。第二,帕累托指出,那些不能以这种方式予以挽救的福利判断,必定是明确地建立在超经济的考量——比如说"道德"考量——的基础之上。第三,他让我们看到(第 363—364 页),可以使用这一准则来证明:集体主义国家可以改进那种在完全竞争的条件下实际上能够达到的福利水平[③]。

---

① 参见《集体主义国家的生产管理部门》,第 276 页(前面提到过)。

② 就严格的逻辑而言,这一准则跟实际上是不是做出了那种补偿并无关系。在没有做出补偿的情况下,我们只要把那种强加的改变划分为两个部分:这一准则适用的、增进集体满足度的那种改变,以及这一准则不适用的、从亏损者到获益者的转移。即便如此,我还是不希望以福利判断的辩护者的角色出现,说上述准则不会因为人们反对使用基数效用或个人间满足状态的比较而归于无效。还有一些更重要的反对意见,尤其是这样一种反对意见:除了眼前效应之外,这些"客观的"福利判断忽视了其他一切效应。

③ 《政治经济学教程》第 363 页的最后一句话,在我看来似乎充分预示了哈罗德·霍特林(Harold Hotelling)教授在《与税收问题及铁路和公用事业费率问题有关的一般福利》(载《计量经济学》第 6 卷,1938)中提出的论点。把下面这个原则实际应用于铁路已经很有年头了:即使在成本递减的行业,通过收取足以支付边际成本的价格,并以其他方式筹集固定成本(如帕累托所言),可以使福利最大化。据我所知,这要归功于 W. 劳恩哈特(W. Launhardt),他由此推导出这样的论断:铁路投资"绝不"应该交给私人企业[参见《经济学的数学基础》(*Mathematische Begründung der Volkswirtschaftslehre*,1885),第 294 页,以及一些更早的著作]。

但是,除了一些发展之外,这些观点几乎都是新福利经济学的观点。

帕累托的福利经济学中处理生产逻辑的那部分,提供了一个很方便的过渡,使我们很容易转到他对纯理论的第二个伟大贡献,即他的生产理论①。从选择理论的方面来研究这个问题,并把无差异需求曲线及相关概念的一般工具(最大利润曲线,完全变换和不完全变换曲线,等等)应用于生产者的实例,他勾勒出了一个包罗万象的结构,其中只有部分内容明确地出现在他那个时代的文献里②,可以说,这一结构构成了我们时代的数理生产理论的基础,或者无论如何,至少可以说构成了静态数理生产理论的基础。特别是,它的普适性为所有特例留下了余地,而对这些特例,我们在处理的时候可能并不想专门强调其中任何一个特例:这些"障碍"起初可能是任何东西,接下来可能采取实际上更常见的任何形式——所需数量与产出无关的那些生产要素,技术上决定单位产出所需数量的那些生产要素,"补偿性"要素,以及诸如此类,全都在一种从理论上说很完备的可能性图景中取得了各自的一席之地。在评价这一成就的时候,我们必须记住,帕累托首先关注的是把他那位伟大前辈的工作一般化,并在其他方面加以改进。同时,他的工作可以分为两个部分,第一部分在《政治经济学讲义》中达到了顶峰,第二部分在《政治经济学教程》中达到了顶峰,虽说在《数学百科全书》(第1版,1911)的那篇文章中添加了一些次要的理论观点。

---

① 特别参见《政治经济学教程》第3章,第74—82段,第100—105段;第5章和附录的第77—107段。
② 但是,如果我们去掉"明确地"这个词,那么,帕累托的图式中有更多的东西要归功于他的某些同时代人,甚或是他的某些前辈,尤其要归功于马歇尔。

　　起初,瓦尔拉根据固定生产系数——单位产出的固定(平均)投入——的假设,详细阐述了他的生产理论,这倒并非因为他相信这是唯一的甚或是非常重要的实例,而是因为他相信自己在采用他认为是简化的方法时是有道理的。[①] 有大量的私人批评倾泻到他的身上,对此,他的答复是:"那些愿意追随我的经济学家,可以根据他们的喜好,自由地、一个接一个地插入所有的复杂情况。我想,接下来,他们和我都会各尽其责,做好我们所当做的每一件事情。"就这一点而言,帕累托所做的只不过是采纳了瓦尔拉的建议。此外,当《政治经济学讲义》出版的时候,瓦尔拉已经根据他在1894 年从巴罗内那里得到的启示,提出了可变系数[②],尽管这并没有改变论述生产的基本部分的论点。同年(1894 年),威克斯蒂德的《分配法则协调论》(*Essay on the Coordination of the Laws of Distribution*)出版。最后,生产的可变系数无论如何也不是什么新东西,毕竟,杰文斯、门格尔和马歇尔都论述过这个问题。帕累托的《政治经济学讲义》只增加了一个简洁的公式,以及大量的理由——并非全都令人信服——来说明补偿系数的情形为什么既不能视为唯一的情形,也不能看作基本情形。

　　我们是不是要把"边际生产力理论"这一术语局限于这一实

---

① 奇怪的是,最伟大的理论家也会抱有这样的观点。因为,首先,这种简化造成了分析上的困难,这让我们不免要怀疑,到头来它究竟是不是简化;其次,它在理论与实际之间制造了一条鸿沟,这条鸿沟大到足以让人怀疑,通过它所得到的结果究竟是否有用。

② 这件事情是在 1896 年出版的《笔记》(*Note*)中完成的,重印于《纯粹政治经济学要义》的第三版。在第四版(1900)中,第 36 课提出了一套成熟的边际生产力理论,其形式容易招致各种理由的批评,其后又经过修订,这个版本在他死后出版于 1926年。关于这个问题,以及对帕累托晚年理论的有益诠释,参阅 H. 舒尔茨(H. Schultz)的《边际生产力及一般定价过程》,载《政治经济学杂志》(*Journal of Political Economy*),1929 年 10 月。

例，这当然只是一个术语学偏好的问题①。帕累托就是这样限制它的，而且，在《政治经济学讲义》出版之后的那些年里，他越来越敌视它，以至于宣布：它肯定是"错误的"。他明显认为：他已经驳倒了它，或者至少是超越了它，就像他觉得自己已经驳倒或超越了边际效用理论一样。他杰出的成本理论——撇开其他东西不说，这一理论把那些教科书理论从它们容易受到攻击的危险位置上拉了回来，这些教科书理论认为：在充分竞争的完全均衡状态下，价格应该等于边际成本，而总收益应该等于总成本——让我们可以检验他的这个主张②。只要生产组合取决于经济上的考量——而且归根到底，经济学家的任务就是要厘清经济上的考量——跟直来直去的边际生产力理论比起来，差别并不大。但帕累托教我们如何处理技术限制和社会限制所强加的一些与之相背离的情况。并且，在这里像在其他地方一样，他还做了别的事情：他总是渴望超越自己。

三、社会学家帕累托

经济学家习惯于入侵社会学的领地，这没什么可奇怪的。他

---

① 这样做的主要理由是教科书的传统，这种传统仅仅考虑那些把产品数量描述为仅仅依赖于"替代性因素"的生产函数，并得出这样一个理论：在充分竞争的完全均衡状态下，无数生产要素的每个单位所得到的补偿，等于物质边际生产力乘以产品的价格。但是，即使我们承认有一些"限制性因素"，或者更一般地说，就是对生产函数的限制，将会产生与这一理论不相符的结果，那么，我们也还是没有离开边际生产力理论的范畴。例如，可参阅 A. 史密西斯（A. Smithies）的《生产函数与效用函数的边界》，载《经济学探险：F.W.陶西格纪念文集》（*Explorations in Economics，Notes and Essays contributed in Honor of F. W. Taussig*），1936 年。
② 我们不妨借此机会提一下帕累托的地租概念，它源自上述两个条件（总成本等于总收益，价格等于边际成本）不相容的情况，尤其源自把储蓄转变为某种资本遇到困难的情况。这个地租理论在我们这个时代经历了一次复兴。它或许可以帮助我们走向一种经过改良的摩擦理论。但它所能做的仅此而已。

们的大部分工作——实际上几乎包括他们关于制度和塑造经济行为的力量所不得不说的全部内容——不可避免地与社会学家的禁猎地相重叠。结果，发展出了一块无主之地，或者说是人人有份的领地，我们可以很方便地称之为经济社会学。在几乎每一部经济学专著或教科书中，我们都可以找到或多或少的重要成分来自这片领地。但除此之外，很多经济学家，尤其是那些颇为严格地界定经济学的人，都做过社会学的工作。亚当·斯密的《道德情操论》（*Moral Sentiments*）和维塞尔的《权力法则》（*Gesetz der Macht*）都是这一庞大类别中的突出实例。但是，在伟大经济学家的名单上，很少有人（即便有的话）像帕累托那样，把自己的绝大部分精力投入到了乍一看似乎是不务正业的活动上，也很少有人（即便有的话）像他这样，其国际声望在很大程度上要归功于他们在这一领域里所做的工作。不过，他的成就不容易描述和评估。一些人的热烈喝彩和另一些人的敌意都不难理解，但都不能严肃对待，因为在大多数情况下，二者的非科学来源都再明显不过。尽管给出一幅令人满意的图景，有几部次要作品和大量报纸文章不得不予以考虑，但我们大可不必超出《社会主义体系》《政治经济学教程》（尤其是第二章和第七章）和《普通社会学纲要》的范围。

我们不妨从帕累托社会学的两个十分明显且不难描述其特征的方面开始。第一，尽管经济学家帕累托在他漫长的一生中触及了大量极其具体而实际的问题，但他的纯科学贡献是在最抽象的经济逻辑领域。因此，完全可以理解的是，他应该体会过一种希望，实际上是一种需要，这就是，在他的纯理论旁边，再竖起另一幢建筑，它将庇护属于不同种类的事实和推理，这些事实和推理将有助于回答这样一个问题：如何能指望他的经济理论所处理的那些因素在实际生活中产生结果？第二，我们已经看到，在他的早年，至少是在他居住在意大利的那个时期，他就对关于经济政策和一般政策的争论表现出强烈的兴趣。像他这样一个天生的思想家，必定震惊于理性论证的无力，这必定迫使他想到这样一个问题：究竟是什么决定了政治行动及国家和文明的命运？另外，完全可以理解的是，一旦他沉下心来专注于思想生活，这个问题就会脱身于容易和肤浅答案的范畴——我们所有人在专注于日常工作的时候都很容易给出这样的答案——而且，他必定会尝试着把这个问题提升到科学分析的层面上。这相当于说，他的社会学基本上首先是政治过程的社会学。当然，当我们考虑这一政治过程接下来仅仅成为一个特例的时候，人们所做、所想、所感觉的每一件事情，以及他们的文化创造和他们对文化创造的态度，都必定要以某种方式出现。但正是这个特例，使帕累托为之痴迷，为了这个特例，他建造并装饰了一座更为庞大的建筑。

接下来，仍然在比较容易考查的范围内活动，我们应该考虑他的方法。帕累托本人再三强调，他只不过是把他在研究经济理论时所使用的"逻辑—实验"方法应用于分析社会生活的能够"用实验方法"检验的其他方面的现实，让他可以在这方面像在别的方面一样被物理科学的实例所指导。当然，这完全是一种妄想。例如，我们不难注意到，他大量（并且部分程度上是不合理地）利用了心理学的解释，而这些解释在物理科学中没有任何类似物，并且，他的材料事实上是观察的产物，而非实验的产物——从方法的角度看，这种差别是根本性的。我很遗憾地认为，当他试图构想他的程序规则时，他真正要强调的只不过是一个哲学家的超然态度，他不参与任何政党、利益集团或宗派。当然，这样一种超然态度的可能性，也带来了一个众所周知的根本性困难，帕累托并不那么适合克服这一困难，因为他没能看到这个困难。实际上，他使用了两种不

同的分析图式：一种可以称之为社会形态学，这导致他所使用的
事实至少潜在地容易受到观察材料的影响，类似于解剖学或生物
学的事实；另一种图式属于社会心理学。这两种图式实际上都被
历史的和当代的实例所说明，甚至在某种程度上被证实，但它们都
不是通过任何诸如"逻辑—实验"方法之类的东西从这些实例中推
导出来的：二者都是一种高度个人化的对社会过程的看法的反
映，这种看法在很大程度上要归功于帕累托的背景、实际经历，还
有他的怨恨。社会形态学图式与达尔文的物竞天择理论的相似
性，社会心理学图式与让·加布里埃尔·塔尔德（Jean Gabriel
Tarde）、涂尔干（Durkheim）、吕西安·列维-布留尔（Lucien Lévy-
Bruhl）及 Th. 雷布托（Th. Ribto）等人的部分学说的相似性，都显
而易见。这两种图式与我们在本文第一节所看到的那种对议会民
主的所作所为的贬损批评当中所表现出来的思潮之间的关系就更
加明显了——这种思潮是反智主义的、反实用主义的、反平均主义
的，并且，在这些术语所定义的特殊意义上[①]，也是反自由主义的。
尽管如此，但这个人的力量还是从这些材料中创造出了他自己所
特有的东西。[②]

社会形态学图式集中于这样一个论点，一切社会都包含大量
不同种类的成员——个人和家庭——而且是根据这些成员适用于
相关社会功能的才能来构建：在一个小偷的社会里，据推测，各种

[①] 这个限制性条件非常必要。"自由主义"这个词还有另外一些含义，其中一个含义用
来描述帕累托的立场比其他任何术语都更加恰当。同样，在某种意义上可以公正地
把他称为一个伟大的人道主义者。不过，这种意义并不是他用于"智力和意志力都
薄弱的堕落个体"身上的那种意义。

[②] 从相同的事实和相同的直觉出发，不同的人会得出完全不同的结论，注意到这一点
很有启发意义。格雷厄姆·沃拉斯（Graham Wallas）是个正统的英国激进主义者和
费边主义者。但在《政治中的人性》（*Human Nature in Politics*）中，他所描绘的图景
一点也不比帕累托的图景更讨好政治民主的口号。

不同的偷窃能力决定了社会等级,因此决定了其对这个社会的政府的影响力。帕累托似乎认为,这些能力,尽管可以改进或退化,但它们基本上是与生俱来的,虽说他没有做出什么努力来证明这些能力。此外,尽管这种能力连续地分布于全体人口当中,但它们导致了阶层的形成,"较高"阶层掌握并使用某些手段,以巩固他们的地位,并把自己与较低阶层分隔开来。结果,最低阶层中有一种积累更高能力的趋势,而这种能力原本一直受到阻遏,无法提升,而在最顶端的阶层中,在贵族或精英当中,有一种由于废弃而耗散能量的趋势——其结果是紧张的局面,以及占统治地位的少数最终被来自下层社会当中优秀分子的另一个统治少数所取代。然而,这种精英循环并不影响这样一个原则:占统治地位的总是某个少数派,也无助于使任何社会更接近于平等的理想,尽管在接下来的斗争过程中它产生了平均主义哲学或口号。帕累托以一种让人想起《共产党宣言》第一句的口吻,宣布:人类历史本质上是上层阶级轮替的历史(《政治经济学教程》,第 425 页)。但他对自己论证的这一部分的表述是如此粗略,他留给读者篡改的余地是如此之大,以至于我根本没有把握,我对他的思想所作的解读是否公正。尽管如此,我还是不得不做出这样的尝试。因为,为了正确地认识他的社会心理学,这样的论证是必要的。

社会心理学图式集中于非逻辑的(未必是不合逻辑的)行为的概念。这个概念承认一个众所周知——特别是在经济学家当中众所周知——的事实,即:我们的大部分日常行为并不是理性推理或理性地进行观察的结果,而只是习惯、冲动、责任感、模仿意愿等所导致的结果,尽管其中大多数行为允许观察者或行动者事后进行令人满意的合理化。到此为止,帕累托的社会心理学当中尚没有任何人都不熟悉的东西。然而,人们所不熟悉的,是他对一些补

149

充事实的极力强调：很多行为——我们不妨赶紧补充一句，还有信仰——都被行动者和观察者以经不起科学分析的方式给合理化了，更为重要的是，某些行为和信仰完全不能以任何经得起科学分析的方式加以合理化。如果我们继续第三步的话，这第二步对于政治过程的社会学的重要性就变得显而易见了，第三步是：帕累托认为，组成政治过程的大多数行为和信仰都属于最后提到的那种类型。不妨拿社会契约的观念作为我们所有人都同意的一个实例，或者拿卢梭的普遍意志理论作为我们大多数人都同意的一个实例。据帕累托说，在选民的集体心理中盛行的几乎所有行为、原则、信仰以及诸如此类，都属于同一种类。《普通社会学纲要》的大部分内容就是要说明这一点，他所说的常常令人发笑，有时候颇有启发。

强调这一点，甚至比帕累托本人更着重地强调这一点，将会有助于我们的目的。形成社会（特别是政治过程）的有意识表层的大量思想和概念结构，都没有任何经验的正确性。它们与诸如自由、民主、平等之类的东西一起发挥作用，而这些东西，就像《伊利亚特》（*Iliad*）中的那些分别为了希腊人和特洛伊人而战斗的众神一样，纯属子虚乌有的虚构，被一些习惯性地违背逻辑规则的推理联系在一起。换句话说，从逻辑的观点看，它们纯粹是胡说八道。这形成了一种政治哲学，最好是把它描述为跟边沁的政治哲学截然相反。然而，应该注意的是，对政治神话（乔治·索雷尔语）的这一诊断，并没有导致帕累托忽视这种逻辑胡说在国家生活中可能发挥的作用。在进行一番就性质而言属于严格实证主义的分析之后，他拒绝得出那种在实证主义者看来似乎显而易见的结论。一方面，政治信条和社会宗教——在帕累托看来，这二者并无多大差别——有助于瓦解正在消失的文明，另一方面，它们也有助于充满生机的文明中富有效率的组织和行动。对于一个彻头彻尾的实证主义者来说，这是一个非常古怪的姿态，将来的某个时候可以拿来（多半也会被引用）作为一个突出的例证，用来说明一个时代的心态，这个时代摧毁了一种类型的形而上学信仰，同时引入了另一种类型的形而上学信仰。它让我想到我曾经听到过的某些精神分析专家给患者的忠告，即：为了可能的疗效，建议患者培养一种假想的对上帝的信仰。当然，一方面认为社会与政治信条没有实验意义，另一方面承认其中某些内容有助于社会的凝聚力和效率，这二者之间并不存在什么矛盾。但社会哲学家如果因此而建议人们采用后者的话，他就会碰到我们的精神分析专家所遇到的同样的困难：只要他的分析被接受，他的建议就必定无效，因为，对于任何假想的上帝，你不可能相信他会提供什么帮助；而他的建议一旦被接受，他的分析就会遭到拒绝。

我们想象力的这一系列创造物，帕累托称之为派生物。上一段简略勾勒过的那个论点就足以表明：作为帮助塑造历史过程的因素，这些派生物并非无足轻重。然而，帕累托的观点是：其重要性相对较小，基本上，这些派生物只不过是用语言描述了某个更基本的东西，它更接近于决定实际的政治行为，以及一切非逻辑行为。如果我们从群体利益的角度来定义这个更基本的东西，或者接下来，如果我们从群体在社会生产组织内部的社会地位的角度来定义这些群体利益，那么，至少可以说，我们就非常接近于马克思对这个问题的看法了，在这一点上，实际上存在一种强烈的相似性，我认为强调这一相似性很重要。事实上，如果我们采用这一推理思路的话，那么，在马克思的政治社会学与帕累托的政治社会学之间，就只剩下两个主要的不同点。一方面，帕累托明确地引入了一个在马克思的分析中只是含蓄地提到过的因素：解释一段实际历史以及解释特定社会所表现出来的社会适应性程度的重要性。或者换句话说,就是下面这个事实的重要性:存在一种最适宜的或者说最高的灵活性,以及抵抗这种灵活性的阻力的重要性,跟其他东西比起来,这种阻力将会更好地保证那种可以称之为政治变革的稳定性的东西。另一方面,我们只须回忆一下我们对帕累托的社会形态学所作的概述,就可以认识到:在帕累托看来,历史过程与其说是社会阶级之间全面冲突的结果,不如说是其占统治地位的少数派之间冲突的结果。有人认为,尽管这两个差别都是帕累托社会学的功劳,但它们也只不过是对马克思图式的修正性改进而已。我可以补充这样一个事实:财产关系本身,在帕累托那里远不如在马克思那里那么引人注目,而且,这也是人们声称帕累托的分析更高一筹的理由。但我们不难看出,这一点确实包含在上述两点之中。

然而,实际上,帕累托并没有沿着这一分析路径穷追到底。在他那里,他称之为派生物的那套妄想与实际行为的客观决定因素之间的联系,由他所谓的"剩余"(résidus)来提供。我深知,如果我为了简洁起见而把这些剩余定义为那种跟人类如影随形的冲动,而且这种冲动还以不那么引人入胜的方式,复活了古老的"本能"心理学,那么这样做有不公正的危险。我们大可不必讨论帕累托拟定的那份清单——它包括诸如结合的本能、性冲动以及诸如此类的项目——尤其是因为帕累托本人对它似乎不是很满意。指出方法论上对于任何此类程序显而易见的反对意见也就足够了;即使帕累托的剩余以及它们的结合与持续的"规律"得到了比现在更加令人满意的分析,它们依然是问题的标签,而非问题的解答,要解决这些问题,需要专业的研究,而帕累托缺乏从事这种研究的工具。因此完全可以理解,帕累托的工作对专业的社会学和社会心理学所发挥的影响很小,而且,专业的社会学家和社会心理学家当中很少有人感觉到其整体结构的伟大。①

但这些缺点及其他一些缺点都不是决定性的。帕累托的工作不只是一项研究计划,而且,也不仅仅是分析。关于个人、群体和国家实际上所做的事情,必须在某种远比用来描述行为的信条和口号更加深刻的事物中寻找它的解释,这一基本原则传递了一个教训,这个教训正是现代人——尤其是我们经济学家——十分需要的。当我们讨论政策问题的时候,我们总是习惯于按照表面价值接受我们自己时代的(实际上还包括过去的)那些口号。我们进行论证,完全就像18世纪的边沁主义信条一直有效似的。我们拒绝承认政策就是政治,拒绝承认政治的本来面目。我们培养低劣的东西,并竭力压制拥有力量、迸发光彩的东西。在这样的情况下,帕累托的启示不管多么片面,都是一剂有益健康的解药。不像他的经济学,它不是一项第一流的技术成就。它是完全不同的东西。它是一次布道的尝试。

---

① 塔尔科特·帕森斯(Talcott Parsons)教授对帕累托社会学的分析,在英美社会学文献中几乎是独一无二的。

欧根·冯·庞巴维克[*]

Eugen von Böhm-Bawerk

(1851—1914)

* 本文最初以《欧根·冯·庞巴维克毕生的科学事业》为题，发表于《国民经济、社会政策与行政管理杂志》第 23 卷，1914 年，第 454—528 页，由赫伯特·K. 查森豪斯(Herbert K. Zassenhaus)博士删节并译成英文。查森豪斯博士曾在波恩大学师从熊彼特教授，后来在哈佛大学担任他的助理研究员，如今是科尔盖特大学经济学副教授。

如今,这位伟大的导师已经离开了我们。任何一个无论在私人关系上还是在科学事业上跟他过从甚密的人,都无法描述我们大家内心的沉重感。任何言辞都无法表达他对我们大家有多么重要,我们当中几乎没人愿意承认:从今往后,有一道密不透风的高墙,把我们和他,和他的忠告、他的鼓励、他的批评指导分隔开来——前面的漫漫长路,我们不得不在没有他的陪伴下走过。

　　对于勾画他毕生的科学事业这项任务,我担心自己心有余而力不足。或许,做这件事的时机尚未到来。这一巨大的观念群山距离我们依然太近,争论的尘雾依然太过浓密。因为他不仅是一个具有创造性思维的人,而且是一位战士——直到他生命的最后时刻,他依然是经济学领域一股鲜活而有效的力量。他的工作不属于一代人,不属于一个国家,而是属于全人类。只有当我们所有人全都离开这一领域很久之后,经济学家才会认识到他的天才及其全部影响力的真正分量。

　　或许,就某个方面而言,一个真心实意地从个人的立场上热爱他的人,最不适合这项工作。如果我能够以一种冷静客观的精神来书写他毕生的事业,或者,如果本文的读者从中只能找到忠诚的颂词和哀悼的纪念,那么,我确实应该深感遗憾。作为一个无限丰富的人,作为一个贡献甚多因而生活对他的回馈也甚多的人,同样,作为一个思想者,庞巴维克既不需要前者,也不需要后者——他的伟大足以使他傲然独立,经得住一切批评。但对我们来说,任何其他的态度都是不可能的。

尽管如此,试图如此近距离地匆忙勾画出一个大致的轮廓,也有它的优点。其理由在于,尽管很多东西的决定性意义至今悬而未决,但也有很多东西在我们的记忆里依然鲜活,这些东西将会从我们这门科学的历史学家手里溜走,消失于过去的微茫暮色里。我们熟悉这个人,熟悉他工作的具体情境,他为之而书写的那个世界,他的问题呈现在他面前的方式,以及他所浇铸的材料。所有这一切,那些接近他的人知道得最清楚。高处不胜寒;任何科学,都有一段空隙把它的现在跟它最近的过去分隔开来,这段空隙总是迅速扩大;更广泛的科学同人圈子很快就会无法弄清很多细节,而这些细节,对于更透彻的理解来说是不可或缺的。

我只谈作为科学家的庞巴维克。不过,其人的轮廓到处都是一样的——在他生活的宽阔轨道所包含的一切领域,他的脉搏的强有力的跳动都曾留下标记。在所有这些领域,我们都遇到过同样杰出的人格,同样巨大而有力的形象——不管我们从哪个角度看,这尊雕像似乎都是用同一种金属铸造的。正如众所周知的那样,他不仅是他那个时代科学生活中最杰出的人物之一,而且是一个最罕见的政治家的榜样,是一位伟大的财政大臣。他的名字,密不可分地连接着富有成效的立法,连接着奥地利最优良的财政管理传统,连接着奥地利财政政策最伟大的成功和最恰当的时期。他的政治功绩带有与他的科学工作一样的印记。作为一个科学家,他在最困难的环境下选择了最困难的任务,而不考虑是否能赢得喝彩或成功。作为一个公务员,他勇敢地面对最困难、最不讨好的政治任务:捍卫稳健的财政原则——到处碰到困难,到处不讨好,即使在消息灵通的公共舆论保护这位政治家的地方,即使在他得益于强有力的政党组织支持的地方,即使在公众的理想就是国家的理想,因此"国家需要"这句口号始终是一位胜利盟友的地方,也是如此——但这项任务在奥地利几乎是超出了人类的能力。帮助他在政治活动中像在科学研究中一样赢得胜利的,正是同样的高超能力,同样的对现实与可能性的清晰洞察,同样的源源不断的活力(这种活力符合任何任务的需要,能克服当时的一切障碍,从不勉强、不怀疑、不丧失力量),同样的冷静,以及同样锋利的手术刀——因为这位伟大的争论者也是一位可怕的辩论家,很多对手都给予他最高的敬意,那种怯于向他挑战的敬意。在政治活动和科学工作中,同样的品格证明了其内在气质,同样的自制和专注,同样的高度责任感(这种责任感给下属和弟子都留下了深刻的印象),同样的洞察力(能够看穿人和事,而没有悲观主义者的冷漠超然),战斗而不怨恨,克己而不软弱——坚持简单而宏大的人生规划。因此,他的一生是一个完好的整体,是这样一种人格的表达:它与自身相一致,从不迷失自我,处处以自身的分量证明自己的优越而毫不做作——简直是一件艺术品,一种无穷的、温柔的、矜持的和高度个人化的魅力,给它朴素的线条增光添彩。

一

　　庞巴维克毕生的科学事业形成了一个统一的整体。就像在一部优秀的戏剧中每行台词都推进剧情一样,庞巴维克的每句话也都是一个活生生的有机体中的一个细胞,是脑子里带着勾勒清晰的目标而写下的。没有浪费,没有犹豫,没有偏离,而是冷静地放弃一些次要的和仅仅是瞬间的成功。那些凭一时冲动而写下的短章(它们在一个普通作者的一生中扮演了如此重要的角色),即那些纯属外界刺激的产物、实际上空洞无物的作品，只不过是零零碎碎为报刊所写的短文而已。而且，就连这些报纸短文也很有特色。它们总是服务于一个明确而清晰的目的，绝不仅仅是文学或科学的游戏笔墨。这个被一项伟大任务所推动、充满了鲜活创造力的人，他充分的优越性就此呈现在我们的面前；这种优越性就是清晰、冷静的头脑，出于知识分子的责任感而放弃了很多短暂的娱乐。这一综合计划圆满完成了。他毕生的事业，完美地摆在我们的面前。关于他的启示的性质，不会有任何怀疑。

很少人像他那样知道自己要做什么，这就是他所做的事情为什么这么容易阐述的原因。他是个理论家，天生就有能力关注——并解释——重大的关系；本能地但也是牢固地抓住了逻辑必然性的线索；体验到了逻辑工作最私密的喜悦。同时他还是一个创造者，一个思想的建筑师，那些五花八门、种类繁多的一系列小任务，比如，向任何人提供科学生活的课程，都不能让他满足。诚然，他是经济学领域曾经有过的最伟大的批评家。但他的批评工作，以其才华、范围及一丝不苟而著称，却只不过是为他清除前进道路上的障碍，为了支持他真正的工作；它本身绝不是目的，充其量只是一项辅助任务。

这位才智超群的人刚一开始专心研究社会经济过程——此事大约是在他24岁的时候发生的——他便迅速决定选择卡尔·门格尔作为他的出发点。他一直觉得自己是门格尔的同盟者，从未想要创立一个不同的科学学派。他的路径首先是穿过门格尔建立的结构，然后继续穿过一片地带，一些尚未解决的最大的经济学难题就位于这片地带，最后登上新的高峰——在那里，他最终把自己的新观念与门格尔的学说结合起来，形成了一个前后一致的结构，形成了一套综合性的经济过程理论。对这一结构的苦心经营,他给予了持续不断的关注,投入了自己全部的闪光才华和非凡活力。他竭尽全力研究这一问题,成了古往今来五六个最伟大的经济学家之一。他给我们留下了一套包罗万象的经济过程理论——它是经济生活的伟大分析之一,其规模与古典主义和马克思相当——它是在门格尔的基础上构想出来的,从一个在他看来似乎一直没有得到解决的问题发展而来。这就是利息的问题,是资本纯收益的问题,它是经济学中最困难、最重要的问题。它的困难——虽说不容易向广大公众说清楚,解释一个如此常见的现象为何这般错综复杂——被下面这个事实所证明:经济学家们几个世纪的工作也没有拿出一个令人满意的解答。它的重要源自下面这个事实:我们对于资本主义的性质和意义的几乎一切构想,以及对它的整体态度,都取决于我们如何看待资本和利润的意义和功能。在庞巴维克之前,只有马克思清楚地理解这一点。因为马克思的体系就其科学核心而言,只不过是关于利息和利润的理论——其他的一切都或多或少是由此推导出来的。

　　庞巴维克所处的科学环境,仅次于他的性情气质,是理解他的主观成就及其客观形式的第二要素。这一环境,对于视野阔阔的科学家来说,对于一个有着李嘉图的智力印记的人来说,尤其是对于一个天生气质就是精密理论家的人来说,并不有利。门格尔那坚定刚毅的形象,在一大群对手当中傲然独立。人们对分析性研究的目的完全缺乏理解。要理解这一点,你必须记住,经济学是一门非常年轻的学科,几乎还没有脱下它的开裆裤;它只经历了一次真正的繁花盛开,而且不是在德国;老天爷赋予庞巴维克的那种分析性的思维倾向,在德国还从未站稳脚跟,一直显得很陌生,因此不受欢迎。你必须记住,德国经济学家的兴趣一直集中在社会改革上,完全集中在实际问题上,集中在管理技术的问题上,而且,纯粹的科学兴趣,就算存在的话,也是专门关注经济史。完全没有理论家的容身之地;大多数经济专家都缺乏理论训练,不仅无法评价带有分析性质的成就,而且带着偏见和厌恶看待它们,甚至不能对一套理论的逻辑一致性形成独立的看法,更不要说领悟它的重要性,或判断其作者的主观智力成就了。

只有记住了所有这一切,并且熟悉了每一次抽象思维努力所遇到的所有恰到好处的词语,你才能理解那些有理论头脑的人的处境,以及他们的很多行为——在另外的情况下,这件事情在从事精密科学的人看来常常有些奇怪。这解释了很多论战,解释了在任何分析的道路上,为什么每一步都遇到障碍,解释了在论证的每一个新的转折点上,为什么必须从手头问题的最基本的方面开始——否则的话,几乎没有多少读者能跟得上——这还解释了为什么要牺牲对细节的精练。在那个时候——实际上从某种程度上讲甚至今天也一样——每个理论家都只能靠自己,而且总是处在被误解的危险中;他不得不打造其建筑物上的一砖一瓦,在读者身上,他所能指望的,只能是常常十分危险的误解倾向。更幸运的未来很快就会忘掉所有这一切。今天的精密科学家多半已经完全不能想象自己处在这样的境地,比方说,一个数学家,在解决变分法的问题之前,竟然要首先在算术原理上取得读者的同意。把这一切记录下来,让未来的人脑子里对此有一个印象,这就是同时代人的任务,他们距离这一时期甚近,足以理解它。对经济学领域所有的伟大战士和改革者,要想有一个公正的历史评价,这是一个必不可少的因素,也是理解他们的一个必要条件。评价该领域先驱的人,常常忘记他们是最早的拓荒者,忘记评价者正是站在他们的肩膀上。

　　庞巴维克的成功来之不易。长期以来,他都不如同行们那么成功,而同行们的成就跟他的成就比起来,就是用透视设备,顶多也只能刚刚看得见而已。的确,在他提交他的主要问题的解决办法之前,他首先要向科学界表明,这个问题的性质是什么——实际上,还要向很多人表明,确实存在这样一个问题;他不得不在一场旷日持久的论战中捍卫其体系的基础;他发现自己面对的是这样一些反对者:他们认为,抽象地研究一组孤立的事实,这样的事情从方法论上讲是不可能的。既没有一个志同道合的学者所组成的小圈子,长期以来也不存在把一群科学家吸引到自己周围或训练本门弟子的可能性。更加令人印象深刻的是结果。他仅仅凭借自己的书面论证的力量实现了这一结果,而没有追求文学上的成功,没有求助于公共舆论,没有媒体大战,没有学院政治——也就是说,没有借助于那些缺乏最高理想的学术事业通常使用的任何一种手段,尽管我们必须承认,这些手段有时候是必需的、合理的——并且没有引发怨恨,也没有参与个人间的意气之争。

　　然而,作为一个学术流派领袖所进行的安静而富有成果的教学活动,仅仅在 1904—1914 年,也就是在他担任三届奥地利财政大臣之后,对他来说才成为可能。因为,在 1880 至 1889 年间,因斯布鲁克的学术环境太过狭窄,使他无法培养以理论经济学这一特殊领域为毕生事业的弟子。特别是在法律系,学生们的方向基本上倾向于法学研究,情况就更加如此。担任维也纳大学名誉教授的那段时间,对他来说是一个从事实际活动的时期,这样的活动尽管没有完全占据他的头脑,但依然极大地消耗了他的精力。只是在 1904 年之后,他才开始着手让我们大家没齿难忘的那种活动,并开始主持夏季学期的系列研讨班。

二

　　我已经说明了庞巴维克的科学目标，并把这一目标的特征描绘为对社会经济过程的一般形式的分析。现在，在开始讨论他的个别成就之前，我们不妨简短地回顾一下他完成任务的方法。这样一来，计划的统一性及实现计划的一致性就清晰地凸显出来了。

　　展现在他眼前的社会经济过程的全景，其所依据的原则像物理学的伟大原理一样简单。像后者一样，它们也可以在寥寥几页的篇幅里展开，如果必要的话，一页篇幅也行。不过，对这样一种阐述，任何人都无须做太多的事情，因为，还是像物理学的基本原理一样，只有在经验世界的细节灌木丛里，它们才能获得丰富的成果，甚至获得其真正的意义。庞巴维克那个时代的经济学缺乏共识，他发现，他必须把自己所使用的每一个假设和方法，及其论证链条中的每一个环节，都悉数呈现给公众，为清理构建其体系大厦的地基，前进道路上的每一步都必须战斗。此外，这一体系包含很多困难和颇有争议的观念，尤其是那些跟他的主要课题（利息和利润问题）有关的观念。除了需要增强他从门格尔那里继承来的基本原理之外，还有20多个利息理论方面的尝试需要清理，这项工作不仅对于他争取听众是必要的，而且为了证明这些尝试的不充分，其本身就算得上是一项颇为重要的成就，也是他的实证理论的前提条件。

　　就连最简单的基本概念也出现了一些困难。对于创造性的科学家来说，定义倒是个次要问题。新的见解起初仅仅是出现；它们突然之间就出现了，没有一个人知道它们来自何方，也没人知道它们如何到达这里。只有在应用它们的时候,定义才成为必要,接下来,在描述它们的时候当然也是如此。庞巴维克使自己卷入了后一项任务,一头扎进了那场关于经济物品概念的古老争论。他出版的第一部著作《从国民经济商品学的观点来看权利与经济的关系》(*Rechte und Verhältnisse vom Standpunkte der volkswirtschaftlichen Güterlehre*,因斯布鲁克,1881),就是着手解决这个问题。庞巴维克以他特有的细心和清晰解决这个问题之后,在实际构建他的体系之前,他不得不面临两项主要任务。任何经济学体系最基本的解释原理始终是价值理论。经济理论关注那些从价值方面来表达的事实,价值不仅是经济世界的原动力,也是使得经济现象可以比较、可以计量的形式。理论家对经济世界的看法,取决于他对价值的看法——而且在这里,一个牢固的基础是必不可少的。第二项准备工作涉及利息和利润理论:灌木丛必须清理,而且必须证明,这里有一个尚没有解决的大问题。

至于其中的第一项任务,问题是要捍卫和详细阐述门格尔的学说。在1886年的两篇论文中[《康拉德年鉴》(*Conrads Jahrbücher*),新系列,第13卷],他发表了对价值理论的精湛阐释(《经济财物价值理论纲要》),这一成就只会随着经济科学的消亡而消亡。他用这篇文章为自己的实证理论铺平了道路,在新一代的理论经济学的创始人当中为自己赢得了一席之地。从那时到现在,他的名字就密不可分地跟边际效用理论联系在一起,以至于追随者和反对者都开始说到"庞巴维克价值理论"。在这些论文中,他实际上使这一理论成为他自己的理论,正像维塞尔曾经做过的那样;因为,没有一个弟子能写出这样的文章。它们的原创性贡献有很多;我仅仅只提两点。他赋予价格理论以奥地利所特有的形式——与门格尔的学说在世界上的其他地区所采取的形式有所差异。对财政估算问题，他提出了自己的解决办法，不同于门格尔和维塞尔的办法，关于这一点，我们稍后还要说到。

庞巴维克依然是主观价值理论的一个警惕而强有力的保护者，为它打了很多场胜仗。这件事也是他毕生事业的组成部分，否则的话，这一事业在基础上依然不牢固，在细节上依然不完备。他不允许任何阵地在没有得到增强的情况下继续存在，他觉得不得不通过不断地重新研究，来消除任何可能的理论疑问，这些只不过是其性格的逻辑结果而已。任何具有创造性思维的人，都不喜欢反复讨论那些已经得到满意解决的问题。但是，如果我们不占有这场论战的成就，那么我们就更可怜了，这些成就，在经济学文献中无出其右者，也是名副其实的分析工具的武器库。

当《经济财物价值理论纲要》出版的时候，作者的第二项准备工作已经为他的声望奠定了基础，这项工作的成果，是作为他的代表作《资本与利息》（*Kapital und Kapitalzins*）的第一卷出版的，题为《资本利息理论的历史与批评》（*Geschichte und Kritik der Kapitalzinstheorien*，因斯布鲁克，1884）——经济学当中最伟大的批评著作。它立即被人们所认可，随着时间的推移，他的专业同行们公开表达的喝彩与赞赏越来越频繁，但是，跟这部著作的深远影响所赢得的没有说出来的敬意相比，这样的喝彩与赞赏就显得微不足道了。它是一块创造性分析的纪念碑和经济科学发展道路上的里程碑，这部著作提供了一系列关于利息理论的批评文章，每一篇都是一件理论的艺术品陈列柜，每一件艺术品都完美得无与伦比。这本书并没有描述每一种理论赖以产生的社会和历史环境，也没有任何哲学的装饰品或替代诠释的综合的东西。就连其中心主题所在领域的思想史也居于次要的位置。作者把自己局限于多个可能的任务之一：他集中于一个接一个利息理论，在每一种情况下都仅仅只考虑它的本质内容。他用精湛的完美技巧来重新阐述这一内容,用坚定果敢的眼光来评估它的基本要点,只使用很少的却是决定性的论证。他以最小的努力,遵循最直接的可能路线,并以最优雅的简洁,快速处理一个接一个理论;而且——在小心翼翼地揭示失败的原因之后——他继续沿着自己的道路前进,不少说一句话,也不多说一句话。如果你想学会如何牢牢地抓住本质内容,如何忽略不相关的内容,没有比这本书更好的了。

在如此系统化地、如此认真负责地做好了一切准备之后,接下来,他出版了《资本与利息》的第二卷《资本实证论》[*Die Positive Theorie des Kapitals*,序言所署的日期是 1888 年 11 月,1889 年出版,威廉·斯马特(William Smart)的英译本出版于 1891 年]。尽管就标题而言似乎暗示了它的内容更狭窄,但正如我们已经指出的那样,这本书是对经济过程的综合分析,是他毕生的工作,是他的努力所创造出来的最个人化的产品。不管未来几代人对他的思想链条中的个别环节持有何种观点,他们也不能不赞佩这个宏大的设计,以及整个作品蔚为壮观的蓬勃活力。在任何情况下都可以肯定,这是向着经济学所允许的最大高度攀登的一次努力,而且,其成就实际达到了这样一种高度:在那里,只能找到少数几座高峰。我总是忍不住要把他跟马克思相比较。这看上去似乎很古怪,但这只是因为马克思的名字始终被政治热情所包围,因为他的体系被一种完全不同的气质赋予了活力。马克思的名字与社会运动及其用语密不可分,这显示了他的为人,并使得他对非常广泛的公众来说变得很有意义,但是也遮蔽了他真正的科学成就。所有这些都跟庞巴维克无缘。他只想做一个科学家。他的园子里没有一片树叶被政治的暴风骤雨所搅动。他没有一句话损害其科学思想的流动。而且,他总是回避社会学的背景,考虑到我们这门学科的现状,这样的背景原本会让很多不了解经济学的人接受这项基础性的、艰苦的智力劳动。他的工作没有提供通俗讲坛,使他可以对平民大众讲话,除了其线条的古典形式及其内在的完美之外,没有任何装饰——这一成果来自他放弃了一切可能会使他远离问题核心的事物,他的眼睛一直认真而固定地紧盯着问题的核心。然而,马克思与庞巴维克之间尽管有很多不同——他们的生活,他们的信念,因此还有他们工作的很多方面——但作为理论家,他们之间的相似之处是显而易见的。首先,作为科学家他们都有同样的目标。其次,有一组类似的时代环境和学科现状,还有一个类似的信念,这就是确信利息和利润问题具有压倒一切的重要性,这一信念迫使他们都明确地把这个问题作为他们分析社会经济过程的方向。为了自己的分析他们各自从别人那里借用了基本观念——门格尔之于庞巴维克,正如李嘉图之于马克思。他们用类似的方法工作,以类似的步伐前进。他们各自创立了一幢大厦,它们的宏伟庄严,在下面这个事实中得到了最好的表达:任何批评,不管针对具体的批评对象多么有效,但无损于整体的重要性。

但是,《资本实证论》给科学界的第一印象,不如这部著作的批评部分那么深刻,它只是慢慢地在经济思想的土壤里扎下根来。这在部分程度上是必然的。一个像庞巴维克的《资本实证论》那样强有力的有机体,其内在的机制只有在经过长期研究之后才能充分理解,而且,非理论家完全不能掌握,它迫使专家(尤其是在1889年)习惯于在一个全新的观念世界里工作。由于这个原因,它只是在最开始的时候才十分难懂。即使在今天,很多赞佩他的人依然认为它的地位次于他的其他作品,尤其是次于《历史与批评》;而这一领域很多专家的判断则纠缠于一些次要的细节。尽管在今天依然有太多的人并不清楚这本书的伟大,但无论如何,它已经成了一部权威著作,任何一个打算从事理论工作的人都绕不开它。它应该放在任何理论家的工具箱里,它已经成了我们时代最成功的原创性贡献。

第二版(1902年)是第一版原封不动的重印。不过,在1904至1909年,庞巴维克的全部精力都投入了重新"彻底思考整个工作",在"五年的艰苦劳作"之后,他的体系中"没有留下一个折页"未经检验(参见第三版序言),他再一次把它呈递给公众,其基本内容无须更改。然而,这个版本是一部新书:只有少数几节完全没有修订,几乎所有章节都扩充了,有很多重要的补充。此外,几年的自我批评,使他想要彻底讨论很多问题,比正文中可能做到的更加彻底。因此,除了两篇附录之外,他还增加了12篇"附记"。尽管它们起初都是正文和批评性注释的扩充,但其中有很多都是独立成篇的专论。它们使这本书成为经济理论的纲要,可以说,这样一来,他才得以完成自己毕生的工作。

然而,最后一项工作并没有添加到这本书中,虽说他已经计划了很长时间。他在自己的最后一篇论文《权力,还是经济规律?》中向我们展示了这项工作。他经常遇到这样一句口号:一般意义上的经济过程,以及特殊意义上的社会产品的分配,都不是由纯经济的价值现象所决定,而是由各个阶级的社会力量所决定。这仅仅是一句口号而已,但被人们广泛地信奉——在经济学领域里,我们无法低估口号的作用。而且,这里确实有一个真问题,一个他不得不有所主张的问题,只要他想确保自己体系的坚固可靠。这一点他做了,同时还分析了工资理论的一些重要问题。对我们来说,这篇论文之所以重要,还因为其中包含了很多线索,暗示了进一步的研究应该朝什么方向走,暗示了无数的细节问题,它们的轮廓迄今尚潜藏在遥远未来的迷蒙薄雾里。

还有一篇论文,也属于这个整体工作计划,在这个计划之外,只有几种我们马上就会提到的出版物。这篇论文的内在意义,源自他的科学努力与马克思的科学努力的类似。这就是他在《资本论》第三卷出版之后,为纪念卡尔·克尼斯(Karl Knies)而出版的对马克思的评论,题为《马克思体系的终结》(*Zum Abschluss des Marxschen Systems*,柏林,1896;俄译本,圣彼得堡,1897;英译本,伦敦,1898)。马克思有数不清的批评者和辩护者——比几乎其他任何理论家都要多,虽说庞巴维克如今或许可以与之相当——但其中大多数人都患有两个毛病之一。要么,他们的主要兴趣在马克思作品的科学核心之外,他们逃入了与核心观点毫不相干的问题中——历史的、政治的、哲学的,以及诸如此类;要么,他们并不充分胜任评论马克思及其著作。这就是庞巴维克的批评之所以重要的原因:他抓住了问题的核心,而且只抓核心,每一行字都表明他是大师;批评对象的伟大衡量了批评者的伟大。这就是为什么这篇批评在庞巴维克作品的全景中占有一个突出位置的原因;这就是为什么就马克思体系的理论内容来说,它永远是对马克思的批评的原因。然而,我不能更详细地考量它了。

三

如果我们遵循 F. W. 奥斯特瓦尔德(F. W. Ostwald)的分类法,那就不得不把庞巴维克称作典型的"古典派"。这个称呼适合他的写作风格;他的风格直来直去、朴实无华,而且颇有节制。作者让主题自己说话,而不拿他自己的烟花爆竹来分散我们的注意力。文体那强大的审美吸引力,无疑就在于此——它强调基础观念的逻辑形式,恰到好处,但不引人注目。然而,他的风格非常个人化,他的任何句子,不管伴随着什么出现,都可以一眼认出来,因为他的句法全都很有规律。他的句子——犹如切割得很漂亮的大理石块——往往很长,但绝不紊乱。稍稍能感觉到公务语言和行政语言的影响,甚至能感觉到司法形式的风格和措辞。但这丝毫没有什么妨碍。正相反,它证明公务语言也有它的风格特色,在高手笔下并非没有它们的效果。他的阐述,其措辞和"火候"总是根据场合而随机应变:在论证发展的过程中深思而冷静,在决定性的段落和摘要中充满活力和辛辣。作者拒绝遮蔽他的阐释结构,停顿非常明显。不存在文字游戏。很少有那种在他的私人接触中经常出现的晤谈甚欢的氛围——对这种氛围,我不知道还有什么比"打趣"更好的说法。但是,在最严格谨慎的范围之内,其措辞经常达到了修辞的效果,他常常能找到恰当的措辞,并创造出令人难忘的词语或表达方式。

四

寥寥数语便足以描述其方法论立场的特征。庞巴维克的工作方法,在他手里被证明拥有如此非凡的力量,这一方法被他的问题的性质和他的性情气质所决定。他的问题将描述那些在任何经济体系(不管什么时代、什么国家)中都会表现出来的最一般的规律。此类规律在任何时间和任何地方的存在,都源于经济活动的本质,以及制约经济活动的客观需要。这个问题所提出的任务因此明显是分析性质的。也就是说,不再有专门搜集事实的任务——正如经验所表明的那样,经济生活中相关的基本事实都很简单,而且从实际经验来看我们都很熟悉,它们到处重复出现,尽管形式多有不同。无论如何,在消化这些事实并揭示其含义这项任务的面前,搜集事实的工作就要退居其次了。除非在精神上与我们感兴趣的经验因素相隔离,并把很多不相干的问题抽离出来,否则,前面这项任务就不可能完成。诚然,这样得出的理论是抽象的,有很多假说的裂缝把它跟当下的现实分隔开来,就像任何理论一样;但它像物理学理论一样实际,一样以实验为依据。当然,如果问题是应用这样的理论,或者是具体而详细的调查,那么,重新系统化地搜集事实材料也是必不可少的。但由于庞巴维克的问题是要勾画经济过程内在逻辑的巨大轮廓,并且,由于他既不操心应用,也不涉及详细的经验主义调查,因此,他的方法是理论分析的方法,是精确思考的方法。他的个人气质也指向同样的方向。

他的兴趣在于问题和结果,而不在于方法的讨论。一个天生的科学家,每一个实际案例中每一组问题在方法论上的需要,对他来说是理所当然的事,对方法进行一般研究不符合他的口味。他只是偶尔写一点关于方法问题的东西,就他在最初两个可以说是处理方法论问题的地方①所表达的观点来看,毫无疑问,他的看法是:"少写或不写方法问题,而是更加精力充沛地使用一切可以使用的方法来工作。"在他当选国际社会学学会主席的时候,他在第三本著作中就方法论问题对一群法国社会学家(该协会的成员)提出了警告。这些话发表于《国际社会学杂志》(*Revue Internationale de Sociologie*,第 20 年度,1912),题为《关于一个老问题的几点不太新的意见》。这篇文章以冷静而适度的诚挚和优美的形式写成,别的方面也有值得注意之处——尤其是那个颇有分量的、极其恰当

---

① 即:1.《资本实证论》第一版序言。2.《论政治学与社会学的文献史》,载《康拉德年鉴》,第 20 卷,1890 年。

的警告：如果社会学不尽快找到它的李嘉图，将不可避免地产生它的傅立叶。最后，在《资本实证论》第三版中增加的"价格理论的任务"一章中，有一节关于方法论的内容，在这一节中，他与那些否认一般价格理论可能性的德国理论家展开了争论。

所有这些著述，都有一个明确的防守目的；它们并不是为了它们自身而写，也不打算成为认识论的研究。这个主要关注结果的人，没有时间用在这些事情上。他对别人乐在其中的那种对措辞和形式的精雕细琢毫无兴趣，这可以从他在经济学史中的地位得到解释。他是这一领域的拓荒者之一，对于这些拓荒者来说，他们所研究问题的本质才是唯一要紧的东西，他们可以而且必须把"精雕细琢"的工作留给后继者。他是建筑师，而不是一个室内装饰师，是科学的开路人，而不是一个沙龙科学家。因此，对于一个人是否真的能说出前因后果，还是只能说出功能关系，他并不十分操心。因此，在严格说来只能说无穷小量的地方，他偶尔会说相对较小的量。因此，他毫无差别地使用边际效用这一术语，既用来指称微分系数，也用来表示该系数与某一数量元素的乘积。因此，他没能详尽无遗地定义效用函数的形式特征，在他看来，效用函数就像是一系列不连续的效用等级。因此，特别是他的价格理论，跟洛桑学派的价格理论比起来，就像是古老的条顿人跟路易十五的朝臣相比一样。关于函数形式的假说，他是用列表数例的形式来表示的。但所有这一切，实际上都不要紧。将来会有人进行必要的打磨。对他来说，至关重要的是基本原理，而且，这些原理他用自己的方法比用其他方法发展得更好、更有效率。他的价格理论依然是我们所拥有的最好的价格理论，它最好地回答了所有的基本问题和所有的基本困难。

就这一点而论，他对社会学的态度尤其典型。部分出于耕种新垦荒地的需要,部分为了遵循阻力最小的路线,经济学家们蜂拥着进入了社会学领域,这次科研人力资源的大放血,在很大程度上解释了德国经济学的现状。庞巴维克没有卷入这股潮流;他只想做个经济学家。而且,作为一个经济学家,当他注意到姐妹学科(就方法和内容而言,这些学科远在经济学之下,就像经济学远在自然科学之下一样)从经济学这里抢走了这么多人才,并带来了新闻业的写作风格(在所有缺乏一个训练有素的专家意见团体的学科,这种写作风格都发展得太快),他不由得对本学科的进步感到担心。他太彻底了,以至于不可能充分认识到这些刺激中的补偿,这些刺激也不能不影响到经济学领域,而且,作为结果,他一辈子都是他那个时代各种社会学学派的陌路人。他深知,任何一个严肃对待真正成就的人,都必须把自己局限于一个狭窄的领域之内,并且,面对公众指责他是个只精通一门学科的专家,他必须甘心受之,而不要心虚胆怯、神经兮兮地从一个学科滑向另一个学科。

到这里,应该提到下面这个事实:他几乎从不参与当下问题的讨论。他一直远离任何政治立场,他的工作不属于任何党派。实际上,他解决了很多当前问题,处理了很多大的实际问题,但作为一个科学家,据我所知,他只有一次写过关于"实际"问题的东西〔发表于 1914 年 1 月 6 日、8 日和 9 日《新自由报》(*Neue Freie Presse*)上的三篇文章,总题为《我们的贸易逆差》〕。这里他显示出自己是此类讨论的大师。"货币流量的威胁,即使真有无效的时候,但在大多数情况下也会有着实际货币流量所产生的同样的效果。""收支平衡发号施令,贸易平衡垂首听命,而不是反过来。""据说,而且多半是真的,我国有很多人寅吃卯粮。但可以肯定的是,一段时间以来,我们的很多公权部门一直是寅吃卯粮。""财政政策对我们来说一直是政治的替罪羊。"诸如此类。谁也不能否认作者对这种工作的兴趣、理解或卓越天分。然而，对于当下问题的讨论，他始终置身局外——为什么？这些讨论受制于实际问题，并且被听众的眼界所局限，经不住更长时间的论证，更深入的研究，以及更精密的方法。它们把科学束缚在通俗辩论的水平上——最近两百年来，这样的辩论一成不变。这些讨论针对的是"即时生产"，这种生产类似于没有机器的经济生产，仓促之中，没有给理论家留下喘气的时间，没有留下认真干正事的时间——充其量只能是对现有知识的应用。但这些讨论引人入胜，常常被政治激情的热度所点燃；因此，很多经济学家把他们的全部时间、大多数经济学家把他们的大部分时间耗在了这些讨论上。这是经济学领域的进展为什么如此缓慢的原因之一。庞巴维克为未来的世纪工作——眼下看来似乎是"玩智力游戏"的工作，到那时候或许可以指望结出实际的果实——而且，尽管有各种诱惑，但一切顺其自然，功过任人评说，他认识到，这就是自己的职责。

五

根据我们对他的著作所作的调查，有一点变得很清楚：他的经济学的结构，以及他全部的成就和观点，都可以通过更贴近地审视《资本实证论》，从而得到最清晰的揭示。现在，我将试着做这件事情。

只有少数几个严格意义上的理论经济学的问题，在这部著作中没有得到处理。在我看来，被遗漏的问题有如下几个：

1. 社会经济生活的基本过程可以通过一个孤立经济体的模型来证明。尽管有一种理论涵盖了各个经济体互相之间的关系，但它对于我们认识社会经济过程的本质并无帮助。由于庞巴维克所关注的正是这个本质，他总是研究孤立的经济体；而且，其作品的主体中找不到国际价值的理论，尽管上面所提到的1914年的三篇文章中包含了对这一理论的贡献。

2. 这些文章也包含了他对货币问题的几个简短的评论之一，即：数量理论中存在着真理的"不可毁灭的核心"。然而，他并没有拿出一套货币理论。在战胜了原始的金本位主义观念和重商主义观念之后，经济学几乎毫无异议地接受了这样一种看法：货币——经济的记账工具——仅仅是一块面纱，掩盖了一些根深蒂固的经济过程，而对它们的基本性质没有丝毫影响。庞巴维克也同意这个观点。

3. 《资本实证论》刻意不去触及一些专门化的研究，从理论上说，这些研究只不过是价格和分配理论的应用（税赋负担，垄断理论，政府干涉分配过程的理论，等等）。《权力，还是经济规律？》这篇文章——包含对"罢工是否能永久性地提高实际工资水平"这个问题的研究——就属于这一类，应该指出，作为应用经济学的一篇论文，它代表了奥地利学派最早的成就之一，是同类研究的典范。

4. 此外，《资本实证论》没有包含关于经济周期问题的任何内容。当我们考虑到庞巴维克唯一一次提到这个问题的时候〔那是在一篇关于伯格曼的《经济危机理论史》（*Geschichte der nationalökonomischen Krisentheorieen*）的评论，载《国民经济学杂志》（*Zeitschrift für Volkswirtschaft*），1896年〕，理由就变得很清楚了，他似乎持有这样的看法：经济危机既不是内生性的也不是千篇一律的经济现象，而是经济过程失调的结果，而这些失调基本上是偶然性的。

5. 经济理论的体内有一个外来的，却是自重商主义时代以来一直在蔓延的生长物,这就是所谓的"人口问题"。当然,在《资本实证论》中,或者说在庞巴维克的任何著作中,没有它的容身之地。然而,有趣的是,在《权力,还是经济规律?》这篇论文中,庞巴维克稍纵即逝地提到了这个问题,从而含蓄地把自己置于马尔萨斯信徒的行列。

然而,除了这些问题之外,正如我们已经指出的那样,《资本实证论》是对整个经济理论领域的阐释。价值、价格和分配是充当导航灯塔的三座山峰;其余的一切都围绕在它们的周围,其中包括资本理论。

社会学的架构仅仅是略有暗示;庞巴维克再三重复,他只研究经济过程的内在逻辑。然而,他相信,他所关注的基本要素已经足够强大,在任何实际情况下都可能让人们感觉到自己的存在。这些要素的确切界限问题,例如,阶级结构及其经济功能的问题,种族差异的影响,那种在很大程度上是现代经济学之根本的有理函数积分的由来,市场现象的起源和社会心理学——所有这一切都没有触及他的问题,对他来说只不过是对主题的背离。因此我们发现,一个经济体的成分只是被简单地分为工人、土地所有者、资本家和企业家几类,他们彼此之间的区别,取决于且仅仅取决于他们的经济功能。他无视他们之间的超经济关系,对他的研究目的来说,只有当人们是工人、土地所有者、资本家和企业家的时候,他们才有重要的关系——可以说,只有当他们作为他们各自立场的逻辑代表时才有关系。

首先,工人和土地所有者的特征就是他们各自的名称所表明的对生产要素的占有,就是他们的经济功能。要想让分配理论不被误解,就必须强调这一点:归根到底,从分配过程当中分得一杯羹的,并不是工人,同样也不是土地所有者(这一点十分重要),而是劳动和土地本身接受了这杯羹。因此,用庞巴维克在他最后的作品中颇为赞同地提到的美国人的表达方式来说,争论的焦点应该是"功能"分配,而不是"个人"分配;想在他的作品中寻找为这种收入分配"辩护"的任何倾向,都是极大的错误。

工人和土地所有者都是靠他们占有的生产资料所生产出来的东西维持生计。然而,他们并不是靠他们在任何特定时间正在生产的东西维持生计——他们当下的产品当然尚没有达到可以消费的程度——而是靠他们在此前某个时间所生产出来的产品维持生计。提供这些生活资料储备,正是资本家的功能——因此可以说,工人和土地所有者在任何时候、任何地方都是靠资本家预支给他们的垫付款来维持生计的。无论是现代资本主义经济体中的工人和土地所有者,还是原始社会挖掘树根的人和猎人,莫不如此。

在庞巴维克的理论图景中,企业家的形象并不突出。诚然,企业家作为管理者和投机者的作用倒是有所提及,但大多数时候是因为他们经常拥有但不必然拥有的特征而出现的,即资本家的特征,用自己的资本来运作的实业家的特征。

尽管现在可以得出像庞巴维克所构想的社会经济过程的主要特征,但资本的作用还需要更密切的关注。

庞巴维克的《资本实证论》就是从这个问题开始的。他不得不(在导言中)告诉我们的第一件事情,就是警告我们,要区分这个问题的两个截然不同的方面,无论是在通俗讨论中,还是在科学讨论中,把这两个方面混为一谈都是最为常见的错误之一,这两个方面是:资本作为生产资料的问题,以及资本作为纯收益来源的问题。最容易的事情,莫过于把这两者之间毫无疑问的关联看作利息理论本身,并简单地说:资本在生产中是必不可少的,并因此"生产"出纯收益,就像"樱桃树"这种生产资料"生产"出"樱桃"这种产品一样。这正是庞巴维克在一场毕生不倦的战斗中成功地从科学讨论中排除掉的根本错误之一，就这样，在颇有声望的经济学家的著作当中，几乎再也找不出这样一个幼稚的错误了。在其著作的一开始，庞巴维克就再次强调了这个问题，然后便转向作为资本的生产资料的理论。尽管我们总是忍不住试图详细描述其论证的逻辑之美，但在这里，只须这样说想必就足够了：庞巴维克是从研究生产过程的特性开始的，而且，《资本实证论》第一节的魅力——它所处理的问题如今很少有人讨论，要不是因为这种魅力的话恐怕引不起多大的兴趣——在于下面这个事实，它暗示了接下来所讨论内容的指导思想。

生产是一种物质转变，其目的是满足我们的需求。这个概念，古典经济学家并非不知道，但在他的论证过程中是第一个基准。如果劳动没有被直接用在那种可生产直接消费品的"转变"上，而是首先用于生产非消费品，再在它们的帮助下使得最终产品可以更有效率地生产出来，在这种情况下，投入相同的原始要素就能产出更大的总产量——也就是说，生产以迂回的方式进行——那么，上述目的就可以更完美地实现。这是其工作的第二个基准，亦即工具的经济哲学，或者按照通常的说法，是"生产出来的生产资料"的经济哲学，也是对它们的生产功能的定义。这一观念本身，既非真正的原创，也并不复杂，但依然只有庞巴维克对它进行了充分的阐述。只有他充分利用了它的理论意义，尤其是在处理时间要素的时候，而困扰经济过程分析结构的根本性困难，十之八九都源自时间要素。

作为它最重要的副产品，这一概念还产生了一个关于"资本主义"性质的概念。当然，我们在使用"资本主义"这一术语的时候，我们所设想的它的实体是各种极其不同解释的对象：不仅有科学的、政治的和道德的解释,而且在科学领域内部甚至也有不同的解释,产生于社会学、社会心理学、文化分析学和历史学。但对纯经济学来说,因此也是对庞巴维克来说,唯一重要的是资本主义的纯经济特征的问题。对这个问题,他的回答是:资本主义生产是"迂回"生产;它的对立面是直接生产——不使用"生产出来的生产资料"的生产,例如,原始狩猎。因此,资本"只不过是迂回生产方法的各个阶段所产生的中间产品的总量"。这实际上是一种理论,而并不仅仅是个定义,理解这一理论很重要。当然,它并不否认下面这个事实:现代经济与过去的经济体系有着重要的不同。同时它也不否认,在社会主义的经济体中——根据上述定义,其生产如今也是"资本主义的"——经济过程将会非常不同。但它认为,无论是科学,还是社会批评,它们赋予资本主义现象的所有特征,都跟资本主义生产过程的经济本质风马牛不相及。尤其是,一般意义上的生产资料中和特殊意义上的资本品中的私有财产,工薪劳动制度,为市场而生产,以及诸如此类,都与构成资本主义生产过程的那些事物的本质毫不相干。这一观点最重要的含义是:社会主义经济中也产生资本纯收益,当然,在社会主义经济中,资本纯收益不会落入私人的腰包——在任何情况下,从功能分配的观点看,这都是一个次要问题。因此,几乎所有生产过程都是"资本主义的"——它仅仅是一个或多或少的问题。

在这个节骨眼上,庞巴维克的论证停了下来,来考虑"资本的概念之争"。对他自己的资本定义来说,他对资本主义生产过程的看法是决定性的;尽管从同样的构想出发,他可以把某个别的东西称作资本,即消费品的供给——经济的生存资金,它是迂回生产方法的必要补充,因为它从这些迂回方法的生产力中取得利息的问题,而获得了其重要性。

在第二卷论述"作为生产资料的资本"的章节中,我们被领向了已经在第一卷第一节中宣布的那个结论:土地和劳动所提供的服务,是基本的、原始的生产要素,因此,资本从经济意义上讲是由这两者构成的,不可能是一个独立的要素。这一命题本身也很简单,甚至是不证自明的。而且,威廉·配第(William Petty)爵士之前就曾以最含蓄的形式,提出过这个命题。但没有人严肃地对待它;没有人认识到,在某些分析任务中,它可以充当一个有用的工具;简言之,没有人认识到它在理论上是有用的,或者说没有人认识到系统地利用它,并在它的帮助下获得深刻洞察和分析简化的可能性。经济思想史表明,有三个主要观点与它背道而驰:重农学派认为,一切经济物品归根到底都是从大自然中分得的一杯羹;古典学派认为,只存在劳动生产力;最后的观点,部分是古典学派的,但更多是他们的追随者的,他们宣布,资本是第三种独立的生产力。这些背离本身并不"错误"——就其各自的方式而言,它们完全正确——但是,它们要么导致无用的结论,要么得出幼稚的结论。重要的不是这些基本假说的"正确性";一个理论家的优点,在于他有能力从一大堆可能的、同样不成问题的、富有启发性的选项当中,有效地选择自己的出发点。庞巴维克的功绩就在于,他厘清了所有这些事情,并设想、选择和发展了一些假说,这些假说使我们能够最顺利地涉过所有浅滩,并产生最好的洞察和见解。尤其是,分配理论从土地和劳动服务的完全平行,再加上它们与资本的并列中,获得了它的典型特征。

接下来的步骤,是在处理时间要素时,决定性地使用迂回生产的观念。跟直接生产比起来,迂回生产能产出更多的最终产品,但那只是在更远的将来,它是"耗时的"。这两个要素的结合,时间要素的引入,以及不变资本的特征的观念,完全是原创性的。要公正评价它所代表的分析上的进步,你最好是简略地回顾一下李嘉图和马克思的观点。李嘉图和马克思一样,都把问题的焦点集中于不同产业生产周期的长短对他们的(劳动)价值理论的影响。两个人都试图表明——由于问题确实表现为不同的形式,所以方式上有所不同——这种影响根本无关紧要,并尽可能地压制对他们来说可能成为致命缺陷的那些东西。这两种要素的伟大综合,以及时间与附加报酬的分离与结合,使得提出一种一致的关于时间在生产中的作用的理论,并阐明其特有的双重作用成为可能。这导致了对经济过程的深入理解,以及更接近资本纯收益的问题。

据庞巴维克说,这一纯收益必定一方面是迂回生产的已经增长的技术生产力对价值形成所产生影响的结果,另一方面是其成果必然延迟的结果。那么,问题就仅仅是如何产生纯收益了。因此,有必要研究这两个事实必须适合的价值原理。

这实际上就是下一个步骤。但首先还有一些问题必须解决。作为这一原理(迂回生产有着使生产力不断增长的效果)的直接发展,庞巴维克提出了这样一个命题:生产周期的进一步延长,能够进一步增加(但增幅递减)最终产品的数量。对于那些在生产过程中使用了递增劳动量的商品,为了说出它们确切的生产周期,庞巴维克构想了"平均生产周期"的概念。很多有趣的暗示可以在这里提到——例如,对迂回生产这一概念的重要概括,以及由此引发的大量讨论——但我们必须略去这些不谈,同样也要略去"资本形成理论",或者更准确地说,是《资本实证论》第二卷最后一节中所论述的其更外在的部分。让我们仅仅强调它的核心:一个人节省消费品,并因此节省了生产资料,又因此而生产了资本品——这种观点最终把资本的形成跟储蓄过程紧密地联系在一起,然而并没有从这里推导出关于利息理论的任何东西——而这正是老的分析方法中颇为诱人的、经常犯的错误。

六

现在,我们不妨转向支撑庞巴维克结构的两根支柱当中的第二根——价值和价格理论(《资本实证论》第三卷),这一理论呈现出了一条完整的思想链条,就像我们刚才提到过的那条链条一样完整。我们稍后将考量这两根支柱所支撑的那幢建筑。

商品与被称作效用——并非没有误解的危险——的需求满足之间的一般关系,可以被归纳为对我们的经济行为来说有着重要意义的东西,当一定数量的某种商品成为满足某种需求的公认条件,否则就只能放弃这种满足时,我们就称之为价值(使用价值)。在给定的一般效用关系下,是否属于这种情况,取决于那个“一定数量”的大小与我们的需求之间的关系:除了效用之外,相对稀缺是价值出现的另一个条件。借助于需求类别(或需求方向)与需求强烈程度之间的区别,并经过对替代因素的仔细考量,庞巴维克得出了(在门格尔的意义上,类似地也是在维塞尔的意义上)当各类别之内需求“覆盖范围”递增时——也就是说,随着个人所占有的商品数量递增时——边际效用随之递减的规律,并解决了那个古老的价值悖论,即经济悖论。庞巴维克用下面这个命题阐述了这一结论:“商品价值的大小,取决于该商品可用总量所满足的需求当中某项最不重要的具体需求或部分需求的重要性。”

然后,庞巴维克转而对这个一般命题进行大量的详细阐述,并阐述了关于主观价值的很多特殊问题，为了解决这些问题，他使用了这样一个基本原理（称之为解决所有价值理论难题的"万能钥匙"）："对于从自己的观点来评估商品价值的个人，我们必须以双重的方式来看待他的经济状况。第一，设想一下这件商品添加到这个人所拥有的商品储备当中，并观察具体需求满足的标尺上能达到什么样的刻度。第二，设想一下从这个人的商品储备中取走这件商品，并再次度量需求满足标尺依然能达到怎样的刻度。然后，有一点就会变得很明显：现在，必定有某个层次的需求，即最低层次的需求，尚未得到满足；这一最低层次标示出了决定商品价值的边际效用。"在为很多特例而发展这一命题之后，庞巴维克便着手研究一个重要的实例：那些可以随心所欲地增加的商品的价值。根据这把"万能钥匙"，我们也是按照这些商品的丧失所导致满足度减少的比例来评估它们的价值的。好了，在这个实例中，这种减少被假定为由于放弃购买一定数量的商品所遭受的满足度的损失，而只要最初考虑购买的这种商品没有灭失，这一数量的商品原本是可以买到的。放弃的商品跟灭失的商品未必是同一种类，而且通常是不同的商品。因此，在这个实例中，我们是根据"替代效用"来评估价值——在这里，一个非常重要的原理被发现了。

它首先适用于可以任意再生产的商品的情况，也就是说，从整个经济的观点来看，几乎适用于所有商品。这种情况可以非常合乎逻辑地与具有一种以上用途的商品的情况合并起来。从这里出发，我们解决了"使用价值"与"交换价值"之间的差别问题。

这为处理"补充品"（门格尔）——也就是那些只有与其他商品结合才能产生满足的商品——的价值扫平了道路。一组补充品的价值，取决于它们联合创造的边际效用，难题在于由此得出其中个别商品的价值。为了解决这个难题，庞巴维克的规则如下："……整个一组商品的总价值——它取决于联合使用的边际效用——当中，可替代的成员商品被赋予它们先前所确定的价值[①]，剩下的——依据边际效用总量的不同而有所变化——都归到了不可替代的成员商品名下，作为它们各自的价值。"这个命题预示了现代理论的一项基本原则，在各个方面都能找到它无数的应用，尤其是在马歇尔赋予它的"替代原则"这一名号之下。

这一理论的另一项应用，是通向高峰的下一个步骤，从这个高度，能够以闳阔的视野洞察一个经济体内部最深处的运转。生产资料也是补充品，但它们的价值并非直接决定：我们仅仅因为它们以某种方式带来消费品才赋予它们以价值，因此，从主观价值理论的观点看，它们的价值只能来自这些消费品的价值。然而，总是有很多生产要素参与某个单一消费品的生产，它们的生产性贡献表面上似乎是不可辨别地混在一起。事实上，在门格尔之前，许多经济学家都认为，准确地说出生产资料在最终产品的价值中所占有的明确份额是不可能的事，其结果是，沿着这条路径继续前进似乎不可能，主观价值的观念看来毫无用武之地。补充品的价值理论解决了这个表面看来毫无希望解决的难题。它使我们能够说出这些生产资料确定的"生产性贡献"（维塞尔语），并得出其中每一种生产资料特定的边际效用，这源自它的生产性应用的可能性——这种边际效用，打着边际生产力、最终生产力等名号，成为现代分配理论的基本概念，也是我们解释不同经济群体的收入的性质和多寡的基本原则。

这一"归属理论"（维塞尔），其最完美的阐述之一要归功于庞巴维克，在应用这一理论的过程中，我们得出了成本规律，作为边

---

① 取决于它们的替代效用。

际效用规律的一个特例。作为归属理论的结果，成本现象成了主观价值的反映，而成本与产品价值相等的规律则源自价值理论——在经济学中还从未有过比这闭合得更优美的逻辑链。

但到此为止，所有这一切依然只是针对价值世界。它在交换经济机制中所表现出来的一切形式，只能通过相应的价格理论来显示。因此，庞巴维克转向了价格理论，发展了价值规律对于买家和卖家行为的含义，他的研究在下面这个"具有历史意义的"著名命题（涉及双边竞争的情况）中达到高峰："价格水平取决并受限于两个边际对偶的主观估价的水平"——也就是说，一方面，它取决并受限于"最后一个"获准购买的买家和已被排除在交易之外的卖家当中"最有交易能力"的卖家的估价；另一方面，它取决并受限于那些依然获准交易的卖家当中"最没有交易能力"的卖家和"第一个"被排除在交易之外的买家的估价。

所有这一切，首先都是就一定数量的可交易商品这种情形来发展的，其结论是：由于对市场供给方起作用的力量，同时也是作用于需求方的那些力量，所以，老的"供求规律"原来只不过是边际效用规律的必然推论。接下来，这个结论被扩展到了某些商品价格形成的实例，这些商品的可用数量可以通过生产来改变。面对这里出现的困难，正如当我们试图通过现实的迷宫来跟踪一项基本原理的运转时随处遇到的困难一样，庞巴维克没有在任何一点上丢下读者不管。他一个接一个清除掉了道路上的所有障碍，他提出的一连串解决办法，将在很长的时间里成为进一步的理论工作的基础。

结果——它揭示了价值理论与价格理论的平行，同时揭示了这一步的逻辑一致性——是成本法则的提出，不过这一次是打着价格的幌子。由此得出的第一个结论是，在均衡和自由竞争的情况下，由各方主观估价参与决定的价格，将趋于跟单位成本相等。这已经不再是一个假说，而是边际效用规律的一个必然推论，所以，在古典经济学那里扮演了一个如此重要角色的成本法则，只是在主观价值理论的框架里才获得了它真正的意义，尤其是得到了它的严格证明。还有一个结论是：那种宣称主观估价决定了价格的波动，而成本决定了价格的长期重心的观点多么肤浅，主观估价既决定了短期波动，也决定了长期重心，虽说人们也可以进一步指出，后者的特征表明了成本原则的正确性——然而，这一原则已经不再是一项独立的原则。最后的结论是：在特殊情况下，成本究竟在何种程度上可以成为价格波动的"中间原因"，这一点可以从边际效用原则中得到解释。由此展开了经济过程的全景画，在这幅全景画中，经济中的生产资料在主观估价的压力下被迫投入各种不同的用途中。

用来理解工资、地租和利润的基本原则，如今全都自动地呈现在我们面前。归根到底，原始生产资料是土地和劳动所提供的服务。一切商品，不管是消费品还是资本品，最终都要归到它们的头上。产品的价值，必定要直接地或间接地——后者通过资本品的媒介——反映到土地和劳动上，它们所提供的服务因此获得了各自的价值，而且，在市场中和在自由竞争的环境下，获得了它们相应的价格，也就是它们的租金和工资。因此，据庞巴维克说，工资——以将来要增加为附带条件——就是按照劳动的边际产品的价格来表达的；劳动根据它的"生产性贡献"，或者，我们也可以说，是根据它对社会经济过程的边际重要性，而获得报酬。关于地租，同样可以这样说，尽管庞巴维克这里只说到劳动。在规定的前提下，国民生产总值将会分解为工资和地租。就这样，几乎是突然之间，这些古老问题的解决方法一下子呈现在我们面前，就其正确、简单和富有成果而言,它高出于所有古老的成就之上。

这个结论可以说是这幢建筑的第二根支柱的柱顶,将留在我们较早的隐喻之内。但对于其他要素的作用,就既没有利润也没有利息了。这里,我们不妨想象一下正文中所插入的《历史与批评》的整个论证,这一论证旨在让我们看到,之前人们试图使利润和利息适合这一图景的所有努力都是不胜任的。但我必须放弃这个问题,这样说想必就足够了:庞巴维克指出了妨碍收益与成本相等的两种情况。

他在"摩擦"这个标题下概括了失调的其中一个原因。阻塞出现在生产资料的流动中,导致消费品价格暂时(有时候是长期)背离了成本法则所设立的标准,这些背离是企业家的利润之源,但也是他们的亏损之源。庞巴维克因此同意用市场机制的不完善来解释企业家的利润;企业家所处的位置使他们能够从这些不完善中获得明确的利益——同时,在消除这些不完善上,他们也是有帮助的。

失调的另一个原因是时间的推移,据庞巴维克说,我们必须在这个"褶皱"中寻找关于利息现象的解释。就这样,我们进入了那幢上层建筑,到目前为止,我们一直在描述它赖以建造的基础,这幢建筑是他最个人化的成就,并从本质上把他跟那些在其他方面离他最近的人区分开来——这幢建筑包含他对理论经济学中最困难、最深刻难题的解决办法,它强有力的外观给朋友和敌人都留下了深刻印象。这幢建筑给他的整个体系打上了一个典型的印记,因为,正如我们上面所看到的那样,我们对资本纯收益的看法,使我们对几乎所有其他问题的看法都改变了,扩大到了经济讨论的所有潮流中,甚至超出了这个范畴,进入了社会构想的广阔领域中。

七

这一利息理论一直被称作交易与贴水理论。它的基础是这样
一个命题：人们对现货的估价，高于对未来可用商品的估价，尽管
它们在其他各个方面都相同，能满足相同类别、相同强烈程度的需
求。因此，这里有争议的是一个新的事实的引入，是经济学的事实
基础的拓宽。但这个事实并没有超出价值原则的范围；更准确地
说，是发现了我们估价的一种特殊属性——在庞巴维克之前偶尔
有人"预见到了"，但只有杰文斯系统地强调过。在庞巴维克那里，
价值理论有机地吸收了这一事实，适应了这一事实，并且绝没有破
坏论证的连续性或基本结构的一致性。相反，在他那里，利息理论
也是从边际效用原理中推导出来的。正如他自己所描述的那样
（《历史与批评》），这一利息理论的决定性特征是：决定资本收益
率的一些更加遥远的因素，其影响乃是通过现货和期货之间的价
值差别这一共同媒介来传递。换句话说，利息只不过是这一价值
差别的价格表达，是经由主观价值与价格理论从这一价值差别中
得来的；再向前走一步，就是第二个问题：找出这一价值差别的原
因。在这一步骤中，我们可以发现其理论的其余一些本质特征。
它属于庞巴维克在他那部伟大著作第一卷的摘要中所描述的三组
利息理论中的第三组。第一组理论（"生产力理论"）由于自庞巴维
克以来人们一直把所谓"物质"生产力与"价值"生产力混为一谈而
境况凄惨；第二组理论（"剥削理论"）没能显示为什么竞争的力量
没有冲走"剥削"所得；第三组理论在价值领域本身寻找利息的来
源。而且，由于利率是一种价格现象，因此它的来源必定在这里。

贴水理论就属于这一组,它是最卓越的利息价值理论。只是时光流逝对主观价值的影响才导致一种力量的产生,这种力量以下面的方式把商品流的一部分带入了资本家之手。

严格说来,满足我们需求的所有供给,都意味着考虑未来,因此,一切经济活动都要受到我们只有在未来才能感受到的,但现在已经能想象到的那些需求的影响——根据庞巴维克对资本主义性质的看法,越是如此,经济活动就越是"资本主义的";此外,经济活动还要受到我们只有在未来才会遇到,但现在已经能够预计到的客观需要的影响。因此,未来的商品是我们的经济行为和我们的估价的目标物——实际上是最重要的目标物。显然,这些估价可以借助于同样的边际效用原理来理解。除此之外,还必须补充下列事实(然而,这些事实原则上并没有进一步的利害关系):我们必须处理想象中的而不是感觉到的需要(始终要记住,前者就像后者一样,也是可以用同一单位来度量的);我们必须处理未来某个时间点上需求和供给之间的关系,而不是它们之间现在的关系;而且,未来的满足总是要乘以某个系数,这个系数表达了期望效用的可能性("风险贴水")。

现在,庞巴维克引入了一个对价值分析来说有着根本性重要意义的事实,他认为,现货比相同数量、相同种类的期货具有更高的主观价值。

第一,因为要么存在这样一种希望,未来有更加充足的供给来满足需求,要么——如果不存在这种希望的话——现在拥有的商品允许你既供给现在的需求又供给未来的需求(尤其是在一个货币经济体中,总是能够以很小的代价"储存"这样的供给)。因此,现货的价值至少是等于期货的价值,而在经济中总是存在着期货对现货的一般"价值贴水"。

第二,因为我们一般总是低估未来的需求。未来的需求很难充分地被我们所认识。想象中的需求并不具有实际感觉到的需求那样锐利的真实感;最后,典型的个体根本不会保证超过一段时间范围之外的供给。这些心理因素彼此互相增强,其结果就是"预先低估未来的享受"——这就是对现货的价值贴水之所以存在的第二个理由。

第三,因为"耗时的"迂回生产更有效率,也就是说,一定数量的原始生产资料,如果首先应用于中间产品(例如工具)的生产,然后再应用于消费品的生产,那么就会生产出更多的物质产品。因此,老生产资料(即较早应用于迂回生产的生产资料)跟新生产资料(即较晚应用于迂回生产的生产资料)比起来,处处都表现出技术上的优越——除非新发明之类的东西在此期间使得使用"旧"生产资料的方法过时了。

这里,问题来了,如果产生贴水的前两个因素并不存在的话,那么第三个因素能否导致"耗时的"迂回生产的产出不仅数量更大而且价值也更大呢? 庞巴维克的回答是肯定的。因为,根据迂回生产的规律,一定数量的现有生产资料,当它们被应用于这种迂回生产的时候,在未来的任何时间点上,其产量都会大于同等数量的生产资料在该时间点上应用于直接生产的产量。其产量也会大于以后在较短时期里应用同等数量生产资料所得到的产量,因为,对生产资料的使用越是迂回,它们的生产力就越高。由于某个人在同一时间可用的两组不同数量的同一种商品当中,数量较大的那组更有价值,所以,在较早时间可用的一定数量的生产资料,根据我们的假说和庞巴维克的理论,其价值生产力(而不仅仅是物质生产力)必定始终大于较晚时间可用的同等数量生产资料的价值生产力,尽管两者是在共同的时间点上生产。而且,采用耗时的迂回方法,意味着你可以等待它们的预期产出数量更大、价值更高,也就是说,足以维持任何参与迂回生产的人生存的消费品储备实际上现在就可用。因此,来自迂回生产的"剩余价值"的实现,有赖于这一现有消费品储备的存在,而且,根据归属理论的一般原则,这一"剩余价值"被转移给了它。因此,这里出现了另一个——第三个,也是最重要的一个——有利于现有消费品、不利于未来消费品的价值贴水的理由。

关于迂回生产的物质剩余生产力的命题,以及为期货对现货贴水提供了单独的、独立于另外两个理由的第三个理由的命题,曾经引起很多争论,并形成了一整套"论述第三个理由的文献"(对它的反应可以在第三版和附录中找到)。我们无须参与对这个问题的讨论,只要指出:根据庞巴维克的理论,第三个理由(在他看来,它原则上是独立的)如何与另外两个理由相关联。当然,有一点很清楚:社会的生产资料储备将会最坚决地进入那些可以实现最高边际效用的行业,而且,这个一般命题也适用于对未来不同时间点上所出现的不同生产结果的选择上。第三个理由将指向无限漫长的迂回过程,因为根据我们的假说,任何生产周期的进一步延长,都预示着产品数量和价值的进一步增长——尽管增速不断递减。然而,根据第一和第二个理由,这些不断递增的价值,其数量必须参照递增的预期折扣来估价——而且,前两个理由与第三个理由之间的这种相互作用,将决定能产生最高(当前)价值结果的生产周期的长度。因此,对任何个体来说,这三个理由的影响并不是累加的,前两个理由当中的任何一个都能抵消第三个理由的影响。

所有这些"理由",在不同个体的身上有着程度大不相同的影响——价值贴水尽管是一切个体共同的心理事实,但就不同的个人而言,它在广泛的范围内发挥着不同的作用。但恰恰是这个事实,导致了各人估价上的必然差别,从而使得个人之间交换现货和期货成为可能。一个交易现货和期货的市场产生了,而"边际对偶"理论则为这两种商品决定着一个统一而客观的价格贴水——利率就这样产生了——在庞巴维克简洁的公式中,就是现货与期货交换过程中的贴水。像每一种价格一样,这种价格贴水也有双重的平衡效果。首先,即使有人从另外的方面考量对期货的低估不像市场贴水所标示的那么低,他们也会调整自己的预期,适应这一贴水。其次——这是一个非常有趣的转折——"在未来不同的时间点上,现货获得的高于期货的贴水,其数额的大小与间隔时间的长短成正比",而个人对未来的低估,很可能是不连续地、不规则地发生的,这样一来,比方说,眼下的享受与一年之后的享受二者之间的差别可能很大,而一年之后的享受与两年之后的享受二者之间的差异就几乎看不出来了。

简言之,这就是庞巴维克大名鼎鼎的利息理论。但他并不满足于浮光掠影的一瞥;他把自己的观念深入而广泛地贯彻到整个资本主义的有机体当中。我们不妨简短地追踪他的一些步骤。主要有两个问题:首先要证明,根据经验可以确定的资本利息之源实际上就源自我们上面所描述的那块岩石,然后,要从这一理论基础得出利率的水平和波动规律。

借贷利率的情况没有什么困难。把贷款定义为用现货交换期货,这就提供了希望得到的一切。此外,有一点很清楚:任何一个寻求消费贷款的人,他对现货的估价必定高于对期货的估价,因此,即使借贷方不低估未来的商品,利率也会发生。再者说,很显然,对任何一个寻求生产贷款的人来说,未来纯利润的前景也使这样一种贴水得以确立,因此,这里的结果也是一样的。但是资本收益率这个重大社会事实的问题,以及资本主义经济体中上层社会赖以立足的基础问题——实际上就是资本主义社会经济结构的问题——恰恰就在于对于这样一种净利润，以及它在经济流中有规律地出现如何解释。这种源自企业家之手的资本纯收益，如今可以通过把它跟基本图景联系起来，从而得到解释。

这就是庞巴维克的卓越技巧所带来的成果，在这种情况下，解释原则也可以轻而易举地予以阐述，简直就是不证自明的：企业家购买的生产资料，部分由劳动和土地所提供的服务组成，部分可以还原为这二者。土地和劳动所提供的服务都是潜在的消费品，它们的价值要归功于这一特性。但它们只是未来的消费品，其价值必定低于同等数量的现有消费品的价值。土地和劳动所提供的服务，将会按照它们的当前价值从拥有者手里购买，而它们未来的产品，将会按照它们在未来销售日期的价值卖出。因此，当现有生产资料在企业家手里刚刚开始朝着它们的消费成熟期发展的时候，这种增值便随之出现——这种增值便是企业家资本纯收益的基础。对于个别经验实例来说，应用这一结论并不总是很容易。其中很多难题——尤其是同样的生产资料在不同生产周期的生产过程中有多种不同的用途而导致的困难——都被庞巴维克极其细心地解决了，正是这种细心，使得他的著作即便是在经济科学最遥远的未来也依然是价值无法估量的向导。

下一步是证明这些价值关系总是导致价格贴水。这一价格贴水将作为原始生产资料的全部未来边际产品的货币价值的折扣，出现在一方为工人和土地所有者，另一方为拥有资本的企业家之间的交易中。或者，如果我们把资本家的功能与企业家的功能分开，并把企业家仅仅看作原始生产资料的拥有者与资本家之间的中间人，那么，这一价格贴水就会出现在资本家与企业家所代表的工人及土地所有者之间的交易中，作为对资本家所垫付的生活资金的价格贴水,换句话说,就是以直接的利率形式出现。在这里,我们所遇到的资本家,其本质角色就是经营现货的商人——乍看之下,这或许是一个很不熟悉的观点,但这一观点极其深刻地洞察了经济过程的性质。在这两种形式(它们所包含的只不过是同一个核心)中,贴水都显得是不可避免的。现在,我们将证明第二种形式贴水的必然性,而第二种形式必定可以还原为第一种形式。

那么,在这个"生活资料的市场"上,资本家面对着工人和土地所有者。生活资料的可用数量,以及土地和劳动服务的可用数量,任何时候都是给定的。(关于这一假定的前半部分的进一步论述稍后将作补充)对资本家来说,他们的消费品的使用价值无关紧要——无论如何,他们只能消费其中的一小部分。我们因此可以忽视他们对期货的低估;如果存在这种低估,更不消说,我们的贴水必然发生。对工人和土地所有者来说,对他们的劳动和土地所提供服务的估价,源自它们在直接生产中的潜在用途(就他们本身能够从事资本主义的生产而言,他们承担了资本家的可分离职能),严格说来,这一估价是作为最低限度而加入进来的,低于这个估价,他们就不会交易;但在现代的条件下,这一限度隐藏在一片遥远的薄雾中。在这些情况下,即便以很少的贴水,哪怕接近于零,资本家也会乐意交易。而对工人和土地所有者来说,依照迂回生产的规律,任何高于从直接生产中得到的报酬,都依赖于他们占有可以利用的生活资料,即使只留给他们这笔剩余利润中的很少一部分,哪怕接近于零,他们也乐意交易。最终的结果,取决于在给定的生活储备所许可的生产周期延长的时间点上工人和土地所有者对生活资料需求的强度。这里有一个说法一般情况下千真万确:不管生活储备有多大,它总是有限的。但同样千真万确的是,通过把生产周期延长到超出一笔给定储备所许可的范围,总是有可能实现更大的剩余利润。因此，即使没有贴水，依然存在对更多数量的生活资料的活跃需求——假定可用储备的数量不受限制；这一需求不可能得到满足。由于任何有限的生活储备都不可能完全满足这一需求，所以结果是，所有在一定价格上依然活跃的需求，都将会抬高这一价格。由此得出的结论是：现货的价格必定总是要上升到高于期货的等位价格之上，因此必定会出现贴水，也就是利率——这正是我们要证明的结论。

相反，我们马上就会看到，如果没有利息，生产周期的无限延长就会变得有利可图；显然，现货的稀缺便会随之而来，这反过来又会导致直接生产，并因此导致利息的再次出现。由此，利息在经济当中的真正作用就变得一清二楚了。可以说，它就是制动器或调速器，防止个人过度地延长生产周期，以至于超出经济上可以接受的限度，并迫使供给满足眼下的需求——实际上，这些需求迫使企业家们予以关注。这就是它为什么反映了每一个经济体当中眼前利益和未来利益让人们感觉到的相对强度，因此也反映了人民的智慧和道德力量——智慧和道德力量越高，利率就越低。这就是为什么利率反映了一个民族的文化水平的原因；因为，文化水平越高，可用消费品的储备就越大，生产周期就越长，而根据迂回生产的规律，进一步延长生产周期所产生的剩余利润就会越小，因此利率就会越低。这里，我们得到了庞巴维克的利率递减法则，也就是他对那个古老问题的解答，这个问题曾经让经济学领域最优秀的头脑殚精竭虑，费尽周章，百思不得其解。

我们的论证进一步表明，由于只有对现货的贴水才能使当前和未来的相对需求彼此之间获得恰当的平衡，因此即使在社会主义社会，现货与期货的价值也不可能相等，作为利率基础的价值现象也不可能不存在，并因此要求中央计划部门的关注。由此得出

的结论是,即使在社会主义社会,工人也不可能仅仅接受他们自己
的产品,因为生产现货的工人所生产的产品,要少于那些从事期货
生产的工人所生产的产品。因此,不管社会决定如何处置与价值
贴水相当的、一定数量的商品,也绝不可能把它们作为工资(除非
只是作为利润)发给工人,哪怕是在他们当中平分。这一点很可能
有实际意义,例如,当社会意识到其成员对自己的经济价值的时
候;在这样的情况下,社会可能仅仅按照其生产力的贴现价值来评
估一个工人的价值,而且,由于所有具有同等工作能力的工人明显
必须给予同等的估价,所以,即使在这里,"剩余价值"也必定会出
现,它是作为一种独特的收入而出现的。然而,理论上更重要的是
这样一个结论——我们不妨使用在这一课题的研究中已经被人们
所接受的一个术语——即:利率是一个纯经济概念,而不是一个
历史概念或法律概念。现在,这里有对剥削观念的两个纠正:第
一,你可以把"剥削"说成是利润的原因,但前提条件是,这种剥削
是一种特殊意义上的剥削,社会主义国家也会出现这种意义上的
剥削;第二,不仅有对劳动的剥削,还有对土地的剥削。对道德和
政治判断来说,这当然没什么干系,因为社会主义国家也会以不同
的方式使用它的"剥削收益";但它对于我们洞察这个问题的性质
更加重要。

因此,庞巴维克理论的宝贵结论的整个逻辑链条就这样呈现
在我们面前,而且,给它增加更多的环节并不困难。关于这一点,
我将仅仅指出,我们的论证还使我们在通向一套完整的工资与地
租理论的道路上前进到了第二个阶段。在价值与价格理论中,我
们把工资与地租设想为两个原始生产要素的边际生产力的结果。
我们现在能够补充的东西——在这里,庞巴维克的工资与地租理
论跟那些在其他方面与他最接近的经济学家们的工资与地租理论

分道扬镳了——可以阐述如下：工资与地租是劳动与土地的边际产品乘以它们的数量（折算为现货）的价格表达[1]——这一论点非但没有偏离边际效用的观念，反而在某个重要方面明显使它更加锋利了。

在这一点上，我应该提一下一个源自同一基本观念的更加简洁的发展，它使我们能够把地租现象设想为一般理论的一个特例，并加深我们对它的理解，这就是耐用品的利息理论和资本化理论。具有一种以上用途的商品可以被设想为一组服务。正是它们的个别服务满足了我们的需求，而且被直接赋予价值，而商品本身的价值只不过是这些价值的总和；因此，在任何一个时间点上，这一价值都是没有从它那里"取走"的服务的价值之和。当这些服务仅仅是周期性地变得可用，分散于各个时间点上的时候，对那些更远未来的服务的估价，也服从于低估期货的原则，必定要通过一个折算为现货的过程来实现。就这样，一个在经济实践中被人们所熟悉的过程，以一种极其简单的方式，与一个大原则的框架严丝合缝。由此得出的结论，解释了此类商品的价值和价格的形成（即资本化），解释了为什么此类能提供无限服务的商品（例如，农业用地）却只有有限的价值。只有这一分析，提供了地租是纯收入的严格证明。因为我们直接看到的仅仅是土壤的物质产出，它和总收入是同样的东西。自重农主义者的时代以来，传统的地租理论都是仅仅处理问题的这一方面。因此，庞巴维克可以说，经济分析根本没有深入这个问题（即纯收益问题）的经济本质。比方说，如果一家采石场100年来每年产生1 000克朗的收益，然后就废弃了，倘若不是因为贴现的话，它的所有者就不能消费这笔金额中的任何

---

[1] 庞巴维克最杰出的战友之一 F. W. 陶西格进一步发展了这一工资理论。

一部分,否则他就要吃光他的"资本"。只是从这里所概述的理论的观点看,地租才表现为一种纯收益。我们几乎用不着详细地展示,这一理论的整个结构就解释的价值和深度而言,比李嘉图的理论高出多少,以及它在建设性的意义上,而不仅仅是批评性的意义上,超越了李嘉图多远。

现在,我们能够看到,利息现象如何涵盖了纯收益的其他所有分支,深入了一切经济过程,渗透了一切估价,简言之,它无处不在。而且,我们还认识到,资本纯收益并不只是一种与工资和地租平行的收益,而且可以说是一种与后者相对抗的收益。这一认识在当时完全是新的,而且代表了向前跨出的必不可少的一步,打那以后,在很多方面得到了细心的详尽阐述,并在欧文·费雪和弗兰克·A. 费特尔(Frank A. Fetter)的作品中得到了系统的发展。

现在,在那条通向庞巴维克理论大厦顶端的阶梯上,我们接近了最后一级。他是第一个从两个方面充分认识到生产周期长短的重要意义的人,这两个方面就是:生产力方面和时间流逝方面。他赋予了这两个方面以严格的内容,并使它们在边际效用分析体系的基础中拥有了自己的一席之地。他进一步使生产周期的长短成为经济均衡的决定因素之一,因此赋予了"生产力""经济周期""物流"这些概念以清晰明确的意义。而且,他给分析的领域带来了极其丰富的经济生活中的各种关系,这些关系迄今尚未耗尽。但是,在这些艰难曲折的道路上,他的同行当中至今很少有人追随他的足迹,关于他毕生的事业,大量的讨论都集中于其旅程的早期阶段,以至于有相当一部分,广大公众至今尚不得其门而入,而这些部分,恰恰就是边际效用理论的反对者们一直指责这一理论未能实现的那种。很少有人认识到他的天才成就正是在这一点上。然而,基本观念格外简单。

对生产周期长度这一因素的引入和严谨论述,是通过它与生活储备数量之间的关系来进行的——不久之前,我们曾把这种关系视为理所当然。当我们认识到,资本家所提供的生活储备只是等于经济财富的总储备——劳动和土地所提供的服务当然除外,经济上的败家子在紧急情况下或者由于诸如此类的原因所消耗掉的少量储备也要除外——这一数量也就被决定了。总储备的规模始终很明确——这在老的"工资基金"中是不存在的——它从资本形成理论中获得了它的独立解释,可以被认为是分配理论中的一个已知数。因此,由于工人的数量和土地的大小在任何情况下都是已知数,我们于是就有了建立客观数量关系的一个新的基础——这极大地丰富了我们的理论。但是,当明显必定存在生产出来的生产资料时,一个经济体的总财富怎么可能由"生活资料"所构成呢?好吧,生活资料当然是源源不断地流动的,对于一定的生产周期,并非所有的储备必须在这一周期刚刚开始的时候就全都可用,全都储存在某个地方。在后面一种情况下,问题就会很清楚。但是,即便所有这些正在进行的生产过程在同一时刻并非处于相同的生产阶段,而是依据各自产品的"成熟"程度而前后错开,事情也没有本质的改变,所以,整个生产周期的生活资料,在某个时间点上已经被消费掉的总是一部分——像原材料、机器之类中间产品随时准备取而代之——而另有一部分尚待生产。在这种情况下,完全可以说,这个生产周期总的生活储备等于所有现有物品的储备,而且,它只是跟原始生产资料形成鲜明对照。再者说,有一点很清楚:这样定义的生活储备越大,我们的视野所允许的生产目标就越远。最后,由于物流总是在源源不断地流动,生产过程的所有阶段都是在同时运转——这个假定并不总是完全正确,但这里为了简洁起见,我们还是做出这样的假定,而且在任何情况下,它对我们所涉及的原则来说都无关紧要——很显然，这一储备只要够半个生产周期使用也就足矣。

现在，这两个重要数据——生活储备及土地和劳动服务的可用数量——之间的关系，通过"生产周期"这个环节建立起来了。这一环节如今不再是死板的——像在古典经济学中那样——而是灵活的；我们还掌握了它的"灵活性"的规律：生产周期最终的长短，首先取决于这两个数据的大小，其次取决于资本家和企业家在最大可能利润的导向下所做出的选择。客观的数量关系与主观的力量结合起来，形成了一个和谐的整体。因此，我们可以绝对地决定生产周期的长短、利率、工资和地租，以及它们彼此之间的关系。

庞巴维克并没有在完全一般的意义上，而只是就工资和利息的实例（忽视了地租）提出这个结论①。其中的原因在于技术困难，如果不使用高等数学，几乎没法处理这个问题。但这并没有改变问题的性质，我们应该同样满足于简单的实例。

这个解答很容易阐述：能够确立的工资率必须符合下列条件，它将使相应的生产周期对企业家—资本家来说最有利可图，这一生产周期刚好用完该经济体中按上述工资率可以雇佣到的劳动力总量，并接受生活储备总量作为上述劳动力的补偿。

事实上，如果市场上试探性地确立一种任意工资率，结果将会是，对不同程度的迂回生产给定一个生产力尺度，那么，有且只有一种生产周期对企业家—资本家来说是最有利可图的。那么，这一生产周期将会被选择，并随之而决定一个明确的利率。在这一安排下，如果劳动和土地的服务总量与生活储备总量刚好可以互

---

① 一般问题后来由纳特·维克塞尔（Knut Wicksell）遵循庞巴维克的路子进行了处理。

换,那么就到了均衡,上面所说的条件也就实现了。如果不是这样,那么未被使用的土地和劳动服务的数量与生活资料的数量就会压低工资率或利率,或二者兼而有之,因此使得另外的生产周期有利可图,直到均衡条件得以实现为止。

就这样,利息规律被发现了:利率必定等于我们刚刚提到的所有条件所允许的最后一次生产周期延长所带来的剩余收益率。假设这最后一次刚好可能的延长集中在某一种企业,那么,我们就可以把它们的所有者设想为生活储备市场的"边际买家",并把利息水平规律看作一般价格规律的一个特例。

此外,利息与工资(还有地租)之间的正确关系,以及它们互相决定的方式,就这样得以确立,而大量的实际应用就此得以展开。要说明这一观点因此获得的丰硕成果,有几点可以指出。首先,我们准确地洞察了生活储备规模和劳动力规模的变化所带来的影响,以及不同程度的迂回生产的生产力尺度变化所带来的影响——当然,由于技术的进步,变化会不断发生。其次,劳动质量的改进如何影响利率和工资的问题有了解答。再次,它使我们得知:工资的上升起初会导致利率的下降,接下来会导致生产周期的延长,最后会导致利率的再次上升,但不会上升到最初的水平;同样,工资的下降将会缩短生产周期,提升利率,增加对劳动的需求,并因此导致工资再次上升,但还是会低于从前的水平。此外还有这样一个结论:生活储备在资本家当中的分配与利率水平毫不相干,而且,固定资本与流动资本之间的区别所具有的意义,不同于古典学派所赋予的意义,而且也远没有那么重要。在给定条件下,不仅绝对工资水平的波动规律,而且工人在社会产品中所能占有份额的规律,都可以得出。但这里不是详细阐述这些规律的地方。

就这样,以最简单的手段赢得了一场最伟大的胜利。社会经济过程的理论,第一次作为一个主观估价和"客观"事实的有机整体,在庞巴维克的著作里得以展现。在他的著作的最后一节中,天才的光束清楚地照亮了大师的高度,这种高度是我们在其他任何地方都无法找到的。他在其他任何地方都不曾如此直接地显示过,理论在他手上所能实现的东西。令人惊讶的是,他是以何等的确定性和正确性,来使用本质上是数学的思考方式,尽管他从未使用过一个数学符号,也没有采用过任何数学技术。因为这些技术他并不熟悉。那些思考方式他从未学过。他完全是无意识地,以一个天生科学家对自己所处理材料的逻辑必然性和逻辑对称性的准确无误的感觉,发现了这样的思考方式。

他把这种对逻辑的严谨和美的感觉,跟他对具体事物、对实际上很重要的事物的同样强烈的本能结合了起来。在前进的道路上他从不滑倒,他知道如何引导自己的脚步走向具体问题等待解决的地方,他的作品是一幅巨大的藏宝航海图,使用他的方法可以打捞出这些财宝。通过把恰当的经验数据引入自己的理论框架,他带来了用具体的数量来描述资本主义经济现象的前景,这样的前景,即便不是实际的可能性,至少也是很有希望的。我不知道,他本人是否想到过这种可能性。据我所知,他从未表达过这个意思。但这样的可能性总有一天会成为现实,他的作品尤其会把我们领向这一现实。

说他的作品会永存不朽,只不过是在表达一桩小事。未来很长一段时间里,对这位伟大战士的记忆,将会被争论双方的爱憎染上不同的颜色。但在经济学领域可以引以为豪的伟大成就当中,他的成就是最伟大的之一。不管未来的人们如何对待或如何理解这一成就,他的著作的踪迹都不会消失。不管他本人最为关注的

经济科学的这一部分未来会走上什么样的道路,他的精神将永远
会被人们铭记:

> 我已用智慧和艺术将你引领至此,
> 从今往后就让兴致做你的领路人。①

---

① 译者注:语出但丁《神曲》(*La Divina Commedia*),"炼狱篇"第 27 章。

弗兰克·威廉·陶西格[*][①]

(1859— 1940)

Frank William Taussig

* 原载于《经济学季刊》第 55 卷第 3 号,1941 年 5 月。

① 在为这篇传记性文章搜集材料的时候,我们得到了陶西格的多位朋友和亲属的帮
助。我们特别想由衷地感谢陶西格的妹妹阿尔弗雷德·布兰迪斯(Alfred
Brandeis)夫人,陶西格的儿子威廉·G. 陶西格先生,以及陶西格的朋友和同班同学
查尔斯·C. 伯灵翰(Charles C. Burlingham)等人的合作。保罗·斯威齐(Paul
Sweezy)博士热心地从"1879 年级出版物"中搜集了关于陶西格的材料。关于陶西
格父亲的大多数材料源自他 1940 年在《哈佛商业评论》(*Harvard Business Review*)
上发表的文章《我父亲的商业生涯》。
关于陶西格的著作目录,请参阅《经济学探险:陶西格纪念文集》(*Explorations in
Economics,Notes and Essays Contributed in Honor of F. W. Taussig*,1936)。
[本注释中的"我们"指的是阿瑟·H. 科尔(Arthur H. Cole)、爱德华·S.梅森
(Edward S. Mason)和约瑟夫·熊彼特三位教授。他们组成了受命为《经济学季刊》
准备这篇纪念文章的委员会。]

一、早年(1859—1880)

不管我们认为血统与教养,或者更准确地说是遗传与环境,在造就杰出人物的过程中有着怎样的重要性,有一点毋庸置疑:在陶西格的身上,这两者结合成了一个极为幸运的联盟。因此我们觉得,在描绘这个人、这位公民、这位学者、这位教师和这位公务员——陶西格集所有这些身份于一身——的画像时,比在其他情况下更加必须采用传记作家的习惯作法,首先描写他父母的家庭,以及创造这一家庭的两个杰出人物。

弗兰克·威廉·陶西格的父亲——威廉·陶西格——1826年出生于布拉格。这个聪明伶俐、精力充沛、受过良好教育的年轻人,明显不喜欢自己所处的环境——当时,捷克人和德国人之间的冲突开始给这样的环境投下不断加深的阴影——于是,1846年,他决定移民美国,先是去了纽约,然后定居圣路易斯,在化学药品这个行当找到了一份工作。这是一个非常成功的、(当时)也是典型的美国人的事业生涯的开始。几年之后,他放弃了批发商店里的原料化学药品,到圣路易斯医科学校学习精细化学药品,并在卡隆迪莱特——现在的南圣路易斯——执业行医,骑马给患者看病,马背上放着他的药品和手枪①。他的社会地位稳步上升,当上了

---

① 手枪在那个时候似乎很有必要。陶西格很喜欢讲述当手枪不再那么必不可少的时候,他父亲为了纪念此事,邀请他母亲外出,"为的是一起开枪射击"。

市长、县法院的法官,最后是主审法官。他的医学执业相当成功,但内战给他所在的州带来了难以承受的压力。于是,强烈支持联邦、反对奴隶制的威廉·陶西格最终接受了根据 1862 年和 1864 年的税收法案所设立的联邦税赋地方收税官的职位(1865 年),用这一职位所得到的津贴——由于这些收税官是按比例抽成的,他们要么一分钱也得不到,要么如果他们有足够的耐心和干劲去华盛顿坚持要钱的话,就能拿到一大笔钱①——他开始了他的第四项职业:银行业。威廉·陶西格担任副总裁的圣路易斯商人国民银行的生意只能说还算过得去。然而,该银行的客户当中有一家桥梁公司,是为了修造横跨密西西比河的大桥而组建的。威廉·陶西格参与了这家桥梁公司的冒险,并成功地成为它的财务主管和总经理。这就是他的第五项职业的开始,这项职业给他带来了显赫的地位和兴旺的事业。这家企业从一开始就大获成功,最后发展成了圣路易斯终端铁路联盟,这家联合企业为所有进入圣路易斯市的铁路修建了联合总站,并用自己的火车头牵引西向列车运输从东圣路易斯至终点站。正是威廉·陶西格的活力和智谋②,战胜了城市权贵和各铁路董事会所设置的重重障碍。当所有事情都大功告成、所有战斗都宣告结束的时候,他最后被推选为董事长,1896 年,威廉·陶西格以 70 岁高龄从这个安静而尊贵的职位上退休。但他依然忙于各种社会活动,受到普遍的欢迎、赞赏和尊敬,他一直活到了 1913 年。

其母亲阿黛尔·伍尔珀尔的父亲是莱茵河畔某个村庄里的一

---

① 陶西格回忆,他父亲去了华盛顿,带着账本日复一日地坐在财政部大楼的台阶上,直到获得申诉的机会,并拿到了他应得的钱。

② 从下面这则轶事可以看出,他如何给一位精明的具备商业能力的裁判者留下了深刻的印象。桥梁公司从卡内基的工厂购买了一些钢管。交货的时候出现了一些麻烦,威廉·陶西格去了匹兹堡,为的是跟安德鲁·卡内基本人解决此事。且不管他的观点是什么,总之他胜利完成了任务——结果是卡内基表示愿意跟他合作。

个新教牧师,他在 1848 年的革命期间被解了职,于是举家移民。1857 年,威廉·陶西格娶阿黛尔为妻。这是一桩非常幸福的婚姻。阿黛尔想必是一个妩媚迷人的女人——既能干又优雅,既貌美如花又禀性温柔,既开朗活泼又柔情万种,是逆境中的心灵慰藉,是成功时的愉快伴侣。她有非常优美的女中音,像她丈夫一样喜爱音乐。在这个被她始终不渝的爱意所温暖的家庭里,似乎从未出过什么问题。不难想象,在起初小康、后来富裕的环境下,她为自己的丈夫和三个孩子——本文的主人公,先他去世的弟弟,以及在他去世时依然健在的妹妹——创造了一个怎样的家庭,全家人都毫无保留地依恋她。这是一个自足之家,维持着懂得合作共存的一家人。丝毫用不着奇怪,弗兰克·威廉·陶西格在这样一个家庭里养成了一种根深蒂固的家庭观念,对他来说,家庭生活和家庭责任是事物发展过程中最根本的东西。

正如我们可以预料的那样,他享受着快乐的童年。此外,正如他妹妹所说的那样:"关于他在升学和功课上的进步,从来都不存在任何怀疑。我们所知道的他的大块头体格很早就表现出来了。我记得他还是个大孩子时的情形。我还记得,他总是手不释卷,要么是为了钻研,要么是为了消遣,而且,当他阅读的时候,没有什么东西能分散他的注意力,除非你直接打扰他。他习惯于在家里的客厅工作和学习。……我们家里经常演奏音乐。像鲁宾斯坦(Rubinstein)和维尼亚夫斯基(Wieniawski)这样的大牌艺术家我们也可以见到。西奥多·托马斯(Theodore Thomas)每次来圣路易斯都住在我们家。弗兰克很早就开始学习小提琴。当时圣路易斯最著名的小提琴演奏家是我们家的一位密友,也是弗兰克的老师,当弗兰克上大学的时候他已经是一位颇有造诣的小提琴演奏家;他定期参加一个弦乐四重奏乐团的演奏,还是缪斯女神协会的会员。音乐是他生活中的乐趣和消遣之一。……除了暑期远足之外,没有其他的旅行。"①

1871 年,弗兰克·陶西格开始了与查尔斯·C. 伯灵翰先生之间的毕生的友谊,当时,他们是史密斯学院的同班同学。他们一起进入华盛顿大学,一起在 1876 年转到哈佛大学。院长查尔斯·F. 邓巴(Charles F. Dunbar)证明了自己良好的判断力,他允许这两个学生免试升入二年级,尽管他们原本预料要参加一年级的入学考试。陶西格在牛津街上安营扎寨,他所住的地方在伯灵翰看来似乎就是"宫殿"套间,他很快就证明自己是一位才华横溢的学者。他选修了经济学——当时还是政治经济学——的所有课程,以及很多历史课程,并于 1879 年在后一领域以"最优等"成绩毕业。他的毕业论文《德意志的新帝国》是毕业典礼上宣读的论文之一,他还被选入美国大学优等生荣誉学会。但他不是埋头书斋的隐士,尽管有记录表明,1878—1879 年间他曾从图书馆里借出了大量书籍,主要是历史和哲学方面的。他参加了年级棒球队,在划船比赛中是六位桨手之一,参加了半打俱乐部和协会,在所有团队广交朋友。当然,还有他的小提琴。

在获得文学士学位之后,陶西格便去欧洲旅行。1879 年 9月,他与另一位毕生的朋友 E. C. 费尔顿(E. C. Felton)先生②同船启程。不久之后,陶西格写道:"在伦敦一起度过了几个礼拜之后,我们便分开了。我去了德国,从 10 月至次年 3 月在柏林大学度过了一个冬天,学习罗马法和政治经济学③。3 月,我离开德国,

---

① 阿尔弗雷德·布兰迪斯夫人写给梅森教授的信。
② 宾夕法尼亚钢铁公司创始人 S. M. 费尔顿的公子。
③ 值得一提的是,这不可避免地意味着接触到德国社会政策学会所支持的那些保守改革(是否可以这样说呢?)的原则。陶西格始终承认自己受到了阿道夫·瓦格纳(Adolph Wagner)的影响,并始终保持着对他的同情和尊敬。我们不知道他们实际上是否见过面。

在意大利跟费尔顿再次会合。我们一起在意大利度过了两个月，然后经日内瓦去了巴黎。5月，在巴黎，我们再次分手，费尔顿在回国的途中去了英格兰，而我则在欧洲的不同地区继续旅行，主要是在奥地利和瑞士。"[1]欧洲旅行期间他在纽约的《民族》(*Nation*)杂志上发表的一些文章，足以证明(如果需要证明的话)这个年轻人的严肃认真。

当他在1880年9月回到哈佛的时候，他就是这样严肃认真地想要进入法学院。他没有明确地把致力于经济学研究作为职业。在他看来，法律一样有意义，甚至更有意义。但他接受了学校的提议，担任埃利奥特校长的秘书——这是一份尽管不是全职但十分辛苦的工作，使他领略了大学行政管理和大学政治的奥秘[2]——就这样开始了在他此后60年的生活里至关重要的服务。

二、上升期(1881—1900)

陶西格的秘书职责一度妨碍了他研习法律的计划，但还是留给他足够的剩余精力去攻读经济学博士学位。他所选择的专题是美国关税立法史，这一选择表明，历史成分在他的思考方式中的重要性，就像经济政策的重大问题在他的科学兴趣的等级中一样，都是至高无上的。这里有必要——后面依然有必要——强调这两点。毋庸置疑，陶西格是一位杰出的理论家，也是一位非常伟大的

---

① 根据"1879年级出版物"，1882年毕业典礼的《秘书报告》。在1885年毕业典礼的报告中，费尔顿又补充了自己的说明，证明他们在伦敦"非常"愉快。
② 这一训练最初的成果之一，就是陶西格发表于1883年毕业典礼的《1879年级报告》中的14页报告：《1879—1882年的哈佛大学》。

理论导师。然而,制度学派后来对他所讲授的那种理论所提出的反对,似乎忽视了他的大部分工作也是遵循制度学派的路径,而且,在一些重要方面,如果制度学派把他奉为领袖,而不是看作反对者,没准会更正确。他早年的训练和他的一般工具,不仅既是历史的也是理论的,而且它们主要是历史的。实际问题在其历史的、法律的和政治的方面,简言之,也就是在其制度的方面,对他的吸引力远远大于任何理论上的精雕细琢的吸引力。凡熟悉他的人,没人不赞赏他从社会学背景和历史远景的角度来看待问题的能力。①

接下来,正是带着一种彻底的历史精神,他着手研究自己所选择的课题:国际贸易。1882 年的获奖论文《对新兴工业的保护在美国的应用》是他的博士论文,并在 1883 年作为一本专著出版,这是一本成功之作,1884 年得以再版,其中包含的理论非常之少,但在事实分析方面高人一筹。顺便说一下,这一成就还有另外一个方面非常典型,不可轻易忽略,这一方面也预示着他未来在关税政策领域的卓越地位。这就是他平衡而成熟的判断力,这种判断力构成了他作为一位伟大经济学家的一个如此重要的因素,在这本书中表现到了相当惊人的程度,而陶西格在撰写这本书的时候还只有 23 岁。一方面出于政治道德的考量,另一方面也由于经济上的权宜之计,陶西格从不赞成美国的关税立法。他实际上远不是通常意义上的贸易保护主义者。但他也不是一个自由贸易论者。他坦率地认可保护主义者的论点中在他看来站得住脚的那部分——特别是(但并非仅仅是)保护新兴工业的论点——他从不试

---

① 他的美国史知识实际上达到了专业水准。1884 年,当 A. B. 哈特(A. B. Hart)教授不在的时候,他教授过一段时间美国史课程。但恰恰因为这一水平是专业级的,他的历史知识没有扩展到美国之外——至少没有达到同样的水平。正如我们已经看到的那样,他研究过罗马法,有过大量一般阅读。但无论是古代史,还是中世纪史,对他而言都不是鲜活的现实。

图贬低保护主义,像那些支持自由贸易的经济学家惯于做的那样。那不是他的方式。他是带着一种既实际又公正的精神来研究这个问题,就像他研究其他任何问题一样。

接下来的 10 多年时间里,他的创造性工作便这样顺利地开辟出路径来。在《对新兴工业的保护》(*Protection to Young Industries*)之后,紧接着是《现行关税的历史:1860—1883》(*History of the Present Tariff*,*1860‐1883*,1885),这两本书后来发展成了经典名著《美国关税史》(*The Tariff History of the United States*,1888年版,随后不同的版本不断扩充,直至 1931 年的第八版),此书确立了他作为这一领域美国第一权威的声望,而作为一部政治经济分析著作,实际上在任何领域都无出其右者。那一时期他所撰写的大多数论文都是研究关税问题的,但那些年里的其他公共问题也并非没有引起他的关注,在其中的两个问题上,陶西格做出了重要的贡献。银本位问题的经济和政治方面似乎对他有很深的触动。他透彻地了解并精通了这一领域,于 1890 年开始在这一领域发表大量的著述,并在 1891 年出版了他的《美国白银的现状》(*The Silver Situation in the United States*),此书后来成了反银本位学派的典范之作,并对整个文明世界发挥了强大的影响力。也是在 1891 年,他在《经济学季刊》上发表了《对铁路运费理论的贡献》。在 1893 年之前,他只有这篇论文显示出了理论探讨的倾向,而且,即使是这篇论文,也涉及"应用"问题。诚然,他的著作显示出他充分掌握了那个时代的经济学的分析工具。尽管他乐意使用这样的分析工具,但他在 30 岁之前似乎对它并没有什么特别的兴趣。

考虑到这一事实,他在 1884 年为埃米尔·德·拉弗莱(Emile de Laveleye)的《政治经济学的基本概念》(*Elements of Political*

Economy）的英译本撰写的导言也就有了相当重要的传记意义①。
这篇导言大概是了解陶西格在那个时期所持有的方法论观点的唯
一来源，并有益地补充了我们从其他来源了解到的他对一般经济
政策的看法。它还高度展示了其人的典型特征。在这样一篇导言
中，我们大多数人往往都局限于恭维和赞扬，要么就索性拒绝写
它。陶西格并不这样。赞美之词当然有，但仅限于最低限度，至于
其余的部分，他并不避讳提出异议或批评，虽说总是很客气。他指
出了在他看来是错误的东西。但他觉得拉弗莱的某个观点"并不
权威"的时候，他便坦率地说出来。他之所以推荐拉弗莱，是因为
后者不像其他人那样完全"挣脱了可以称之为古典体系的那种东
西"。他谨慎地赞同作者对放任主义的批评和对政府干涉的支持，
尽管在陶西格看来，人道主义的感情似乎"把拉弗莱带得太远了"。
他赞同拉弗莱的"具体"和"对实际事实的关注"，但至少在一个段
落里，拉弗莱的论点因为缺乏"尖锐"而受到批评——当然，这一批
评非常公正。

　　就陶西格自己发表的作品而言，作为一个理论家对理论的
兴趣的最早迹象出现在 1893 年。那一年，他在《美国经济学会
会刊》（*Publications of the American Economic Association*）上发
表了两篇论文，《对李嘉图的诠释》和《马歇尔教授论价值与分配》，
决定性地界定了他的思考点。第一篇论文简洁地告诉我们，在陶
西格看来，李嘉图是最伟大的经济学家；而且，从这篇他对这位杰
出理论家的"诠释"当中，你可以推导出为什么——在当时以及在

---

① 他还撰写了一章"补充"，足够意味深长的是，这一章完全是处理实际问题。它的题
　目是"美国的经济问题"，用了 14 页的篇幅来论述关税、国内税收、货币、银本位（这
　里他反对拉弗莱的复本位观点，这大概是在一个人的书里反对此人的观点最强烈
　的）以及美国的船运和航海法律。

陶西格的整个一生当中——李嘉图唯一的竞争对手是庞巴维克①。这三位伟大人物的思考方式中有一种根本性的相似性,这使得陶西格能够理解并欣赏另外两个人的观点——在某种程度上可以说是理论风格——和贡献,就像他不能理解和欣赏其他理论家的观点和贡献一样。第二篇论文同样清楚地表明,他当时是在什么样的条件下与马歇尔的学说结成联盟,并采用它作为自己课堂教学的主要来源之一。我们稍后还将谈到这一点。

眼下,我们将仅仅提到1894年在《美国经济学会会刊》上发表的另外两篇论文,它们发出的声音将支配陶西格在理论领域的创造性工作。这两篇论文就是《利息与利润之间的关系》和《德国经济学家手里的工资基金》,它们是他当时正在撰写的《工资与资本》(*Wages and Capital*)一书的两个部分,并为这本1896年出版的著作的理论主体铺平了道路。次年发表于《美国经济学会会刊》上的论文《货币数量论》,完成了可以明确地称之为陶西格理论的基础。

不过,我们还是回到陶西格在大学里的职业生涯这个话题。1881—1896年明显是紧张劳累的几年——尤其是,如果在他更严格的专业活动之外,再加上他作为《公务记录》(*Civil Service Record*)编辑部成员的身份,他给《波士顿先驱报》(*Boston Herald*)、《广告报》(*Advertiser*)和《民族》的投稿,以及他参与科布登乐部和马萨诸塞改革俱乐部的活动的话,那就更是如此了。毫无疑问,对一个尽管身强体壮但也并非不知疲倦的人来说,这些工作更多的是辛苦劳累,而非有益。没有多少机会放松或娱乐,尽管他似乎还是

---

① 陶西格曾对熊彼特教授这样讲过。由于熊彼特教授碰巧是奥地利人,而且是庞巴维克的弟子,因此,友谊的因素在促使他说这句话上可能占到了一定的比例。不过,鉴于陶西格在自己的理论工作中所采取的路线,这一比例不可能很大。

挤出了时间来保持他对音乐的兴趣。

在此期间——或者更准确地说,是在 1882 年 3 月——他被任命为 1882—1883 学年的政治经济学讲师;这一任命的重要性,由于该学年唯一的经济学正教授查尔斯·F. 邓巴的不在,而得到了极大的提高。尤其是,这意味着,这门基础课程(现在的经济学 A)被委托给了这个年轻人。

现在,我们第二次遇到了陶西格的任何一位传记作者都不可能忽略的那位杰出人物的名字①。邓巴不仅仅是最早引导他进入这个他后来成为其杰出领袖的学科的导师。邓巴对他的成长的影响比这一事实所意味的东西要多得多。如果我们把他的一些论文跟陶西格论述关税问题的早期著作进行比较的话,我们不可能不注意到,二者在语气、精神和路径上颇有相似之处。"是邓巴教授决定了弗兰克的命运,并出于自己的考虑而挑选了他。邓巴曾经是《波士顿每日广告报》(Boston Daily Advertiser)的编辑,当埃利奥特校长说服他出任政治经济学教授的时候,他已经退隐田园。在这之前,经济学一直是作为道德哲学的一个分支,由弗朗西斯·鲍温(Francis Bowen)教授讲授。"②由于陶西格在邓巴的一门课程中担任过助教,因此可以有把握地推测,后者的推荐与陶西格被任命为讲师应该有很大的关系。

---

① 参见陶西格的颂词《查尔斯·富兰克林·邓巴》,载《哈佛月刊》(Harvard Monthly),1900 年。

② 引自伯灵翰先生在 1940 年 11 月 30 日在《哈佛校友通信》(Harvard Alumni Bulletin)上发表的纪念陶西格的颂词。因此,就这方面而言,弗朗西斯·鲍温(1811—1890)享有跟亚当·斯密同乘一条船的殊荣。然而,他实际上有点像一个博学家,这在他那个时代不可避免地意味着,他对这一宽泛的术语所涵盖的任何学科都没有太深的钻研。他的《政治经济学原理》[The Principles of Political Economy,1856;1870 年的新版题为《美国政治经济学》(American Political Economy)],尽管并非没有优点,但几乎没有达到他所拒绝的英国古典学派类似著作的水平。

很显然,在邓巴回来之后,前景看起来就不是那么光明了。当年,处在哈佛阶梯上最低一档的真正能干而又精力充沛的年轻人,似乎都要面对——就像现在一样——一个艰难的选择:是无限期地留在一个并不十分令人满意的职位上,还是改弦更张,接受其他职业——一个向他敞开的更加诱人的机会①。陶西格暂时解决了这个问题,在 1883 年 6 月获得博士学位之后,同年 9 月,他接受了兼职讲师的任命(开设关税立法的半学年课程),并进入了哈佛法学院,"打算接受三年的正规训练,在我毕业之后执业当律师"②。这一安排一直持续到了他在 1886 年 6 月获得法学学士学位。然而,就在此之前的几个月,哈佛重新考虑了这个问题,并在他拒绝接受全职讲师职位之后,任命他为政治经济学助理教授,为期 5 年。

从纯粹世俗的立场看,这次长时间地涉足法学是一个损失——因为它是未雨绸缪的防范措施,最终被证明纯属多此一举。然而,我们有责任强调法律训练对陶西格的精神装备所做出的贡献。一个颇可争论的问题是:现代经济学家从这种耗费时间和精力的训练中,究竟能获得多少他在征服自己的领域时可能迫切需要的东西。在陶西格的青年时代,利害得失的权衡完全不同。经济学并没有什么要花几年时间去学习的技术。全才是可能的目标,也是合理的理想。此外,法律训练在那时候多半是经济学家借以使自己的头脑能够"从事估量工作"的最好的可用手段。最后,法学让人们熟悉的那种事实,肯定跟经济学家的研究密切相关。尤其是,如果研习的课程当中包括罗马法的话——就像陶西格的

---

① 然而,那年头的哈佛低级职位更加令人满意,这是因为,那时候的年轻人战胜自己道路上的困难比现在要容易得多。

② 引自 1885 年毕业典礼上的《1879 年级报告》。

情形——在制度学派的研究路径上,收获必定相当大。如今,陶西格的头脑恰好就属于那种可以充分利用这些优势的类型。事实上,法律的烙印既留在了他的教学工作上,也留在了他的研究工作上,任何一个睁开眼睛的人都能看出这样的意蕴。

1886 年秋天,陶西格开始履行自己的职责——实际上是正教授的职责。关税立法的半学年课程按部就班地继续下去[1],一般基础课也交给他了[2],他著名的"经济学 II"(这个名称是后来取的)也开始了它卓越的生涯[3],时不时地还要增加其他课程[4]。

他没过多久便被晋升为正教授(1892 年),1901 年,新设立的亨利·李教授席位被授予了他。在那之前他就曾写道:"我希望一直住在坎布里奇,并为哈佛工作到死。"[5]然而,实际上,1886 年的任命不仅是决定性的,而且有非常明显的征兆,表明陶西格感觉到了它就是决定性的。他安顿了下来。在 1890 年的《年级报告》

---

[1] 这门课程(后来被一般化为"国际贸易")是在 1884—1894 年、1896 年、1897 年、1901年及 1911—1915 年等学年讲授的(6 月结束)。这是一门研究生课程。本科课程"国际贸易"(也是半学年课程)先后在 1921 年、1922 年和 1924 年等学年开设。

[2] 陶西格讲授的这门课程如今被称作"经济学 A"(当时叫"政治经济学 I"),先后在1887—1894 年、1896—1901 年、1904—1909 年及 1911—1915 年等学年开设。此外,他还在 1922—1928 年间以特别讲师的身份与人合作讲授这门课程。

[3] 这是一门高级理论课程,开设于 1887—1894 年、1897—1900 年、1904—1909 年、1911—1917 年及 1920—1935 年等学年(6 月结束)——这是一项惊人的记录。

[4] 我们借此机会把它们开列如下:
有"20"(阅读)课程,开设于 1891—1900 年、1907—1909 年、1911 年、1912 年、1915—1917 年等学年。在 1900 年,这是一门半学年课程;
接下来还有一门被称作"经济问题研究"的课程(实际上是在经济理论和经济政策中选择的问题),开设于 1889 年、1895 年和 1899 年等学年(半学年课程);
"铁路运输",半学年课程,1891—1894 年及 1895 年;
"银行",半学年课程,1896 年;
"税收",半学年课程,1897 年、1898 年、1900 年及 1901 年;
最后,本科半学年课程"理论"(后来是经济学 I),1901 年、1904 年、1906 年、1908 年、1916 年、1917 年及 1930—1935 年。学生们认为这是第一流的本科课程。

[5] 引自 1895 年毕业典礼上的《年级报告》。

中,他声称,自 1886 年以来,他就一直"过着一个大学教师的平静生活"。在这样的语气中,到底是只有满足,还是也有几分温和的叹息呢? 还有,作为他始终不渝的对哈佛的深深依恋的另一个征兆,我们不妨引用下面这句话:"我有幸刚好在参加哈佛建校 250 周年的庆典时获得了这一任命,而且,当时我是最年轻的教员,看来似乎比其他任何教员都更有机会参加未来 300 周年的庆典。"

1888 年 6 月 29 日,陶西格在新罕布什尔州的埃克塞特与波士顿的伊迪丝·托马斯·吉尔德(Edith Thomas Guild)小姐结婚。他们的儿子威廉·吉尔德·陶西格出生于 1889 年。那年夏天,他在当时被称作诺顿庄园的地方建造了自己的宅邸(斯科特街 2 号)①,希望"未来许多年里,平和而安静地生活在那里"。他的长女玛丽·吉尔德[Mary Guild,后来嫁给了杰拉尔德·C. 亨德森(Gerald C. Henderson)]出生于 1892 年,次女凯瑟琳·克隆比[Catherine Crombie,如今是雷德弗斯·奥佩(Redvers Opie)博士的妻子]出生于 1896 年,三女儿海伦·布鲁克斯(Helen Brooks,如今是一位医学博士,多年来一直是巴尔的摩市的约翰·霍普金斯医院的儿科专家)出生于 1898 年。

除了教学和研究工作之外,他的各种各样的活动也在有条不紊地进行着:他不断写文章,投身于反对白银自由兑换的战斗,担任坎布里奇学校委员会的委员(1893—1894 年),担任马萨诸塞州税法州长委员会的委员,作为波士顿商会的代表出席印第安纳波

---

① 所有哈佛人都知道,那幢房子一直是他的家,几乎直到他的生命结束。[只是在 1940 年秋天,他把它租了出去,搬到弗兰西斯大道他的长女(亨德森夫人)家里。]后来,一份家族授产协议使他拥有了马萨诸塞州克图特的一处坐落于美丽海滨的、宽敞的避暑别墅,家庭才终于安顿好了。

利斯货币同盟大会,以及诸如此类。他履行了哈佛大学行政工作的职责,然而,这项工作从来都不是他的主要兴趣之一[1]。1888年,他当选美国艺术与科学学院院士;1895年当选英国经济学会(皇家经济学会)的美国通讯员[2]。这些事情,在一个名不见经传的小人物的一生中或许都很重要,但我们在这里提及,仅仅是为了把这幅画像弄得更丰满些,因为他众多的朋友和弟子们可能对细节感兴趣。为了他们,我们还要补充一点:1894—1895学年的年假他是在国外度过的——两个月在卡普里岛,另外两个月在罗马——在此期间,他获得了意大利语的阅读能力,从而增加了他的专业储备。

在他回国的时候,大量的工作等着他。经济学系迅速发展,选修基础课的学生已经超过了500人。他发现,给这500人讲课严重消耗了他的精力,但也给他带来了极大的满足,因为这使他"有鼓舞人心的大好机会,可以接触大部分本科学生"。但事实证明,

---

[1] 在这里我们插入陶西格在哈佛行政管理中的公务活动的一览表:

各教职员委员会

特别生委员会	1890/1891—1891/1892
转学生招收委员会	1892/1893—1893/1894
教学委员会	1895/1896—1900/1901
毕业论文宣读委员会	1896/1897—1900/1901
鲍登奖学金委员会(主席)	1899/1900—1900/1901
拉德克利夫大学院教学与学位委员会	1906/1907—1908/1909
(主席)	1908/1909

经 济 学 系

系主任	1892/1893—1893/1894;1895/1896;
	1898/1899—1900/1901;
	1910/1911—1911/1912

历史、政治与经济学部

主席	1896/1897—1897/1898

[2] 在1895年毕业典礼的《年级报告》中,他写道:"有人告诉我,通讯员这个职位导致我在某些人当中被视为美国繁荣的一个顽固而不忠的敌人,但我很乐意接受这一职位,并把它看作来自一个杰出科学家团体的荣誉任命。"——这是一段有趣的话,令人不禁莞尔。

更大的满足和更鼓舞人心的服务机会,是他被任命为《经济学季刊》的主编。这一职位,他曾在 1889—1890 年当邓巴教授不在时临时充任过;然后从 1896 年起一直担任到了 1935 年。这种编辑工作,以后就更多了[①]。至于其余的事情,引自《年级报告》(1895)的另一段话很适合用来结束我们对这些年的回顾:

> 就大学政治而言,我坚定地拥护把大学课程缩短为 3 年,并修改入学条件,使得希腊语在考生可能报考的科目当中不再受到特别的青睐。……在政治上,我是一个被人憎恶的中立派,一直在等待一个新的政党出现,它的政纲应该公正地支持适度的关税,健全的货币,尤其是要支持行政改革和诚实政府。

三、生命的秋天(1901—1919)

42 岁的陶西格并不觉得自己老。他的生活中没有拘束、烦恼或忙乱。他声望日隆。他在很大程度上实现了自己的雄心壮志。尽管有了这一切,尽管健康状况堪称完美,可他还是突然发现自己不能工作。这就是我们所说的神经衰弱,事实上,这种情况在从事学术研究的人身上,比我们从教授生活的一般条件所推导出的更加常见。他请假去国外休养两年,在奥地利阿尔卑斯山的梅兰度过了一个冬天,另一个冬天是在意大利的里维埃拉度过的,这之间的夏天(1902 年)则在瑞士度过。就这样避免了更大的灾难,使他能

[①] 1896 年,他被推选为美国经济学会出版委员会主席,因此涉及更多的编辑工作。

够在 1903 年秋天重新开始教学和《经济学季刊》的编辑工作。不
久之后,他被推选为美国经济学会主席,在 1904—1905 年担任此
职①。但仅此而已:在他的成就史上,1901—1905 年是一段空白。

到 1905 年末,他再一次恢复了从前的自我,至少是恢复了作
为一个教师和一个学者的自我(在其他方面,他不得不为了自己的
余生而养精蓄锐)。正是在这一时期,他充分发展了自己的讲课方
法,完全掌握了高超的教学艺术,这些奠定了他作为一个教师的世
界性名声。在他的研究工作中,他在自己最早选择的国际贸易领
域继续耕耘,这些年里他撰写的大多数论文都属于这一领域。这
些劳动的成果,后来在 1915 年首次出版的《关税问题的某些方面》
(*Some Aspects of the Tariff Question*,增订第三版出版于 1931
年)一书中大获丰收,这本书是工业事实的武器库和分析的杰作。

也是在 1915 年,陶西格到布朗大学讲学,并以《发明家与挣钱
者》(*Inventors and Money Makers*)为题出版了讲稿②。据我们所
知,这本书是此类研究的第一个有形的成果,对于这一类研究,他
一直很感兴趣,而且也非常胜任。这个一般领域可以称之为经济
社会学,或经济活动的社会学。制度研究是其中的一部分。对制
度背景下个人或群体行为的研究,是它的另一部分。在这一辽阔
的领域里,对企业家类型及行为的现实主义分析,构成了最重要的
一组问题,随着时间的推移,陶西格对这些问题投入了越来越多的
关注。

---

① 在那一时期,他还当选英国皇家学院和林塞科学院的院士。在我们眼下所回顾的整
个时期,人们授予他的其他荣誉,也证明了他已经确立的声望。1914 年,他接受了
布朗大学授予的文学博士学位,虽说本地高僧不如外来的和尚吃香,但他还是在
1916 年接受了哈佛授予的文学博士学位。
② 这里我们不妨顺便提一下,1916 年,他还在加利福尼亚大学的暑期学校作了一系列
讲座。

　　然而,从 1905 至 1911 年,他的大部分精力都投入到了《经济学原理》(*Principles of Economics*)的写作上,这本书是他多年教学和思考的结果。这部两卷本的著作出版于 1911 年。它立即大获成功,这是它应得的,它成了使用最广泛的经济学教科书之一①。然而,无论是它的意图,还是它的成就,这个说法都没有充分地表达出来。诚然,它是一项杰出的教学成就,其中包含了一位杰出教师的成熟智慧。而且,陶西格所讲授的不止是事实和方法。他还传授态度和精神。他自己充分接受了一种传统,对于这一传统至少我们当中有些人倾向于提出质疑——这一传统认为,经济学家的权利和责任就是要形成和判断公共政策、引导舆论、界定可欲的目标。对于这一责任,他有着最高的评价,并打算以自己强大品格中那种与生俱来的责任感去履行它。像马歇尔一样,他也传授他那个时代的福音,而从不逾越它的范围,也不显示其相对意义。但他按照它的最高标准来讲授它,给人留下了深刻的印象。他因此跻身于以亚当·斯密为首的伟大经济学家的行列,他们都相信,讲授经济学就意味着讲授人性。

　　但这还不是一切。且不管是对是错,人们一般都认为,教科书所传递的并不是一个人自己的材料。当然,对整个领域的任何系统研究都包含了这样的材料。但陶西格的这本专著在某种十分罕见的程度上包含了他自己挖掘出来的材料,而且主要是系统地阐述他自己思考的结果。这一说法明显适用于该书的第四篇或其中的一部分,它是对国际贸易最好的论述之一。在更小的程度上,它也适用于第三篇(货币与银行)、第六篇(劳动)、第七篇(经济组织问题,比如,铁路、工业联合体、公共所有权和控制权,以及社会主

---

① 第三版出版于 1921 年,是为了考虑战争的影响而修订的。日文版出版于 1924 年。第四版出版于 1939 年,在很大程度上重写了。

义)及第八篇(税收)的很多个别地方。

第一篇("生产组织":财富与劳动,劳动分工,大规模生产,以及诸如此类)除了按照传统的套路介绍经济学的整个主题之外,还在论述资本的那一章里发出了个人的声音,这一声音后来在第二篇(价值与交换)和第五篇(分配)中占支配地位。这几篇提供了我们如今称之为古典体系的陶西格的个人版本,并标志着一个介于老的古典学说(斯密—李嘉图—穆勒)与我们这个时代的理论著作之间的过渡阶段。他把自己的结构建立在《工资与资本》一书所奠定的基础之上,在其间的那些年里,他稳定地发展了这一基础——最重要的垫脚石出现在他的论文《资本、利息与递减收益》(《经济学季刊》,1908)和《工资理论纲要》(《美国经济学会会刊》,1910)中。他所说的很多内容,现代理论家恐怕不会同意。在这里,重要的是,在那个以拥有像马歇尔和维克塞尔这样一些人物而自夸的群体当中,他赢得了一个前排位置。

让《经济学原理》一书最终得以成形的工作,是在悲痛的氛围中进行的。一段时间以来,陶西格夫人的健康状况一直令人忧虑。1909—1910 年,他请了一年的假,这一年他们是在纽约的萨拉纳克湖度过的。1910 年 4 月 15 日,陶西格夫人在那里与世长辞。

然而,研究和教学工作在稳步继续。我们不妨再从 1914 年毕业典礼的年级报告中引用一段话,以结束对这些年的描绘——事实上,这幅图画一直到 1917 年都不曾改变:"过去的 7 年里,我的生活一直很平静,冬天在坎布里奇工作,夏天在我们位于克图特的家中度过。我继续讲授跟前些年几乎相同的课程,我的大部分精力用在了'经济学 I'上,它是这一学科最早的课程,如今成了大学课程中最大的选修课。我们经济学系的政策,事实上也是整个学校的政策,就是不把学生众多的普通课程交到青年讲师的手里,而是要让它们始终在更年长、更有经验的教师的掌控之下。"接下来，陶西格声称，在1912年春天，他作为波士顿商会的代表去了一趟欧洲，出席在布鲁塞尔召开的国际商会大会，接下来，在1912年9月，他担任了波士顿举行的国际商会大会程序委员会的主席。

然而，1917年初，陶西格开始了一段既短暂又辉煌的新的职业生涯。大自然把他造就得适合于公共服务，而且，从广义上说，他整个一生都是一位伟大的公务员。不过，在大约两年半的时间里，他由于接受了新近成立的美国关税委员会的主席一职，从而成了狭义上的公务员。

领导一个新的公共部门，塑造它的精神和它的日常工作程序，创造核心传统，是公共行政管理当中能遇到的所有任务当中最困难的任务之一。这在任何国家都是如此，但在美国更是这样，因为在这里，熟悉官僚工作的"老手"（任何一个新部门可以利用他们的经验）实在太少。在美国这样的行政条件下，承担这样的任务而没有失败，无疑足以证明一个人非同寻常的人格力量。对于该机构的半科学、半司法的职能来说，陶西格当然是合适的人选，而且人人都说他绝对成功。关于该委员会的恰当职能，他的想法是强调其职责中的实情调查方面，并通过从调查到建议等谨慎的步骤来进行，他希望这些建议最终倾向于取代关税领域的立法一直作为根据的那些片面陈述。就这样，关税委员会在他的领导下，着手系统地研究关税法案中列出的所有重要商品，以便在有机会修订法律的时候向国会提供可靠的信息。他提出的一项计划是修订海关行政法规，这些法规还是1799年马车时代的遗产，笨拙得几乎令人难以置信。后来，委员会的建议几乎全部被采纳了。他提出的一份报告处理的是自由港和免税区的问题，还有一份报告处理的是互惠和通商条约，二者不仅都是杰出的工作，而且对国家政策的形成发挥了相当可观的影响。这些报告在很大程度上是他的个人作品，表达的是他个人的观点。他虚怀若谷，善于接受一切合理的观点，再加上他突出的权威，这一切自然使他成为这个团队的领袖，这在此类性质的行政职位上并不常见。我们最好是引用该委员会的"第三年度报告"中的补充说明，这份报告是在他辞职以后不久发布的：

> 陶西格博士在 1919 年 8 月 1 日辞去了他的职务，本委员会因此而遭受了不可弥补的损失。许多年来，他在美国关税史和关税政策方面的知识，超出了其他任何活着的人。他关于这些课题的几部著作和许多论文，构成了很能说明问题的信息宝库，研究者和立法者长期以来以它们为指导。与此同时，他的著作和他的观点丝毫没有表现出专家的狭隘见识，因为他在其他领域里的广博学识，以及他对商业事务和商人的熟悉，使他能够从正确的视角认识关税政策的重要性及关税政策的细节。他把教育家和理论家的见识与实干家的理性判断和常识结合了起来。除了这些品质之外，他还拥有强大的人格力量和充沛的精力。总统选择他来担任关税委员会的主席，让人们普遍感到满意，并让各方面相信委员会的工作是公正的、正确的和有益的。在两年多的时间里，他做出了不小的个人牺牲，他的智慧，在缔造它的组织，发起和计划它的调查研究，引导它的建议，以及指导它的活动上，都是必不可少的。

随着美国的参战，陶西格的职责很快就超出了关税委员会本身的工作范围。他成了战时工业委员会定价委员会的成员，有一段时间，他同时效力于食品管理局碾磨处，以及该局的肉类加工业小组委员会。负担很快就大到了他难以承受的程度,他不得不减负。然而,在托马斯·伍德罗·威尔逊总统的请求下,他还是保留了定价委员会委员及关税委员会主席的职务。

威尔逊总统充分认识到了这样一位精明能干、热心公益且公正无私的顾问的合作所具有的价值。他们的关系是这样的,早在1918年1月,陶西格就觉得自己能够向总统就一些远远超出自己公务职责范围的问题提出看法,尤其是关于美国的战争目标。因此,他应邀加入和约顾问委员会就几乎是理所当然的事了。同样自然的是,该委员会的关税与通商条约小组委员会就是他专门的任务了,但他也出席了关于经济条款的一般委员会,并充当了它的起草人。他还在其他问题(包括外交问题和国内问题)上提供了帮助和建议。

他去巴黎的时候,下定决心要支持公平和正义,完全没有丝毫的报复心理。毫无疑问,对于他的职权范围之内的很多个别问题,他实际上能够发挥决定性的有益影响,巧妙地抑制很多过分的要求①。但这一影响究竟达到了何种程度,我们永远不得而知。而对于和约中一些更凶险的条款,他究竟有什么样的想法和感觉,我们也不得而知,除了他在波士顿发表的一篇题为《巴黎和会的人性故事》的演讲②中所讲述的那些东西之外。在这几个月的时间里,他给家里写了一些令人愉快的、几乎有些唠叨的信件,信中只涉及他每天的事务和观察。他的一部分所想所做,或许可以从他的私人谈话中得以重构。但他从不细说他所承担的部分工作,他对自己的批评性意见总是守口如瓶。我们当中有些人可能对此感到遗

---

① 事实上,根据英国的建议,很多涉及关税与条约的较小问题,都把他当作仲裁者由他来做决定,尽管有一些对不合理要求的妥协似乎是违反他的建议而做出的。
② 这篇演讲的摘要发表于《基督教纪事报》(*Christian Register*),1920年。

憾,但这正是其人的典型特征。他的一言一行,都是被高度的责任感所驱使。他从不"贬抑"任何一个与他合作过的人。

在 1919 年 6 月回国之前,他就递交了辞去关税委员会职务的辞呈,辞职实际上是在 8 月生效。然而,在 1919—1920 年,他依然效力于总统的工业会议,直到 1926 年,还在食糖均衡委员会效力。[1]

四、泰斗(1920—1940)

60 岁那年,陶西格带着更高的声誉和威望,带着几乎是年轻人的热情,回到了哈佛,回到了他的教学和研究工作中,明显决心要实现他早年的誓言,"住在坎布里奇,并为哈佛工作"到最后。

他的生活再一次回到了过去的轨道上。他的日子因为愉快的工作而充实,仅仅被短时间的愉快散步所打断,以及夏天在克图特被长时间的游泳和日光浴所打断。晚上,他偶尔会欣赏一场音乐会,更多的是和朋友们在一起,主要是从事学术工作的朋友——他强大的人格力量和蔼地支配着这伙人,以至于给他的晚宴带来了些许教室上课的感觉。他令人愉快而慷慨善良的天性,通过庄严矜持的外表显示出来,于是,他成了深受爱戴的领袖,带着他所有闪光的优点以及所有可爱的小习性,永远活在我们的记忆里[2]。

---

[1] 为了完整起见,我们在这里不妨记录一下,他还获得了比利时皇冠勋章和荣誉军团骑士勋章。

[2] 我们在这里不妨提一下他所获得的荣誉学位:西北大学(法学博士,1920 年),密歇根大学(法学博士,1927 年),波恩大学(哲学博士,1928 年),剑桥大学(文学博士,1933 年)。上面提到的最后一个学位给他带来了最大的快乐。为了接受这一荣誉学位,他跨越大洋来到英国,他十分喜欢在英国逗留的那些日子,特别是授予学位的典礼——典礼的庄严肃穆因为演说者令人愉快的玩笑而得以缓解。1920 年,他当选为美国大学优等生荣誉学会哈佛分会的会长。

1918年,他与劳拉·费希尔(Laura Fisher)小姐结婚,在未来10多年的时间里,劳拉的亲切友善使这个家变得更加明亮欢快,也鼓舞了那些怀着钦佩、热爱和敬畏的心情来向这位大学者致敬的年轻人。

　　在他的专业活动的范围内,《经济学季刊》的编辑工作占据着比从前更加显著的位置。这既是因为《经济学季刊》对于他的意义,也是因为他对于《经济学季刊》的意义,这里最好是暂停片刻,以便清楚地说明他所提供的服务和他所取得的成功。从1896到1936年——中间除了神经衰弱的那两年之外,只有几次短时间的中断——他带着不倦的热情致力于读稿、审稿、约稿、提供修改建议等工作。在1929年A. E.门罗(A. E. Monroe)教授参与这项工作之前,除了秘书之外,他几乎没有别的帮手。他所取得的成功是惊人的。说到《经济学季刊》在他主持下所保持的学术水平,以及它对全世界科学经济学的发展所做出的贡献,不可能有任何怀疑。

　　这样的成功实属罕见。事实上,在经济学领域,要想找出一个达到陶西格那样水平的编辑,怕是颇为不易。要想解释他的成就的奥秘,就要解释他的性格,在他的性格中,人格的力量和开阔的胸襟组成了一个如此幸运的联盟。他坚定果断地领导着《经济学季刊》,不让自己受到各个委员会的妨碍。他偶尔也会征求建议,但他总是独自做出决定,几乎不被这样的建议所左右。一个独断专行、固执己见的人,往往狭隘而专横。但他全无这样的缺点。他一眼就能认出卓越的品质,并坚持得到它。但自己是否喜欢一个作者的方法或结论,对他而言完全无关紧要。关于这一点,一个引人注目的实例是他对数学投稿的处理。他自己对数理经济理论的态度,即便谈不上讨厌,至少是抱怀疑态度。然而,他欢迎亨利·L.摩尔寄给《经济学季刊》的那些论文,在他担任编辑的最后一年,他兴高采烈地接受了在这方面前所未有的技术性最强的一件作品。这还不是一切。他以一种非常恰当的方式,面对了那些论述当下重要问题的文章摆在任何一个科学期刊编辑面前的难题。他当然希望《经济学季刊》能够跟当下的问题保持接触。但他更青睐于那些论述有助于按照一般原则来处理的问题的稿件,他设法得到(通常总是得到了)那些在某个方面有着永久重要性的稿件。就书评而论,他更喜爱那些经过精心选择的书籍的书评文章,因此避免了困扰一个编辑的另一个难题。

要求严格的编辑,总是设立标准,而不是接受标准,他因此也就成了同行的指导者。但是,当我们追忆眼下正在回顾的那段岁月时,我们想到的他是哈佛学生们的老师。我们始终在强调,他的心灵和精神一直都集中于这件工作上,在这方面,他没有匹敌者。诚然,就形成思想流派而言,他不仅有匹敌者,而且有胜出者,尽管他自己在国际贸易领域形成了一个流派,尽管他对经济问题的一般看法不难看出有着深远的影响;然而,作为一个教学艺术的大师,无论是在美国还是在其他国家都无出其右者。现在,我们将试着说明他的方法。

我们已经看到,他讲授过各种不同的课程。他还曾担任导师[①],而且是个令人印象深刻的、振奋人心的讲课者。但他作为一个教师的世界级声望,跟他的理论课密不可分,从 1928 年起,他就一直专门讲授理论课,尤其是他最喜欢的(研究生)课程"经济学 II"——这门课程塑造了很多美国学者的思想,并在美国各大学被广泛采用。在这里,他的个人成功,是通过课堂讨论的方法来实现的。这一方法和他所选择的材料,都非常适合他所发现并帮助形

[①] 从 1925—1926 学年到 1931—1932 学年,陶西格曾和少数优等生进行过一些讨论,规则是每个学生讨论一次。大学课程目录说他从 1927—1928 学年到 1934—1935 学年一直担任导师。

成的科学经济学的情况。

　　他是最早认识到下面这个事实的学者之一：经济理论，像任何其他学科的理论部分一样，不是一座秘方的宝库或一套哲学，而是一个用来分析现实生活中经济模式的工具。因此，教师的任务就在于传授某种观察事实的方式、思维习惯，以及阐述那些我们从事实中发现问题的艺术。但是，仅仅懂得这一工具是不够的，学生还必须学会操作它。陶西格实现这一目的的方法，被他自己称为"苏格拉底的方法"。在每一次课堂讨论会上，他总是从一个他非常清楚如何引发兴趣的特殊问题开始讨论，让学生们通过争辩得出结论，用一种过去不曾有过、以后也不会有的既和蔼可亲又坚定不移的态度来指导讨论会的进行。有一次，课堂讨论会下课之后，他对一位朋友说："我对我今天的表现很不满意。我自己说得太多了。"

　　在选择材料上，他的习惯做法是在过去的学说与未来的学说之间走中间路线。在他那个时代，人们通常所说的"古典经济学"（1776 至 1848 年之间重要的英国经济学家的观点和方法）正缓慢地从这幅图景中消失。然而，尽管他所讲授的基本上是更现代的理论，尤其是马歇尔的理论，但他始终考虑到了古典学派的背景。再者，在他那个时代，一些新的趋势已经出现，到如今，这些趋势已经产生了一种不同类型的经济学。他谨慎地追踪它们的发展，但从不超出他觉得根基牢固的范围。这一策略与他作为一个教师的巨大成功有莫大的关系。他避免了只有少数人会感兴趣的精雕细刻，同时坚决远离那些确实正变得过时的东西。

　　仅仅说学生们喜欢他，说他的讲课充满智慧和经验丰富，那是不够的。他所做的，远远超出了这样的陈述所传达的东西，他成功地把他精神的宽广宏阔和他高度的公共责任感，深深地铭刻在每一个接近他的人的印象里。

像先前一样，他最后几个十年的研究成果可以分为三组。

第一组，我们可以注意到，在 1920 至 1934 年间可以归到他名下的将近 60 种出版物当中，绝大部分是探讨国际贸易问题。他在关税委员会的工作以及研究战时和战后问题的成果，当然显得很突出——事实上，这些经历不仅提供了应用和验证自己观点的机会（顺便说一句，这些观点远比那些贬损"古典"学说的人习惯于承认的要成功得多），而且促成了新的进步[①]。一本题为《自由贸易、关税与互惠》(*Free Trade, the Tariff and Reciprocity*)的论文集出版于 1920 年[②]；1927 年，他出版了他的杰作《国际贸易》(*International Trade*)[③]，以此告别了他所讲授的这门课程，尽管绝不是告别了对这个课题的兴趣。

这部专著包含了一些新东西，我们在这里不可能加以讨论，但总的说来，它以无法超越的清晰和力量，总结了陶西格在这一领域的大部分工作和学说。要想对这部著作那令人印象深刻的结构做出恰当的评价，首先必须把那种对现代理论家来说始终是绊脚石的东西的重要性降低到恰如其分的程度。关于国际贸易的纯理论无疑处在激进重构的过程中，这种重构必定要摈弃陶西格所使用的大多数工具。他甚至从劳动量的价值理论开始，他发现，这一理论在厘清某些基本问题上很有用，但是，除非借助很多具有最危险性质的辅助性假设，否则这一理论就得不到支撑。在很多人眼里，这给他打上了"古典学派"的烙印。但他对技术本身从未表现出太大的兴趣。他使用自己手头能得到的任何工具来实现他的科学构

---

① 特别是参见他的重要文章《贬值纸币下的国际贸易》(载《经济学季刊》，1917 年)。
② 法文版出版于 1924 年。
③ 德文版出版于 1929 年，日文版出版于 1930 年。

想,就算这个工具是李嘉图的,它的使用者也远远走在了他的时代见证人的前面,例如,他宏大的国际原材料分配计划。他在自己确实感兴趣的实际问题上所取得的成功是惊人的。批评者应该惊讶于过时的工具在一位大师的手里能够实现什么,而不是惊讶于这位大师舍不得放弃过时的工具。

然而,理论并不是其成就的全部,甚至不是其成就的主要部分。即使不考虑他宽广的视野、深邃的智慧以及对政治含义的精辟评估,仅局限于其成就的纯科学方面,我们也不能不赞赏他的工作方法,以及他以计量经济学的精神引领众多弟子们工作的方法:"理论"的后面紧跟着"事实",或者用他所选择的说法,紧跟着"验证的问题";在这里,时间序列分析得以产生,尽管是很简单的那种。但他已经远远超出了计量经济学家通常讨论的区域。他使自己的分析成为经济史的一种工具,并因此通向了充满希望的未来,到那时,理论文盲将不再是经济史家应当佩戴的荣誉勋章,而历史文盲也不再是理论家应当佩戴的荣誉勋章。

第二组,他凭借自己在 1932 年出版的《美国商业领袖的起源》[*Origin of American Business Leaders*,与 C. S. 乔斯林(C. S. Joslyn)博士合作]一书,树立了另一块里程碑。我们前面已经指出,陶西格对我们所谓的经济社会学越来越感兴趣。首先,吸引他的是个人的行为或动机。然后,他改弦易辙,转向了另外的路径。他是少数认识到下面这个事实的经济学家之一:一个社会,在某些对其特殊结构来说是基本社会职能——比如,武士在封建社会里的职能——的行当里选择其领袖时所使用的方法,对这个社会来说是最重要的事情之一,无论是对它的成就还是对它的命运来说都至关重要。在处理这个问题上,陶西格做了一次大胆而新颖的努力,他通过调查问卷的方式,搜集了关于白手起家者(或他们的后人)在美国工业中的作用究竟如何这个问题的广泛信息。不管我们如何看待陶西格在从这样搜集的材料中得出结论时所使用的方法的优劣得失,我们都无法回避这样一个事实:就赋予这一冒险以真正意义的广泛方面来看,这一研究是开拓性的工作,是天才之举。

第三组,从他的理论车间里产生出来的另外两个贡献也应该被提到。第一个应该被记住的贡献是《成本曲线研究》(载《经济学季刊》,1923),这是因为这一课题近来获得的重要性。这篇论文是陶西格在关税委员会的工作成果,他在文中提出了"大宗生产成本曲线"的理论。诚然,事实证明这一特殊理论并不成功,但它再一次开风气之先。第二篇论文《市场价格是确定的吗?》(载《经济学季刊》,1921)给了科学思考又一次推动。据我们所知,陶西格是第一个面对下面这个事实的人:对于经济理论,要想使之在数量上变得可操作,迟早要用值域而不是用散点、要用宽度有限的区域而不是用普通意义上的函数来工作。这一指导迄今尚未得到遵循,其最好的理由是它需要全新的技术。然而,有朝一日,陶西格的"半影"——他最恰当的一个术语——终会得到它应得的。

不过,当那个"不可避免的结局"——他是这样称呼的——开始投下它的影子时,那一天也就为期不远了。1932年之后的任何一年都没有什么重要成就。在教室里,他依然做着杰出的工作。但慢慢地,他开始意识到松手的危险。对一个有他这样性格的人来说,对一个生活就是工作的人来说,这必定是一次剧痛。但他没有犹豫。1935年,他辞去了教席,1936年辞去了编辑职务[1]。后

---

[1] 学校把亨利·李荣誉教授的头衔授予了他。1936—1937年,他当选为哈佛校友会的主席。他的弟子和朋友们为了庆贺他的77岁生日,献给他一卷纪念文集,题为《经济学探险》(1936)。

来，他这样写到他的退休："我的同事和朋友们都说他们很难过，他们好心的言辞，让我感到我已成功地实现了自己的夙愿——当人们还能略带坦率地说'这真可惜'的时候挂冠而去，而不要等到他们可以完全坦率地说'是时候了'才退休。"

幸运的是——特别是当《经济学季刊》已经从他的生活中消失的时候——还有一项他曾经决心要践行的职责在等着他。他的《经济学原理》长期以来一直是他十分惦记的事。第三版的修订是仓促完成的，从未让他感到满意。"鉴于1914年以来经济和社会的巨大变化，对任何课题的处理几乎都不可能完全一样。"[①]他集中自己剩余的精力，致力于严格的修订、部分推倒重来的工作上，第三篇（货币与银行）和第四篇（分配）彻底改写了。在找到一些能干的合作者，并成功地完成了这最后的修订版之后，在1939年3月，他便可以写他那篇感谢序言了。总体架构、视野和方法都没有改变。理论架构的基础也没有改变。

这样做是明智的。陶西格作为一个经济学家，其工作自有它的历史地位。它绝不可能从这一地位上消失。它绝不会因为毫无特征的折中主义而遮蔽它鲜明的特征。如果从美国经济学发展的角度来看待这些特征的话，它们就显得更加引人注目了。最初，有一些富有实践智慧的早期大师——汉密尔顿（Hamilton）之流——但是，在那样的环境里，人们有很多不同于哲学思考的其他事情要做，本土的科学经济学自然也就兴盛不起来。有丹尼尔·雷蒙德（Daniel Raymond）那种类型的保护主义的斯密学派，后来又有像亨利·凯里（Henry Carey）这样一些富有原创性但没有受过专业训练的思想家。在内战前后，事情开始向前发展，起初很缓慢，后

---

① 引自第四版序言。

来越来越迅速。说到导致这种改变的发展,与之联系最为密切的,莫过于陶西格的名字了。但在他成长的那个年代,像其他每一个重视严肃思考的人一样,他首先也不得不学习英国的课程,其形式是穆勒赋予它的。像马歇尔一样,他也是从穆勒那里获得了基本原理。然而,任何头脑敏锐的人,在阅读穆勒的时候,都不可能没有看到李嘉图那更加伟岸的形象,正越过他的肩膀向更远的地方看过去。有志趣相投的人,陶西格觉得能接受他的指导,不是以模仿的精神来接受,而是以创造性的忠诚精神来接受。那些从李嘉图的结构出发的人——其中包括马克思——所遇到的困难,陶西格想必也遇到了。当他拼命吃透李嘉图著作第一章中著名的第四节时,他偶然发现了庞巴维克的作品——它无疑帮助他精心构建了一种资本理论,这种资本理论同时也是工资理论。像马歇尔一样(马歇尔的路径不同,但从根本上说是平行的),他也不喜欢效用分析——只是程度稍逊而已。但他在继续发展自己的工资理论、直到"打过折扣的劳动边际生产力"这个短语所标示的那个位置时,并没有感觉到什么困难。一旦到达了这个位置,英国的马歇尔与这位美国的马歇尔之间的相似之处就变得更加明显了。二者都成功地构建了自己的分析工具,这种分析工具是古典的,这里所说的"古典",是适用于1890年代的理论物理学那种意义上的——是表达线条的美与简单以及技术的局限性那种意义上的。二者都使这一工具服务于一个伟大的历史构想,以及对解决当时迫切问题的强烈渴望。正如他们所做的那样,二者在互相尊敬上是正确的,在互不放弃任何观点上也是正确的。

新版《经济学原理》的完成,给陶西格的生活留下了一段巨大的空白,他不断地努力填充这一空白,然而却无能为力。这段空白并没有让他在无所事事中休养生息。他始终觉得还有工作等着他去做。事实上确实有工作。很少人最后的教诲像他的那样有价值。但他很快就不能坚持努力工作了,而且,除了我们前面已经引述过的他对父亲的生平所作的简述之外,他继续做出的艰苦努力并没有产生任何结果。他属于这样一种人,他们注定要在工作中死去,临终祷词的吟诵声永远不会按部就班地为他们唱响。

然而,直到最后,他完全没有老年人常见的不适,十分罕见。他耳聪目明,还能散步和游泳。他的心里没有个人烦恼,家庭生活中不乏天伦之乐,1940 年夏天,家人都来到克图特,最后一次围聚在他的身边。一如往常,在新学年开学的时候,陶西格回到了坎布里奇。在那里,他突然发病,在一个礼拜的时间里不省人事。他再也没有恢复知觉,于 1940 年 11 月 11 日悄然离世,平静安详,毫无痛苦。

欧文·费雪[*]

Irving Fisher

$(1867 — 1947)$

* 本文原标题为《欧文·费雪的计量经济学》,发表于计量经济学协会的杂志
《计量经济学》第 16 卷第 3 号,1948 年 7 月。

一

这位已经离开我们的美国伟人，远不止是一个经济学家。不过，他所影响的广阔领域，以及养育其思想的这个时代的学术氛围，已经在《计量经济学》①杂志中得到了极好的考量，我在本文所谈的将仅限于费雪在我们这个领域里的纯科学工作。但这并不会降低他的成就——除非因为我自己的失误而使之降低。因为，不管费雪可能是别的什么身份——社会哲学家、经济工程师，在很多他认为对人类福祉必不可少的事业中充满激情的改革者、教师、发明家、商人——我敢预言，他将主要作为这个国家最伟大的科学经济学家而名垂青史。

我还要进一步限制我的任务。萨苏利先生作为费雪的一位亲密合作者，已经对费雪的统计工作进行了生动而充分的描绘，特别是，他还展示了《指数的编制》（*The Making of Index Numbers*）一书以及费雪对统计方法的最具原创性的贡献"分布滞后"在历史上的重要意义。我不打算重复他已经写过的东西。下文中我们要考量的仅仅是作为理论家而不是作为统计学家的费雪。尽管如此，

---

① 参见马克斯·萨苏利（Max Sasuly）的《欧文·费雪与社会科学》，载《计量经济学》第15卷，1947年10月，第255—278页。关于费雪其人及其工作的其他评价，以及关于他事业生涯的表面事实，读者还可以参阅R.B.韦斯特菲尔德（R. B. Westerfield）教授和P. H.道格拉斯（P. H. Douglas）教授的《纪念》，载《美国经济评论》第37卷，1947年9月，第656—663页。

但在我打算处理费雪的活动的段落中，也依然不能完全把作为统计学家的费雪排除在外。因为自始至终，费雪的目标都是一种在统计学上可以运用的理论，换句话说，其目标不仅是数量的结果，还有数字的结果。他的工作整体上非常适合"改进经济理论中与统计和数学有关的部分"以及"统一理论数量的与经验数量的方法"这样的计划①。考虑到他第一部著作的出版日期，我们必须把他看作计量经济学自威廉·配第以来最重要的先驱。倘若有人要求我用一句话来说明我为什么毫不犹豫地对他的工作使用"伟大"这个词，上面这句话就是我的回答。大抵说来，他的工作包含在6本书范围之内，即：《价值和价格理论的数理研究》、《增值与利息》（*Appreciation and Interest*）、《资本与收入的性质》、《利息理论》（*The Theory of Interest*）、《货币的购买力》（*The Purchasing Power of Money*）和《繁荣与萧条》（*Booms and Depressions*）。②

二

我敢肯定，当拉格纳·弗里希（Ragnar Frisch）在美国统计学

① 计量经济学会章程第一节。
② 《价值和价格理论的数理研究》（他的博士论文，1892年，1926年重印）；《增值与利息》，载《美国经济学会会刊》，第三系列第11卷第4号，1896年8月；《资本与收入的性质》（1906）；《利率》（1907），这里考虑的是它后来的版本，即《利息理论》（1930）；《货币的购买力》[1911年，与H.G.布朗（H. G. Brown）合作的修订版，1913]；《繁荣与萧条》（1932）。我们将不考虑他写给一般公众阅读的书[特别是《货币幻觉》（*The Money Illusion*，1928）、《稳定的货币》（*Stable Money*，1934）和《百分之百的货币》（*100 Percent Money*，1935）]；也不考虑像《微积分简介》（*Brief Introduction to the Infinitesimal Calculus*）和《经济学基本原理》（*Elementary Principles of Economics*）这样一些教学方面的杰作。但在适当的场合，我们将会提到他大量论文中的少数几篇。

会为欧文·费雪举行的答谢宴会上把《价值和价格理论的数理研究》描述为一部"有着纪念碑式意义"的著作时,在场的听众想必都大吃一惊①。因为,尽管1926年的再版及其他情况使得这部著作不至于从伟大成就的清单上消失,但经济学界总体上对它从来没有做到充分公正。通常,就连很有能力的理论家也会认为,费雪的主要功劳在于他早在1892年就拿出了瓦尔拉的价值和价格理论的一个简洁而优雅的版本,在于他借助颇有独创性的数学模型生动阐明了这一理论。因此,这里有必要提醒读者,这本书的真正贡献究竟是什么。

在试着界定这一贡献之前,我们必须留心另一项义务,这就是公正地对待费雪本人。为了这个目的,我们一定不要局限于其作品中的那些从客观上讲确实很新颖的观点,而必须还要考虑所有从主观上讲也很新颖的观点,也就是说,必须考虑他在不知道其他比他更早的作品的情况下自己发现的所有观点。我们在其他情况下也是这样做的——比方说在李嘉图或马歇尔的实例中——而且,只有这样做,我们才有望对经济科学中某些最伟大人物的知识高度有一个恰当的概念。把这一原则应用于费雪的《价值和价格理论的数理研究》,我们就会发现,即使就其本身而言,通常的评价也很不恰当。在分析经济学的历史上,只有瓦尔拉的名字才有资格跟一般均衡方程联系在一起。但对我们的目的来说,回想一下费雪的声明(1892年版序言)是中肯的,他说,他在1890年得出了第四章第十节中的那些方程——它们并没有给出瓦尔拉的整个体系,但给出了它的核心——而在"当时,除了杰文斯之外,他没有阅读过其他任何数理经济学家的著作",而且,只是在"写完

---

① 参见《计量经济学》第15卷,1947年4月,第72页。

第二部分的三天之后",他才"收到也是第一次见到埃奇沃思的《数理心理学》",而且,尽管无差异变量、偏好方向之类的概念只能跟埃奇沃思的名字联系在一起,但是,当我们试图对费雪的思维能力有所了解时,我们还是有权回想一下我们这位亡友的上述声明。他从杰文斯的著作、从鲁道夫·奥斯皮茨(Rudolph Auspitz)和理查德·里本(Richard Lieben)的著作出发,并从中得到帮助。但从主观上来讲,他所做的工作,远不止是重述、简化和阐明瓦尔拉的理论。

然而,他在另外一个领域的成就,则完全属于他自己,由于缺乏更好的表达方式,我只好把这一领域称为效用理论——除非读者允许我使用自己的术语,称之为"经济潜力"。我发现,关于这一成就,要说出我自己想说的话格外困难,这不仅仅是因为篇幅所限。这一领域的现状,使得我几乎不可能在陈述我的看法时不被误解。更有甚者,费雪的贡献古怪地具有两面性。我们不妨分别看看这两张面孔。

一张面孔使我们想到帕累托。在后者否认效用是一种心理实体(甚至可以说是数量)的至少 8 年之前,费雪就在《价值和价格理论的数理研究》的第二部分大致上预料到了从帕累托到巴罗内、约翰逊、斯拉茨基、艾伦和希克斯、乔治斯库-罗根以及最后到萨缪尔森这样一条论证路线。杰文斯的最终效用和埃奇沃思的无差异变量,都被偷偷地塞进边沁的(或者说是贝卡里亚的)痛苦和享乐的计算,而且,埃奇沃思不仅特意向功利主义致敬,还通过引入费希纳的"刚好可以感觉到的快乐的增量",从而强调了他的功利主义血统。费雪觉得,"效用必须能够下定义,而且这一定义应该把效用与其实证的(或者说是客观的)商品关系联系起来"(序言,第 vi 页)。但在第二部分,他走得比这更远。

当每一商品的效用被看作一切商品数量的函数时,路径马上就被开辟出来了,在探索这样的路径之后,他最后得出的结论(在第四章第八节进行了不完整的重述),接近于完全不用任何种类的效用:留下的是一个没有任何心理含义的概念,它包含了在帕累托之后出现的所有工具。尽管费雪并没有使用这个术语,但他实际上是选择逻辑的鼻祖。就连一些将在后来的讨论中扮演重要角色的细节——如可积分问题——也可以在他的这本书中找到。

但是,还有另一张面孔,让我们联想到弗里希。他走上这样一条道路,在这条道路的逻辑终点上,有萨缪尔森的一致性假定,或者像有些人可能说的那样,有这样一个证明:效用是一个既不可接受又纯属多余的概念。而在走上这条路之前,费雪就以他无法超越的简单质朴和非凡才华,提供了度量这个子虚乌有的多余之物的理论,他根据这样一个限制性条件来定义效用的单位(util):任何一种(或者至少是一种)商品,其效用仅仅取决于其自身的数量,而与其他商品的数量无关[①]。这个限制性条件或许是不可接受的。上述方法的缺点,可能就像哥伦布的旗舰跟现代邮轮相比所显示出的缺点一样多。尽管如此,它依然是新生的计量经济学最伟大的成就之一。我希望《计量经济学》

---

① 读者应该知道,费雪是如何通过他的一篇最引人注目的教学杰作把这个问题穷追到底,这就是他在《纪念约翰·B.克拉克经济学论文集》(*Economic Essays in Honor of John B. Clark*,1927)中发表的论文《度量边际效用》。进行实际度量的方法在统计学上可能并不令人满意。但它近乎完美地阐明了这一观念,而且它还做了别的事情:它显示了放宽独立条件的可能性,A.瓦尔德(A. Wald)在另外的条件下也发展出了这一可能性(参见《通过恩格尔曲线近似确定无差别曲面》,载《计量经济学》第8卷,1940年4月,第97—116页)。关于弗里希众所周知的工作与费雪的工作之间的关系,参见前者为他的《度量边际效用的新方法》(*New Methods of Measuring Marginal Utility*,1932)所写的导言。

的读者都熟悉那些主要跟弗里希的名字联系在一起的进一步的发展。但我想回到这样一个问题：一个能够写出《价值和价格理论的数理研究》第二部分的人，如何可能把度量边际效用设想为计量经济学研究的一个合理目标？他把这一概念从一个门赶了出去——毫无疑问，他在第二部分就是这么干的——难道就是为了从另一个门把它放进来？答案似乎就是这样[1]。实际上，他已经将心理效用彻底扫地出门——在第一部分也是这样——而且再也没有让它进来，尽管像帕累托一样，他也保持了倾向于抹杀这一点的口吻。但是，不像帕累托，他认识到了，在选择逻辑之内也出现了一个有意义的测量问题，或者换个说法，基数效用与心理效用之间的结合并不像我们当中大多数人依然相信的那样紧密。我们可能想测量热，而不想（或不能）测量对热的感觉。我当然知道，整个观念此刻正被乌云所遮蔽，几乎没人对它感兴趣。但它还会回来的。

三

瓦尔拉的体系提出了使选择逻辑的那些定理具体化的行为方程（或最大化方程），这些选择要受到限制，其中，一部分限制包括

---

[1] 它在部分程度上是由 R. 弗里希的《论一个纯经济学的问题》[载《挪威数学学会会刊》(*Norsk Matematisk Forenings Skrifter*)，第 16 期，1926]中的公理体系提供的，这篇论文远远超过了费雪。然而，奇怪的是，无论是费雪还是弗里希，都没有更进一步地深入研究一个他俩明显都很感兴趣的问题。特别是费雪，考虑到他对机械类比的偏爱，人们可能预期他会（哪怕是试探地）抓住下面这个事实所引发的问题：任何令人满意的效用理论，其中所包含的关系，除了非完整关系（包括那些不必可积分的商品坐标的微分之间的方程式，这是费雪最早提出来的）之外，其余的肯定都是非稳恒关系（明确地包含时间）。

在行为方程中,另一部分包括在这一体系的平衡方程中。这一体系非常笼统,允许有不同的解释,换句话说,可以根据我们把那个即将充当其模型的现象进行概念化时所采取的方式,使之产生出不同的"理论"。因此,要想有独特的意义①,就必须补充某种东西,从严格的逻辑意义上讲,这种东西只不过是一套语义代码,但对经济学家来说,它涉及他对自己打算分析的那个经济宇宙结构的整体构想,并且预先判断了从他的分析中产生的结果。但概念必然包含了关系,而科学的理论,只要它打算建立合理的图式,就基本上都是经济计算的理论,我们也可以说,瓦尔拉的体系预设了经济计算的图式,而不能说它预设了概念化问题的解决。我们从经验(包括过去的经验和最近的经验)中得知,这种概念化或计算图式集中在资本价值和收益价值这两个主题上。这就是瓦尔拉为什么在《纯粹政治经济学要义》中加入几段可以称作"计算的基本原理"内容的原因。这也是欧文·费雪为什么要用一本《资本与收入的性质》来补充《价值和价格理论的数理研究》的原因。就我所能了解到的情况而言,这本书的成功只能说很一般。大多数人从中只看到了对那两个概念的旷日持久的讨论的继续,而他们有足够的理由对这两个概念感到厌倦。但少数人对它赞赏有加,帕累托是其中之一②。

　　首先,费雪完成了一项逾期很久的任务。我不知道其他人是否像我一样对下面这个历史事实留有深刻的印象:经济学家

---

① 当然,这种意义的独特性,跟满足它的那套价值的独特性无关,也就是说,跟后来引起极大关注的、这一体系是否被独特决定的问题无关。费雪成长时期的理论家们,还有他自己,都习惯于更轻视后面这个问题。而对于是否存在一套独特的解决办法这个问题,就更加轻视了,他们所操心的问题是:这一体系中是否有朝着这套解决办法(如果确实存在的话)发展的趋势。

② 我不知道帕累托是否曾在出版物中表达过对此书的高度评价。但他在私人谈话中表达过。

总是习惯性地忽视利用明显的机会、采取明显的路径。D. 伯努利（D. Bernoulli）那本富有启发性的小册子的命运是一个恰当的实例。经济学家没能与工程师会师是另一个实例。但最能说明这种态度的，莫过于19世纪的经济学家们忽视了从会计和保险精算的实践中学习，再反过来试着从经济理论的观点使之合理化的机会。试着做这两件事情的努力，是比较晚才出现的，其中更重要的努力（尽管无疑是下意识地做出的），仿效的是费雪的榜样。会计师们的反应只有一部分是支持，约翰·班内特·坎宁（John Bennet Canning）教授的作品是一个引人注目的实例。其他人则提出批评。不过没关系。至关重要的事情是，费雪破了冰。

其次，费雪在这一领域的成就，可以跟他在指数理论领域的成就相提并论。当他进入后面这个领域的时候，距离 G. R. 卡里（G. R. Carli）的时代已经一个半世纪，而距离威廉·弗利特伍德（William Fleetwood）的时代将近两个世纪。人们已经在这一学科做了大量的工作。费雪的贡献一方面是系统化，另一方面是合理化，换句话说，就是建立起指数应该达到的很多标准。他同样着手研究资本与收益的问题。他从这些概念实际上打算服务的目的出发，合理地推导出了一套关于财富、财产、服务、资本、收益等一系列概念的定义，这套定义之所以是新的，仅仅由于它们适合于一个合理的图式。结果并不符合每个人的口味。但它又是一个至关重要的杰出步骤，并导致了现代经济学对资金和资金流之间区别的强调。它还产生了这样一个定义：赚到的收入 = 已实现收入减去资本的贬值或加上资本的增值（第238页）。如果每个术语都是按照费雪所指的意义来对待的话，那么这个定义就跟下面这个众说纷纭、莫衷一是的命题大有干系了：储蓄不是征收所得税的合适对象，或者说，征收储蓄税会导致双重课税[1]。

再次，这部作品扫清了通向利息理论的道路。当然，所涉及的原理是庞巴维克的，或者，如果你愿意的话，也可以说是杰文斯的。不过，要想对这本书中所阐述的资本价值与收益价值之间的关系有一个清晰的概念，你只需观察并用分析的方法提炼商业实践中的折扣过程。这一关系反过来让我们联想到了这样一种观念：利息并不是对某类特殊生产资料的回报，而是折扣过程的结果，而作为一个逻辑原则问题，这样的折扣过程对一切生产资料都适用。像"土地的租金"不应该与"资本的利息"等量齐观这样的观念，马歇尔早就认识到了，尽管文字上的表述并不算多，但他的准地租概念就属于这个方向。费特尔明确地表述了这一观念。但正是费雪，落实了它的所有含义，并在这一基础上建立了自己的大厦。

---

[1] 一个概念约定，竟然导致如此不受欢迎的结果，我们也就别指望它会受到经济学家们的青睐了。更重要的是要强调，费雪为它提供了强有力的理由（特别是参见第14章第10节）。而且，如果我们接受他的"精神收益"这个概念的话（这个想法和术语都要归功于F. A. 费特尔），那么，这个不受欢迎的结果也就是不可避免的。在围绕这个课题引发的论战中，费雪总是凭借他无懈可击的逻辑而所向披靡。但让我奇怪的是，他如何能够相信——他明显相信这一点——这一逻辑将会说服任何一个希望看到对储蓄课税的人改变观点，或者被任何一个不希望看到对储蓄课税的人所需要。人们对税收的看法，是利益与怨恨的意识形态合理化，即便它们不只是这样，我们肯定应该提出这样一个问题：对利息课税与否，除了定义的逻辑含义之外，是不是还取决于其他的考量（比如，对储蓄征税在萧条时期的补救作用，以及对储蓄免税在通胀时期的补救作用）。我之所以提到这一点，是因为我相信，理性——即便是形式逻辑——是这位当代英雄的典型特征。他的这一心理倾向，加上他总是按照表面意义来对待口号、计划、政策、制度（比方说国际联盟）的习惯，多半使他成为国家事务或世界事务中的一个糟糕的顾问。不过话说回来，这些也使他比一个更世俗的费雪更加可爱。

四

因此，正如《资本与收入的性质》在某种意义上是《价值和价格理论的数理研究》的姊妹篇一样，《利率》（1907）是这两者的结果，当然，也是《增值与利息》的结果。这本书的修订版在1930年以《利息理论》为题出版，我们以下的评论仅针对这个版本[1]，就修订版而言，这本书称得上是一项非凡的成就，就其自身框架内部的完美程度而言，可以说是论述利息问题的文献中成就最高的[2]。首先，但也是最不重要的，这部作品是一部教学杰作。它教导我们如何同时满足专家和普通读者的需要，而用不着把数学放逐到脚注或附录中，如何通过明智的摘要和生动的说明，引领门外汉从根基牢固的基础出发，走到最重要的结论。据我所知，还没有其他作品做到这一点。其次，这部作品就某些部分而言明确属于计量经济学的。只要把它跟其他任何论述利息理论的作品相比较，就可以凸显由此产生的差别。再次，也是最重要的，这部作品是一个近乎完整的关于整个资本主义过程的理论，利率与经济体系中的所有其他因素之间所存在的一切互相依赖，全都被显示出来了。然而，这种无数因素之间的相互作用，被强有力地排列在两根解释支柱的周围，即："不耐"（贴现）和"投资机会"（弥

---

[1] 这并不是说，费雪能够完全摒弃老的版本。例如，《利率》一书第5章的附录中对增值与利息理论史的概述，以及这一章第3节的附录，就从后一本书中删去了。

[2] 在这一节里，如果我通篇都从那个在费雪的杰作中达到巅峰的思想主体的立场来谈，如果我忍住不从我自己的立场发表那些可以说跟它针锋相对的观点，那么，读者将会理解并欣赏它。反过来，我希望读者也帮我个忙，千万不要把你读到的东西解释为否定我自己关于这一课题所写的东西。

补成本后的边际报酬率）①。这本书是为了"纪念约翰·雷（John Rae）和欧根·冯·庞巴维克，他们为我努力构建的这幢大厦奠定了基础"。信哉斯言。但并非人人都会说这样的话。也不是人人都会否认自己在基本原理上的原创性。我们不妨停下来向费雪的品格致敬，但同时也要承认，他在这些基础上建立起来的那幢大厦的原创性。

这部著作的核心是第三部分，这一部分以令人赞叹的干净利索，实现了下面这些命题所包含的计划：利息理论实际上与整个"价值与分配"理论是一回事，而且，利息并不是工资、地租和利润之外的一个单独的收入分支，而只是所有收入流中的一个方面。为了方便不懂数学的读者起见，第二部分全面考察了同一领域。第一部分把这一论点跟《资本与收入的性质》中发展出来的概念工具联系了起来。第四部分是一个仓库，储藏那些会妨碍军队行进的辎重，特别是，它包含了十分重要的第 15 章（全书论点的真正摘要是这一章，而不是第 21 章）、原创性十分显著的第 16 章（"发现及发明与利率的关系"，在这一章中，费雪开辟了新的场地），以及第 19 章，这一章介绍了我们前面已经说明过的同样具有原创性的

---

① 凯恩斯勋爵曾明确声称［《就业、利息和货币通论》（*The General Theory of Employment，Interest，and Money*），第 140—141 页］，费雪"使用他的弥补成本后的边际报酬率，其意义和目的，跟我使用资本的边际效率是一样的"。我认为，这个说法应该是站得住脚的，尽管凯恩斯的某些弟子提出反对。但更重要的是，凯恩斯本人也接受了贴现因素（同书，第 165—166 页），也就是费雪的整个理论。他还把贴现等同于他自己的储蓄倾向（因此也等同于他的消费倾向），其方式几乎跟他把他的资本的边际效率等同于费雪的弥补成本后的边际报酬率的方式是一样的。只是作为修正，并以"仅知道这两个因素不可能推导出利率（从短期来看？）"为由，他另外又引入了流动性偏好。就其本身而言，这并没有多大的差别。但实际上，由于凯恩斯及其追随者越来越强调实例中的这一因素，所以它将要造成很大的差别。接下来，它将服务于这一目的：使利率成为货币数量的函数。但费雪始终拒绝这样的安排。出现这种差别的一个原因是：费雪的模型并不是一个不充分就业的模型。

统计工作的结论①。所有这些，都是颗粒饱满的麦粒，中间夹杂着很少的谷壳②。

如果把在可选收入流之间进行选择的原则看作一般经济分析赖以运转的枢纽，那么在这个意义上，费雪的利息分析本质上就是收入分析。这种收入分析基本上是按照实际情况来表述的，并且把货币因素看作及时转移收入的媒介，而不是流动资产。然而，任何一个愿意这样做的人，都可以把后者插入进来，至于其他方面，如果我们选择费雪的作品作为我们自己的基础，那么我们就应该沿着这条路继续向前。然而，人们并没有在很大程度上这样做。

五

于是，一套包罗万象的经济理论体系，就这样在《利率》一书中部分地发展出来了，部分地勾勒出了轮廓。特别是，货币理论的一切基本要素这里全都有了。然而，像大多数伟大体系的构建者一样，费雪也感觉到了一种冲动，要以一个核心主题的所有堂皇派头，去处理货币问题。他是在《货币的购买力》一书中来做这件事的。再一次，我们不妨首先注意一下，这部著作最明显的主张其重

---

① 作为开拓性的作品，书中这一章保持着其重要的历史意义，不管我们根据后来统计理论的发展如何看待它所使用的方法。此外，它还包含了很多线索，暗示了动态模型的结构（参见该书第20章的第6节），其中有些线索迄今尚未得到利用。
② 他在第20章第6节对庞巴维克的"现货的技术优势"这一学说所提出的批评，我恐怕要归类为谷壳。到那个时候，有一点应该已经很清楚：不管如何评说庞巴维克的技术，他跟费雪之间在基本原理上并不存在真正的分歧。然而，另外一些批评，例如，对等待被视为一种成本的批评（第487页），都算得上是才华横溢的论证。

要历史意义的权利：它是费雪在计量经济学领域的又一项开拓性的伟大冒险。这里介绍了他在价格指数领域的早期工作。这里出现了他的"交易额"指数，以及当时颇为新颖的其他创造，其中就包括他估算货币流通速度的巧妙方法[1]。这里还有一次煞费苦心的努力，试图用统计学的方法证明这些结论[2]。所有这些研究，全都属于早期计量经济学的经典。然而，真正重要的是，这本书的整个论证被调整得适合于统计操作的标准，而且，它避开了任何不容易接受统计测量的概念或命题。再一次，不管是好是坏，费雪把他的旗子牢牢固定在了计量经济学的桅杆上。

不那么容易让人看出的是，这本书是把老的货币理论与今天的货币理论连接起来的一个最重要环节。他照例没有主张自己的原创性。他把这本书献给了西蒙·纽康姆（Simon Newcomb）以及其他很容易提到的先驱。然而，其核心章节（第四、五、六章）却代表了一项贡献，这项贡献不只是综合。费雪不加怀疑地接受了当时依然是新理论的银行信用理论。他把关键角色分派给了利率在信用循环中的滞后。他明确承认了流通速度的可变性——请记住，始终不变的流通速度曾经被认为是（即使在今天，有时候也依然被认为是）"老的"货币理论的主要特点，也是它的主要缺点。他恰当地考虑了帮助决定购买力的大量因素（其中有些因素被组合在"生产与消费的条件"这个标签之下）。所有这一切，并不等于把货币理论跟价格和分配份额理论充分整合在一起，更别说跟就业理论整合了。但它构成了货币与就业之间的一块垫脚石。

---

[1] 这一课题最早可以追溯到威廉·配第，但后来是由埃德温·凯默勒（Edwin Kemmerer）接续的。费雪关于这一课题的第一篇论文，1909 年 12 月发表于《皇家统计学会杂志》（*Journal of the Royal Statistical Society*）。紧接着是金利（Kinley）的作品，这部作品在很大程度上是受费雪作品的启发的结果。

[2] 对于许多年来进入交易方程式的项目，费雪随后发表了他的估算。

如果是这样的话,那么,为什么支持和反对《货币的购买力》的人都认为它只不过是用统计学的方法加以美化的、最古老的数量理论的另一种表述——也就是一种不久将变得完全过时的理论的纪念物呢?答案很简单:因为费雪自己就是这样说的——先是在序言中这样说,然后是在不同的关键之处重复。但这并不是一切。他致力于这样一项任务,要实际上得出一个数量理论的结论,即:货币数量的增长,至少有"一个正常影响"是"一般价格水平按照同样的比例增长"。为了这个定理,他放弃了对下面这个事实的承认:货币数量的变化可能("暂时地")对流通速度发挥着影响,并在后者是一个制度常量的假设上进行推理。为了同样的理由,他假定存款货币趋向于跟法偿(准备)货币成比例地变化。在货币过程中相互作用的各种层出不穷的因素,作为"间接"影响,都被弄得消失在五个因素的背后,这五个因素是:基础货币和存款的数量,这二者的流通速度,以及交易额。他把"直接影响"价格水平的角色保留给了这五个因素,这样一来,价格水平就成了大名鼎鼎的"交易方程式"中的因变量。他以无比丰富的例证予以详细阐述的,正是这一理论;相反,他把自己真正有价值的深刻见解全都无情地塞进了第四、五、六章,并多少有点轻蔑地把它们当作是数量理论"尚不完全正确"(第八章第三节)的过渡时期里出现的困扰来处理。要想抵达其成就的核心,你必须首先丢弃这幢建筑物的正面,这个正面对他来说、对他的推崇者和反对者来说都很重要,并且让他浪费了自己的劳动。

但他为什么要这样糟蹋自己的作品呢?他自己的证明尽管据称是令人满意的,但并没有证实他的阐述更准确(例如,参见对1896—1909 年所得出的结论,修订版第 307 页)。在《利息理论》以及他关于经济周期的著述中,他自己的几个论证跟它们相抵触。

我们不可能坚持认为,他的理论(或任何数量理论)中有很多东西,可以通过严格地把它解释为一种均衡命题,从而实际上得到挽救[1]——事实上,这种做法对于马歇尔的长期标准来说是有效的。因为,按照费雪自己的主张,通过一种仅凭他的五个因素便能充分理解的机制,是得不出这一均衡的。仅凭这些因素,只能概括它,但不能"从原因上解释"它。此外,他年复一年地应用交易方程式,因此也把它应用于那些肯定远离任何均衡的情况。我不得不认为,作为学者的费雪被作为改革者的费雪给误导了。他曾对"补偿美元"寄予厚望。他身上的改革者的热血向上奔涌。为了让桀骜不驯的人类信服,他的稳定购买力计划不得不简单——他后来采纳的两个观念也是如此,即"盖印货币"和"百分之百美元"——因此,其科学基础也不得不简单。为了对一个在我看来始终是谜的问题提出我自己的解答,这就足够了[2]。我不想再进一步探讨经济学家从事改革运动这个话题了。不过,我不妨问一问读者:即使不说别的实例,至少在这个实例中,通过这场改革运动,费雪本人、经济学、这个国家或全世界又得到了什么好处呢?

六

货币改革者的介入,还损害了费雪对经济周期研究的贡献的科学价值和实际价值。但就其本身而言,这些贡献比我们当中大

---

[1] 为了公正对待费雪,我们千万不要忘记,针对这一理论的通行的反对意见当中,大多数源自那个属于费雪所说的过渡时期的现象。如果把这一点考虑在内,证明的问题看上去就稍微更有希望一些。

[2] 当然,还有一个事实也有关系,这就是:他的思维本质上是"机械论的"。

多数人所认识到的重要得多①。再一次,它们是计量经济学研究的典范,大概影响了其标准程序的发展。费雪的计量经济学在这里明确地向动态的方向转变:1925 年的那篇论文提出了一个明确的动态模型(参见最后的脚注),那是在这种模式大量出现的几年之前。最后,他以令人赞叹的直觉,列出了周期运动中所有比较重要的"启动器",要想产生一个令人满意的解释图式,只需得出这些启动器的运作方式就行了。

但为了认识到这一点,我们必须再执行一次"丢弃建筑物正面"的操作。这些"启动器"并不处在它们应该处于的地方,即:处在开头部分的光荣位置上。它们被塞进了第四章。表面上,我们有了过度负债及其通缩过程,"几乎是万恶之根源"。或者换句话说,每一件事情都被简化为可以机械地操控的表面现象,其结果是,费雪实际上反对把"周期"这一术语应用于任何实际的历史事件(第 58 页)。债务的扩大和缩减,由于它们跟价格水平的升降紧密相连,所以再一次使我们陷入货币改革,这正是费雪在撰写这本书的时候确实感兴趣的课题。这一次,"补偿美元"尽管依然被推荐,但只得到了适度的强调。除了我们在《货币的购买力》中所发现的对这一特殊计划的积极支持,我们还在《繁荣与萧条》的第三部分(题为"事实的")发现了一段简单而通俗的对货币控制手段的

---

① 费雪在这一领域的最早贡献,可以在《利率》和《货币的购买力》中找到。接下来,有几篇重要论文,主要包括《经济周期主要是美元的舞蹈》[载《美国统计学会杂志》(*Journal of the American Statistical Association*),1923 年 12 月]和《我们不稳定的美元和所谓的经济周期》(载《美国统计学会杂志》,1925 年 6 月)。我不知道是否正确,我相信,后一篇论文是提出动态图式——$T(t+w) = a + m^2 P'(t)$——的第一篇经济学论著,在这一图式中,波动被表现为产生于那些本身并不波动的因素("振荡器")。因此,当费雪在 1932 年写道(《繁荣与萧条》序言),经济周期领域是"一个我此前几乎从未涉足过的领域"时,应该是一个古怪的失误。即使他在 1925 年洗手搁笔,他的名字也会在这一领域的历史上拥有一席之地。

概览,任何经济学家几乎从中找不出多少不同意的东西,它实际上包括了几乎所有的"再通胀"政策,在后来的那些年里,这些政策要么已被采用,要么被建议采用。对于费雪在这本书中所写的几乎一切东西,我都不想贬低其优点,或质疑其智慧。相反,考虑到出版日期,我相信,他完全有资格得到比他现在所得到的更大的荣誉。不过我想强调,这并不是此书的唯一优点,而且,尽管勾画得并不完美,但在建筑物正面的背后,却隐现出更庞大、更深刻的东西。[①]

七

《价值和价格理论的数理研究》《增值与利息》《资本与收入的性质》《利息理论》《货币的购买力》《繁荣与萧条》,都是一座前所未有的神庙的立柱和拱顶。它们属于一幢宏伟庄严的大厦,建筑师从未把它作为一个构造单元呈现过。从理查德·坎蒂隆(Richard Cantillon)一直到亚当·斯密、穆勒和马歇尔,经济思想的领袖们都通过系统的论著给他们的时代和后代留下了他们的印记。费雪从未以这种方式论述自己的思想。这位忙碌的改革者没有时间做这件事。然而,这是让他的美国经济学同行团结在他的学说周围的唯一方式。事实上,不管由于什么样的原因,他没有形成自己的学派。他有很多弟子,但没有一个信徒。在他的改革运动中,他与很多团体和个人联手会师。在他的科学工作中,他几乎是孤家寡

① 他的论文《大萧条的债务紧缩理论》(《计量经济学》第 1 卷,1933 年 10 月,第 337—357 页)可以更加令人信服地证实这一点。就其本身而言,债务紧缩只不过是一个机械装置,即我们大家全都非常熟悉的螺旋。假如这就是一切的话,那么这篇论文就不值一提了。但这并不是一切。事实上,"启动器"理论及其含义比它们在这本书中所占有的位置更加突出。

人。因此,他不得不单打独斗,而没有各个学派给它们选择的领导者所带来的那些好处:保护、解释和发展它们的导师所说的每一句话。从前有李嘉图学派和马歇尔学派,现在有凯恩斯学派,但没有这种意义上的费雪学派。这种情况似乎有些奇怪,一个这样目的单纯的人,一个有着这样广泛的社会同情心的人,一个这样无条件地支持当时的主流口号之一(稳定化)的人,却总是置身于潮流之外,总是不能使他的同时代人和后代信服。但是,那些立柱和拱顶自会傲然耸立。当时间的流沙把控制着今日场景的很多东西湮没很久之后,你依然能看见它们。

韦斯利·克莱尔·米切尔[*]

(1874 — 1948)

Wesley Clair Mitchell

---

[*] 本文完成之后,仅仅过了两个礼拜,熊彼特教授便溘然辞世(时在 1950 年 1 月 8 日)。原载《经济学季刊》第 64 卷第 1 号,1950 年 2 月。

米切尔于 1948 年 10 月 29 日辞世——他直到最后都很活跃，正如他写信告诉我他会做到的那样，"鞠躬尽瘁，死而后已"①。我们哀悼一个性格异常单纯的人，一个有着坚定的信念同时又极其温和的工作伙伴，一个全心全意地恪尽职守的教师，一个不可腐蚀的、对一切诱惑（哪怕是源自热心而高尚的社会同情的微妙诱惑）都无动于衷的真理仆人，一个通过榜样和行为来引领众人、从不坚持自己的权威或确实属于自己的任何权利的领袖。这样一种人格力量所创造出来的氛围，所有接近他的人都能够感觉到，而且已经感觉到，然而要诉诸文字却殊非易事，同样困难的是描述他的广泛兴趣或他为众多事业提供的高效服务——对于所有这些事业，他都非常严肃，但这种严肃从未使他眼睛里的幽默之光熄灭。我们都热爱他，也知道我们再也遇不到像他这样的人。

这就是我关于其人所要说的一切。至于其他，本文将专门致力于研究他的著作，并阐述他的著作对于我们这个时代的科学经济学有什么样的意义，倘若对于一个其最大的贡献就是通过自己写下的每一页文字向我们传达的道德启示的学者来说，果真有可能把其人跟其著作分开的话。②

① 他直到去世时还在撰写一篇题为《经济周期期间发生了什么》的文章，未完成手稿后来被油印出来，并在 1949 年 11 月 25—27 日纽约举行的国家经济研究局关于经济周期的会议上分发给与会者。
② 关于本文中因此缺失的所有东西，读者可参阅已经发表的很多悼念文章。我愿意特别提到阿瑟·F. 伯恩斯（Arthur F. Burns）教授的几篇回忆录（特别是国家经济研究局第 29 届年度报告中收录的那一篇）和弗雷德里克·C. 米尔斯（Frederick C. Mills）在美国经济学会第 61 届年会上发表的纪念演说［参见《美国经济评论》，1949（转下页）

一

据说，一个人在连续"几代人"中的地位取决于他在二十几岁时所受到的影响，这一理论是否有几分道理呢？如果有的话，我们就应该在米切尔1903年转到加利福尼亚大学之前的那十年当中去寻找影响他成长的因素。这个科学青春期的十年集中于他在芝加哥的工作，他1899年在那里获得了哲学博士学位。但他是栎树之材而非柳树之料：他自己的精神质地和道德质地——如果你愿意的话，这样的质地可以追踪到他的新英格兰背景，以及他在父亲的农场里度过的非常健康的青春岁月——可能太强大了，不可能受到他的经济学老师的太大影响，尽管英国经济史这门很好的课程以及J. 劳伦斯·劳克林(J. Laurence Laughlin)在货币和通货政策问题上的指导还是留下了能够觉察到的痕迹。对这个天生不墨守成规的人，这个思维敏捷的人，这个偏爱牧场胜过马厩，尤其痛恨教条和窒息的人，这个十分欣赏(尽管自己很少创作)讽刺和怪论的人来说，托斯丹·B. 凡勃伦(Thorstein B. Veblen)更符合他的口味。然而没过多久，他就衡量起凡勃伦的长短来，而且，就算他的余生继续强调"制造物品"和"赚取金钱"之间的差别，但他还是很快就

(接上页)年6月]，我要感谢他们二位为本文提供的一些材料(我还要感谢伯恩斯教授写给我的几封信)；还有J. 多夫曼(J. Dorfman)教授的回忆录(《经济学杂志》，1949年9月)和西蒙·史密斯·库兹涅茨(Simon Smith Kuznets)教授的回忆录(《美国统计学会杂志》，1949年3月)。而且，眼下的这篇纪念文章应该跟阿尔文·H. 汉森(Alvin H. Hansen)教授在《经济学与统计学评论》(*Review of Economics and Statistics*，1949年11月)上发表的那篇文章相对照。此外，国家经济研究局还编辑了一份参考书目。

厌倦了凡勃伦那些更加可疑的宝石的光彩。然而,约翰·杜威(John Dewey)和雅克·洛布(Jacques Loeb)却开启了永远不会让人厌倦的美好远景。他们开辟了通向社会科学的康庄大道,要比他所流连忘返的专业经济学广阔得多。要想理解米切尔的经济学以及他的个人贡献,这一点很重要,为了做到滴水不漏,我们不妨在此停留片刻。

1890 年代是那个可以被称作"马歇尔时代"的三个十年当中的第一个十年。然而,由于并非每个读者(特别是美国读者)都会同意这个短语所暗指的东西,我还是把我所指的意思明说了吧。有三个趋势当时已经瓜熟蒂落,并产生了 20 世纪的"新经济学"。第一个趋势是,人们对社会改革问题有了新的专注和新的态度,最好的例证是德国的"社会政策"。第二个趋势是,经济史于轻风细浪中在学院派经济学的地盘上扎下了营盘。第三个趋势是,一种新的经济理论的思维工具——人们给它贴上了五花八门的标签,诸如边际主义、新古典主义之类,要想决定其中哪个名字的误导性更少,还真不是件容易事——在经过一场持续了四分之一个世纪的艰苦斗争之后,终于获得了承认。然而,这三种趋势在每一个地方都陷入了冲突——英国可能是个例外,在那里,马歇尔的领导在某种程度上成功地把它们全都统一了起来——不仅是它们自己之间互相冲突,而且跟上一个时期的、全国的大部分同行依然固守的那些观点和方法相冲突。特别是在美国,经济学这个行当发展迅猛,回过头来看,当时几乎只有一些过时的教科书——无疑被 F.沃克(F. Walker)等人的工作所改进,但依然是过时的,其余的则是一片混乱——或许是富饶多产的混乱,但依然是混乱。这里并没有贬低那些被彻底遗忘或半被遗忘的杰出人物的意思,我们不难理解,一个在 1895 年前后进入芝加哥大学经济学系的年轻人,发现那里没有一个人向他展示在马歇尔的《经济学原理》那光滑外表之下潜藏着的丰富的观念和研究纲要，当时，《经济学原理》是无须去剑桥亲聆教诲便可以从中学到马歇尔学说的唯一著作①。在1895年甚至更晚，需要一位能力非凡的老师，以真正有益的方式，来呈现 J. B. 克拉克(J. B. Clark)的学说。于是，"社会政策"所向披靡，经济史依然叨陪末座，新的理论工具也就很容易被当作"边际主义"或"新古典主义"来处理，而枯燥乏味的教科书——或多或少是按照穆勒的模式打造的——则成功地把那些思维更活跃的人赶进了"制度主义者"的造反中。②

我相信，米切尔自己的工作所移动的曲线，可以很容易地解释为两个面的相交线：一个面代表了这些环境条件，另一个面代表了他自己的心理倾向。一个像他这样有能力的人，注定要对自己看到的事态感到不满，一个有他那种类型能力的人，注定要在社会事实的海洋中去寻找补救之道，在他看来，经济学家们似乎只关注其中的几处小水湾。他想在大海里畅游，而不是在小湾里蹚水，他想去探险，而不是在一小块不毛之地上兜圈子。再补充两点就可以完成这幅画像了。第一，他怀疑逻辑的严密性，就像小马驹怀疑笼头和马鞍一样，而且，他很快就在那块不毛之地的耕耘者的作品的背后，不仅发现了那些为了方法上的方便而构建出来且可以任意丢弃的不切实际的"假设"，而且发现了那些束缚研究工作者而不是为他提供服务的"先入之见"(意识形态)③。第二，除此之外，

① 就这个问题而言，如今究竟有多少人知道马歇尔对"最大满足学说"所作的决定性表述对放任主义的科学基础有何影响？或者，马歇尔为铺平现代计量经济学的发展道路做了多少工作？
② 就米切尔的情况而言，他曾经中断了在芝加哥的工作，在哈雷和维也纳学习一年。但这次学习并没有留下什么看得见的印记。这是我们应该预料到的——再一次，这里没有对任何人的思想遗产不敬的意思，尤其是对伟大的门格尔。
③ 关于典型的引语，可参见米尔斯的文章，载《美国经济评论》，1949年6月，第734页注4和注5。

他的思维类型天生就不是为了享受或欣赏他所谓的"玩弄"假设：这块不毛之地上的工作，受到了政治偏见或形而上学信仰的损害；不过，即便它没有受到损害，在他看来依然是毫无用处的。

如果说这界定了制度主义者的立场，那么，米切尔曾经是且始终是一个制度主义者。我不想讨论这个难以捉摸的概念的确切意义，这样的讨论依然时不时地爆发，并产生出诸如"凡勃伦根本不是制度主义者"或"凡勃伦是唯一的制度主义者"这样一些宝石般的锦言佳句。由于每一个参与上文提到的那场"造反"的人，都用自己的积极计划，去填补其本质上是消极的批评所留下的空白，因此，这样的讨论也就更加无益了。不过，米切尔的方法论立场可以得到也必须得到更贴近的仔细研究，这一方面是因为他的著作有着突出的重要性，另一方面是因为人们屡次三番地（甚至最近依然如此）以一种在我看来不十分令人满意的方式对它进行讨论。我不得不考虑三个不同的东西：米切尔关于科学经济学家对于"政策"的恰当态度的看法；他对于保护科学结论免受意识形态损害的恰当方法的看法；以及他对"理论"的看法。在他的整个成年生活中，他对这三个问题的看法只有很小的改变。现在我们可以很方便地研究它们。

二

关于第一点，他的做法是我们所有人的杰出榜样。像其他制度主义者一样，他也痛恨他成长年代里的经济学与放任自由主义之间所存在的那种政治联盟。但他是为了正当的理由而痛恨的少数人之一。尽管社会同情心和对那些直截了当的放任主义计划在实践上的不足感,大概对促使他反感这种联盟有所贡献,但更加重要的是,他觉得经济学家无权加入这样的联盟。经济学应该是一门客观的科学,旨在建立一座仓库,储藏仔细查明的事实,以及从这些事实中推导出来的结论,供任何一个愿意使用它们的人支配。但这并没有促使他把自己关闭在象牙塔里。正相反,他始终乐意在需要的时候为公众服务。下面这些事实足以证明这一点:1908年他效力于移民委员会,第一次世界大战期间,他在劳工统计局和战时工业委员会工作,再后来,他先后出任胡佛总统的社会趋势委员会主席(1929—1933年),国家计划委员会、国家资源委员会及联邦公共工程应急管理署的委员(1933年),以及生活费委员会的主席(1944年)。但是,这些工作的性质只会有助于证明我的观点;它始终符合他对自己的科学使命的构想——始终在于观察和解释当前形势中的事实,在于客观地呈现实际上正在发生的事情。在结局被认为理所当然的情况下,他不惮于提出实际的建议。但他从不越雷池一步,我认为,这样的审慎对于像他这样一个致力于分析工作的人来说是恰当的,他从不兜售任何秘诀,从不鼓吹任何"政策"。

至于第二点,也就是意识形态危险,他对这一危险的清醒认识,必须被记为一项显著的优点。就此而言,能够提出来的唯一问题是,一方面,他是否太过倾向于怀疑那些他不赞成其方法和结论的作者的意识形态("先入之见");另一方面,他所援用的补救办法是否适当。因此在他看来,李嘉图的分析中有大量的缺点;但是,如果我们忽视他的政策建议,并考虑到其行动所处的抽象水平,我们就找不出很多受到意识形态损害的论述——正如卡尔·马克思乐于承认的那样。而米切尔的补救办法——仔细而"客观"的事实调查——确实会消灭很多(但不是全部)先入之见;但再怎么小心翼翼,也很难防止潜藏在调查者灵魂深处,从未被他所察觉的邪恶精神损害他的研究。不过没关系,这并不会改变下面这个事实:米切尔是极少数这样的经济学家之一,他们从深度看问题,他们认识到了我们这个领域里的先入之见不仅仅是政治偏见的问题,也不仅仅是某个特殊利益集团赞助的问题。

关于第三点,"米切尔与经济理论"的问题,提出了比另外两点大得多的困难。部分程度上,这些困难源自词义的含混。在米切尔论述经济周期的主要出版物中,他在列举了一大堆关于这一现象的理论,并宣称自己准备利用它们可能传达给自己的任何暗示的同时,十分清楚地表明,他不打算与其中任何一种理论结盟,也不打算为了自己的目的构建同样类型的理论来束缚自己,他清楚地在"解释性假说"的意义上使用"理论"这个词。他的意思可以用下面这句无可置疑的陈述来表达:这样一种假说应该源自详细的事实研究(或受其启发),而非在研究刚开始的时候便做出的假设。公正地说,这是一个站得住脚的立场,特别是,它并没有留下空子让人可以提出这样的反对意见:这样的程序在逻辑上是不可能的;因为,在任何情况下,我们首先必须识别要研究的现象,而在这样做的过程中,必定不可避免地要引入一些将会对我们的事实研究发挥某种指导性影响的因素。换句话说,根本不存在没有任何"理论"的事实研究(特别是"计量")这么回事。这也是对的,这也是真的;但当我们这样说的时候,我们就意识到了这样一个事实:我们此时是在不同的意义上,即在"概念工具"的意义上使用"理论"这个词。在这个意义上,米切尔肯定不愿意把"理论"排除在自己的或任何其他人的工作中的任何阶段之外。这一点我们稍后将会说明。但它并不是一切。

尽管米切尔从未犯过在原则上反对使用概念工具或图式这种

荒谬可笑的错误,但他却反对"古典"文献中实际使用的那些概念工具,他还把在他的成长时期已经可以利用的后古典文献包括在内①。这有两个理由,其中一个理由跟他作为经济思想领袖的个人成就密切相关,另一个理由显示出了一个局限,而正是这个局限,使他的成就没能把他的领导地位扩大到更广阔的领域。

毫无疑问,他曾努力拓宽经济学的边界,以便把一块偏远区域包括进来,这块区域最好是称作"经济社会学"——对社会制度或"流行社会习惯"的分析②。"货币"经济(资本主义经济)的制度没有被其他学科当作研究材料——尽管是可变材料——予以接受,而是被当作了经济学家的研究材料的组成部分。但至关重要的是,他并不认为这种材料(或者由此得出的一般化)是传统理论的补充,而认为是它的替代。经济过程理论本身将依然是一种理论,但它将成为一种从根据详细观察实际行为和动机(因为他原则上并没有把内省和由内省所启发的心理解释排除在外)的结果而构建起来的理论。我们不难理解,为什么这一路径会导致米切尔把经济生活视为一个变化的过程,为什么从这一立场看,经济周期分析在他看来应该是走向一般经济过程的现实主义分析的第一步。他总是强调顺序,这自始至终是他的思想的典型特征,对此,我们不必大惊小怪,相反要大加赞赏。我们应该向他——也就是1913

---

① 我所说的古典文献,指的是1776至1848年间重要英国作者的出版物。关于在他的成长时期可以利用的文献,我们千万别忘了,对他来说瓦尔拉几乎是不存在的(围绕瓦尔拉著作核心的可疑哲学或许除外),而马歇尔的学说,正如上文所指出的那样,对他来说从未成为一个活生生的现实。

② 把各种社会制度连同其内部所发生的、曾经控制并正在控制它们的经济过程放在一起讨论,这一做法可以追踪到经院哲学家们,追踪到亚里士多德。穆勒把他的《政治经济学原理》大约三分之一的篇幅献给了我在上文所说的"经济社会学"。但是,当米切尔在凡勃伦的影响下试图给这一课题注入新的生命时,它已经变得干枯和落后了,至少在美国是这样。

年之前的米切尔——欢呼致敬，奉他为现代动态经济学的开山祖师。但是，在为他的前提鼓掌喝彩之后，我们就该质疑他从这些前提推导出来的结论之一，即：他和其他人都同意称之为"新古典理论"的经济逻辑将因此而走极端。

当我们研究他著名的经济思想史课程的油印讲义时——即《经济理论的类型》（*Types of Economic Theory*），我希望有朝一日能看到它的出版——我吃惊于下面这个事实：他反对他笔下的那些著者们的"假设"，完全就像他反对他们的"先入之见"一样。在某种程度上，他再一次是对的：很明显，逻辑图式或模型，并不是经济学的全部，其或不是他所理解的那种意义上的经济理论的全部；此外，这些模型赖以建立的方式，以及对它们来说是基本的假设或假说，其中有很多可批评之处。但米切尔并不是为了用另外的假设取而代之而反对个别的假设——或整个模型。他仅仅因为它们是假设或模型而反对它们，并对那些因其确定性和一致性而关注此类问题的人不屑一顾。他认为："我姑婆的神学；柏拉图（Plato）和魁奈；康德、李嘉图和卡尔·马克思；凯尔恩斯（Cairnes）和杰文斯，甚至包括马歇尔，在很大程度上都是千篇一律。"[1]在今天这个时候，详细评述这里牵涉的错误，或确切地指出一种基本上健全的方法论本能究竟在什么地方驱使他犯下这样的错误，都是多此一举。简单的事实是，构建一门科学需要很多不同的思维类型；这些类型几乎从不互相理解；偏爱对某个人最合意的著作，很容易演变为对另一部当时几乎从未被严肃对待的作品做出贬低的评价。不过，指出这种态度对米切尔的著作及其影响范围所造成的损害并非多此一举。他讨厌把自己的理论图式弄得很明确，这使得除了

---

[1] 引自米尔斯的文章，载《美国经济评论》，1949 年 6 月，第 733 页注释。

热心赞同的解释者之外，任何人都很难看出它们的存在——他1913年的那本书，其基本观念可以被解释为一个甚至享有"完整"属性的动态图式——而且，像他把静态均衡理论当作"梦境"来处理的那些段落，使得任何一个不那么赞同的批评者很容易拒绝承认他的领袖地位，理由是：他明显没有领会这一理论的意义或一般模式的性质和意义。他从来不会听取这样的论点：合理的图式，其目的在于描述某些行为方式的逻辑，这样的行为方式盛行于每一个被调整得适合于追求金钱收益（这个概念他理解得很透）的经济体中，而且根本不意味着这种理性描述的对象自己的感觉或行为是理性的。我永远不会忘记，当我试图向他表明，他1913年的那部伟大著作，仅就其论证的梗概而言，是对动态均衡理论的运用时，他惊讶得张口结舌，说不出话来①。我写下这些，并不是为了损害一个我不仅热爱而且敬佩的人的名声，而是为了消除我所认为的各个方面的误解，并为更多潜在的追随者打开通向他的道路。

三

我们现在转到其作品的核心。让我们感到吃惊的第一件事情，是它令人印象深刻的一致性。或许是个幸运的巧合，劳克林曾建议他把绿背纸钞事件作为他博士论文的课题。这个任性的博士候选人接受了这个建议，不过，撇开这一事实的含义不谈，我们似

---

① 由于他再三提到"反复发生的价格再调整"，除了经济体系朝向均衡状态的不完全运动之外，还能是别的什么吗？ 如果说，他没能利用均衡理论的工具，那么均衡理论的创立者（或继承者们）也没能利用他所提供的事实。

乎可以有把握地认为,不管米切尔选择的出发点在哪里,他总会找到通向他的罗马之路。在他的手上,这一课题成了对绿背纸钞事件的经济过程的研究——研究这些过程以何种方式对战时财政的冲击做出反应,而绿背纸钞的发行本身只不过是通向这些方式的途径。遵循劳克林的教诲,他给数量理论打了一个很低的分数——他很快就修改了[①]——但这个事实并不怎么重要。在从这篇博士论文发展出来的两部作品中[②],应该注意的真正重要的东西,是它们所揭示出的对货币经济(或称"资本主义"经济)的构想。一方面,他把货币现象跟其余现象整合在一起,因此预见到了后来才表现出来的那些趋势;另一方面,他分析了把"价格捆绑在一个通过时间做出响应的体系中"的各种关系[③],这十分自然地导致他研究经济周期,作为通向今天的货币经济的一般理论——这是他整个成年生活中真正关注的课题——的第一步。[④]

1913 年出版的《经济周期》(*Business Cycles*)一书,自 1905 年以来就一直在温火慢炖,虽说打算就这个课题写一部专著的有意

---

① 在米切尔发表于《政治经济学杂志》(1896 年 3 月)上的论文《货币价值的数量理论》中(我相信这是他最早的出版物),他对这一"理论"给出了一个几乎是不由分说的否定裁决,当时,他还是个学生。不久之后(《价值理论论战中的真正问题》,《政治经济学杂志》,1904 年 6 月),他便修改了这一裁决,并谴责了自己关于这一课题的早期意见,这正是其人的典型性格。

② 即《绿背纸钞史,特别是关于发行绿背纸钞的经济后果:1862—1865》(*A History of the Greenbacks, with Special Reference to the Economic Consequences of their Issue*:1862 - 1865,1903)及《绿背纸钞本位制下的黄金、物价和工资》(*Gold, Prices and Wages under the Greenback Standard*,1908)。

③ 参见伯恩斯发表在《美国国家经济研究局第 29 届年度报告》上的文章,第 13 页。

④ 这一重要论点最好能得以确立。为了这个目的,参阅伯恩斯的著述就足够了(《美国国家经济研究局第 29 届年度报告》,第 20—22 页)。米切尔构想了"货币经济理论"的计划,并在 1905 年 12 月开始搭建它的"骨架"。伯恩斯教授从那个时期的一封信中引用的一段话使问题变得很清楚:米切尔以真正的米切尔方式着手这项工作,这使得经济周期的研究,正如伯恩斯所言,成为实施这一庞大计划的一次必不可少的"助攻"。

识决定是在 1908 年才做出的①。这本书是美国经济学史上的一个里程碑——尽管它对学者的影响已远远超出了美国——再高的赞扬都不为过。这本书是其作者全盛时期的作品,是朝气和活力尚未受到损害但已经匹配了分析经验和广泛学识的那个时期的作品。此书既是他的杰作(在这个词的原初意义上,即中世纪的工匠用来证明自己的手艺堪当师傅的作品),也是一部法典,包含了之后所有作品都必须遵守的法规②。此书计划的基本要素再次出现在 1927 年的那本书中。就连《度量经济周期》(*Measuring Business Cycles*,1943)这本书,也只是在更高、更广的层面上完成了 1913 年首次公之于世的那些观念的一部分。就连国家经济研究局的大部分工作,实际上也是它们伸长的影子③。1913 年的这本书的方法和结论,经受住了后来对它们所做的大量研究的检验,虽说米切尔总是以他献身真理的诚实精神,随时准备修改他们。④

在尽我最大的能力界定了《经济周期》一书在米切尔个人发展中的地位之后,现在,我要界定它在经济科学发展中的地位了。着手这项任务时我相当不自信。首先,正如前面已经指出的那样,米

---

① 参见伯恩斯发表在《美国国家经济研究局第 29 届年度报告》上的文章,第 22 页;当时,米切尔 34 岁。
② 读者想必会理解,这句话的意思仅适用于他的重要作品,而不适用于他的所有次要作品。但它的适用范围比你乍看之下所认为的更加广泛。很容易看出两个最重要的例外,这就是米切尔在指数方面和在经济思想史领域的作品,前者是我们已经勾勒的那项总体计划的一部分——实际上,从某种程度上讲,已经在 1913 年的那本书中付诸实施了——后者是其建设性工作的一个批评性补充(参见后文)。而且,就连大多数次要作品,也都是这幅巨大镶嵌画的组成部分。
③ 这个说法来自米尔斯教授,只不过稍有改变:"……国家经济研究局这一机构,实际上是韦斯利·米切尔伸长的影子。"(弗雷德里克.C. 米尔斯的演讲,载《美国经济评论》,1949 年 6 月,第 735 页)
④ 方法上最重要的改变在于所谓的经济研究局时间序列分析法(参见后文)。结论上最重要的修改在于他越来越不那么强调递增成本在带来繁荣、递减成本在刺激复苏中的作用。

切尔的创造性努力并不单单指向周期现象本身,更是指向一种新的
经济学——或者像他自己所说的那样,一套新的经济理论——启发
这一新理论的,是"在经济波动的研究中发展出来的那些观念"①。
这使得他的作品无法跟大多数经济周期研究者的作品相比较。其
次,像大多数富有创造性的研究者一样,对那些在态度和方法上跟
自己相去甚远(或者在他看来似乎是这样)的人,米切尔很难理解
他们的作品。他是最有雅量的人。他的阅读面很广泛。但他专注
于自己的任务,长时间地狂热工作,因此对于不属于自己的理论结
构很难深入到一定的水平上。为了公正地对待他的精神高度,这
就有必要退守到一个区别,这就是主观优先权和客观优先权之间
的区别。在我对经济分析史的研究当中,这种必要性常常给我留
下很深的印象。再次(像微积分的发现——或发明——的情况及
很多类似情况一样),存在这样一个事实:在任何给定的时间,人
的头脑往往趋向于类似的观点,但其方式却使得这些人——以及
他们的弟子——对彼此之间的次要差别看得比本质上的相似更清
楚。在我们眼前的这个实例中,研究者们都以为,不同"解释"的数
量越来越多,而事实情况是,他们之间的相似变得越来越显著:他
们对问题(周期对"危机")的看法;他们的方法(越来越多地求助于
统计材料);他们的结论(比如强调我们如今称作加速原理的那种
一般化形式)。在这场运动中,没有一位作者领头,似乎也没有一
位作者受到别人很大的影响。但米切尔这本著作的出版日期,确
保了他在这场运动的历史上的显著地位。②

---

① 《经济周期:问题及其背景》,1927年,第452页。
② 这里只提到少数其他作品:A. 阿夫塔里昂(A. Aftalion)的作品,尽管在少数解释性
预测方面不同于米切尔的作品,但就方法而言,是以一种类似的精神写成的,这部作
品也出版于1913年;A. 斯皮特霍夫(A. Spiethoff)的作品,尽管在20世纪头十年里
发表的一些文章中已经有所预示,但在1925年之前,并没有以任何成熟的(转下页)

273

　　对所有这些作者来说，当然有一位先驱，他就是克莱芒·朱格拉——可以说，正是这位伟大的局外人开创了现代经济周期分析。就米切尔来说，朱格拉无论在理论上还是在方法上都是他的先驱。他不仅写了一部"伟大的事实之书"，并阐明了从"危机"过渡到"周期"的必然性①，而且他还以真正的米切尔式的审慎，指出了重要的解释原理，他相信，这些原理应该直接来自观察，在那句著名的格言中达到了巅峰：萧条的唯一原因就是繁荣，或者说，如果我对这句话的解读不错的话，萧条是对繁荣时期所发生的事情的反作用。在我看来，这似乎是第一次阐述（尽管是部分阐述）下面这个理论：经济过程的每一个阶段都产生着下一阶段，特别是，繁荣时期经济体系中不断积累的压力将导致萧条（而萧条反过来又为一个新的繁荣时期创造条件）。独立地采用了类似解释图式的米切尔，毫不犹豫地称之为"理论"（例如，参见《经济周期》第583页，或伯恩斯的概述，《美国国家经济研究局第29届年度报告》，第26页），而且它确实就是一种"理论"，如果我们在这个词的恰当意义（即工具意义）上使用它的话：这一图式必定"在使用它来解释经济活动永无休止的涨落起伏的独立努力中"得出正当的理由，如果确实有正当理由的话。它阐述了两组——也只有两组——根本不同的周期理论当中的一组。有一种"理论"认为，经济过程本质上

_____

（接上页）形式出现，也没有显示出其所依据的厚实的事实基础；在1927年之前，庇古一直没有明确地表现出他与米切尔的研究路径是相似的；D.H. 罗伯逊直到1915年才表现出这种相似性；G. 卡塞尔（他的解释后来获得了不同的特征）在他论述一般经济学的专著出版之前一直没有表现出这种相似性。哈伯勒教授把杜刚-巴拉诺夫斯基称作斯皮特霍夫的先驱[《繁荣与萧条》（*Prosperity and Depression*），1941年，第72页]，但他更愿意把他排除在这群人之外。请允许我强调一点：我不是试图低估他们之间的理论差别。他们在精神和路径上的相似性就是我想强调的一切。

① 参见米切尔自己在1927年那本书中第11—12页的评论，在那里，米切尔还指出，韦德（Wade）、S. J. 奥弗斯通（S. J. Overstone）等人为这一步铺平了道路，但他没提到马克思。

是不波动的,而且,周期性的波动及其他波动的解释,必须到扰乱平稳流动的特殊情况(货币的或其他的)去找。马歇尔在代表这一"假说"的一大群人当中最为突出。还有一种"理论"认为,经济过程本身本质上是波浪式的——起伏周期就是资本主义演化发展的形式——米切尔将把自己的权威分量给予这一理论。我想,可以说,他比这更进一步:由于资本主义经济是一种利润经济,所以其经济活动取决于那些影响当前的或预期的金钱利润(我相信,这相当于凯恩斯的资本的边际效率)的因素,他宣称,利润是解开经济波动之谜的"线索",这似乎不仅完全符合凯恩斯在《就业、利息和货币通论》第22章中粗略勾画出的那种"理论"[1],而且也符合一群经济周期研究者的理论,这个群体的规模几乎跟那个把经济周期视作资本主义过程的内在本质的群体一样大。米切尔的努力没有超出这个范围。特别是,接下来他并没有说:利润明显地——虽说不知何故,但总归是紧密地——跟投资过程联系在一起。即便如此,但我们面前还是有了一个明确的(即便只是口头的)解释图式,站在他的实际工作的背后。就算这一图式在他工作的最后阶段看上去似乎并不那么明显,那也只是因为天不假年,中道而辍,也就是说,在其工作的"务实"阶段,还没等他来得及把自己的劳动成果完全协调起来,他就不幸辞世了。

完全就像1927年的那本书,1913年的这部著作也是从简单回顾现有解释开始的。就这两本书而言,至少可以说,他都是简明扼要地、以惊人的超然态度把这些解释全都呈现出来。米切尔发现,它们全都"貌似有理",但也"令人费解"。他把它们分门别类,但没有试图系统地评论它们。尽管他时不时地提出反对意见,但

---

[1] 差别无疑存在,一位作者的含蓄与另一位作者的犀利更加凸显了这些差别。但周期性波动的"线索"或近因,在他们二者看来,都存在于利润这个因素中。

读者得到的印象是,他把它们全都看作对部分真理的陈述,彼此相当,难分伯仲,它们全都要在一个共同的层面上等待事实法庭的审判。这种不偏不倚的态度,还揭示了上文提到过的米切尔的方法论偏好的特征之一:对他来说,在解释性解说与事实之间,没有任何东西,或者,至少是没有什么重要的东西;特别是,一种理论在提交事实法庭审判之前,任何逻辑标准都不能把它一笔勾销。但是,考虑到米切尔对"新古典"经济学的怀疑,这样的不偏不倚自有它的优点。正如我们再三声称的那样,它并没有使他在统计事实的汪洋大海中航行时迷失方向。

也像1927年的那本书一样,1913年的这部著作接下来展示了米切尔对货币经济的看法。在这两本书中,这些章节事实上都是关于他所构想的一般经济理论的导论。编织紧密,朴实无华,缺少令人印象深刻的概念化,它们从未得到它们应得的东西。这里仅举一例:有多少人知道,这些章节所暗示(而不是呈现)的货币流量理论,预示了现代损益计算和总量分析中很多最好的东西?当然,我们在这里看到了很多批评家都没有赶上,而在1913年的那部著作的第三部分得到了进一步发展的"理论背景"①。毫无疑问,这一背景阐述需要扩充,此外还需要一个专业理论家提供的编辑服务。但它依然是一项伟大的成就。

然而,1913年的这本书的第二部分无须任何人编辑。它是一件珍品,是一项开拓性的成就。米切尔不仅知道如何使用统计材料,而且知道如何发展它——如何得到他想要的东西,即使它并不

---

① 这个第三部分后来以《经济周期及其原因》(*Business Cycles and Their Causes*)为题在1941年重新印行,它包括几个论点,米切尔后来不再相信它们,或者不相信它们的重要性。然而,在撰写这一部分的时候,他几乎相当于充分清晰地提交了他的经济周期理论。上文提到的那部未出版的手稿不仅不完整,它也是针对大量难以处理的材料争分夺秒、艰苦斗争的产物。

是现成的。对于一种源自广泛见识的需要的感知，对满足这种需要的可用手段的判断，以及对问题的着手解决——在 1908 至 1913 年间，这些事情必定是以闪电般的速度一个接一个出现的。很多人有全面的构想。很多人有着对细节的热爱。但米切尔是少数这样的人之一：构想服务于在具体细节上的工作，对细节的热爱服务于构想。

四

关于 1927 年的那本书，就其性质而言，除了比 1913 年那本更明确地是已完成的工作的回顾和尚待进行的工作的计划之外，其余的在这里没有更多的东西要说①。他在 1908 至 1913 年之间的劳动已经使他明白，他试图完成的那项庞大的任务，完全非一人之力所能及。他在之后那些年里的活动②，尤其是导致他研究价格和生产指数的那些活动③，使他认识到，他被赋予了（很少人像他这样）领导团队的才能，在团队中，尽管他知道如何把握方向，但他总是作为一个工作伙伴参与其中——把自己的聪明才智投入到共同的工作当中，发扬智力上团结合作的精神。就这样，1920 年这项工作十分自然地成为国家经济研究局的工作，他是这一机构的创始人之一，直至去世一直是它的策划者和亲切和蔼的领导人。

---

① 读者可参看我的评论文章《米切尔的经济周期》，载《经济学季刊》，1930 年 11 月。
② 应该注意但在这里却不可能注意的一项最重要的研究，1937 年由约瑟夫·多夫曼（Joseph Dorfman）教授在《落后的花钱艺术》（*The Backward Art of Spending Money*）一书中再次发表。
③ 特别参见劳工统计局公报第 173 号和第 656 号。战时工业委员会的系列出版物《战时物价史》是由米切尔主编的，他自己在公报上发表了《国际物价比较》和《总结》，后者的内容包含了他的生产指数。

他引领但决不驱使,他启发但决不压制同事们的主动性。这次"大胆的实验"是一次自我实现的行动。它的绝对成功,是他的智力品质和道德品质的纪念碑。

经济研究局进行了(而且从一开始就计划要进行)一系列调查研究,从著名的关于国民收入的规模和分配的研究开始,这项研究看起来远远超出了经济周期以及与经济周期密切相关的论题[1]。但米切尔关于这一现象的概念囊括了整个经济过程,因此使得这一过程中所发生的一切都与经济周期"理论"有关。对手段和时机的考量,只能决定个别项目的先后顺序,而所有项目在他的全面计划中都有各自的位置。在评价伯恩斯和米切尔的《度量经济周期》(1946)时,必须牢记这一点。

这本书的两位作者并没有声称要写一部论述经济周期的专著,而是要提出一项"度量经济周期的计划",或者更准确地说,是度量正在运行中的经济过程的计划。这段"意图声明"更适合于前八章,而不是后面的四章(这一部分处理的是结果,而不仅仅是度量),但我更愿意用稍微不同的方式来阐述这本书:目标是把这一现象呈现在我们面前,并通过这样做向我们展示有什么东西需要解释。这一努力被一组分析结果所统领,它包括了我们在1913年那本书中所找到的一组分析结果的改进版,但几乎不能称之为定义。它们是这样的:"经济周期是我们在国家——其工作主要是在商业企业里组织的——的整体经济活动中发现的一种波动类型:一个周期包括在很多经济活动中大约同时发生的扩张,接下来是类似的总体上的衰退、收缩和复兴,这一复兴阶段与下一个周期的扩张阶段相融合;这一系列变化是周期性的,但不是定期性的;就

---

① 关于详细情况,参见历年的年度报告,或者至少是参见伯恩斯教授的简述。

持续时间而言,一个经济周期从 1 年多到 10 年或 12 年不等;它们不可分为类似性质的、幅度与其自身幅度接近的更短周期。"(第 3 页)除了对几个后来发现的事实的预见之外,这里面还有一大堆"理论"。特别是,最后一句大胆地采纳了单一周期假说,这一假说使得区别不同类型的波动变得困难,它的存在不是提出假说的问题,而是直接观察的问题①。然而,这一点及其他几点,在某种程度上都是个人判断和解释方便的问题,我们将不再进一步讨论它们。

从米切尔的一般观点来看,对国家经济研究局的联合力量所能发掘和处理的全部时间序列——超过一千个——加以分析,是正确的和恰当的。因为经济周期被认为是资本主义过程的形式,必然是"各种互相关联的现象的集合体",这些现象与过程本身在范围上是一致的,即使能够想象某个因素就其本身而言与经济周期毫无干系,也依然有必要研究它如何受到周期运动的影响②。尽管如此,而且尽管对所涉及的理论考量存在种种疑虑,但如果有必要做出选择的话——正如在《度量经济周期》最后四章里那样——这依然是对可用手段的局限性的一次妥协,而不是什么原则问题。然而,米切尔心知肚明,即便是最完整的统计序列也满足不了他的要求。于是,为了核对和厘清他的统计材料以及从这些

---

① 第二句话似乎暗示了有承认四个循环阶段的意思。正如我们将看到的那样,这一暗示并没有包含在后来所采用的循环阶段的模式中。读者将会认识到,米切尔一直讨厌使用均衡的概念——甚或讨厌它在商业世界的对应物:"正常的贸易状态",他在 1927 年的那本书中的第 376 页宣称它是"子虚乌有之事"——其原因(或原因之一)可能就在于此。除非我们把扩张(繁荣)和收缩(萧条)解释为远离相对均衡状态(在这个意义上,而非在其他意义上,也就是"正常状态")的运动,而把衰退和复兴解释为趋向相对均衡状态的运动,否则的话,四个阶段的模式实际上就没什么价值。

② 米切尔关于经济周期形势的概念,我认为最好是通过一个比喻来解释。一个家庭圈子的成员创造出某种道德氛围,在某种意义上,这种氛围是他们个人行为的结果。但这种氛围一旦创造出来,其本身就是一个客观事实,反过来会影响到家庭成员的行为:国家经济研究局的时间序列这个家庭的成员们共同创造了周期形势,但他们所有人也全都被现有的周期形势所塑造。

材料中得出的结论,他灵机一动,萌生了搜集他所谓的商业年鉴的想法,而且,年代要尽可能久远,涉及的国家要尽可能多。W.L.索普(W. L. Thorpe)那本众所周知的书(1926)就是这个想法的结果。在一个统计学的时代,承认非统计的历史材料的重要性,其中的方法论上优点再怎么强调都不为过。尽管随着时间的推移,米切尔对这一信息来源的信任似乎有所降低,尽管从一开始它就被不恰当地利用,但它依然把他的工作从威胁要淹没这一领域的统计主义中挽救了出来。

到如今,人人都熟悉所谓的国家经济研究局方法。然而,对周期特征的这一描述,乃是基于一个十分巧妙的观念,我们应该把这一观念再重述一遍。一方面,每一个序列,在针对季节性波动进行校正之后,单独进行处理,其扩张与收缩期间的平均状态便呈现出来了(特殊周期):每一个这样的周期,根据序列内的低谷与波峰,被划分为间隔或阶段,对于这些间隔或阶段,序列的值被表示为其每一周期平均值的百分比——这是消除趋势与留下趋势之间的一个明智的折中办法——然后,这些百分比的平均数便可以用来勾画出序列中特殊周期的图像。另一方面,为了显示每一单个序列在整个经济体系扩张与收缩时期的特征,而求出一般经济活动波峰与低谷的日期,这两个日期都是通过其所包含的所有序列的近似"一致",通过商业年鉴中提供的非数字信息求出来的。然后,在这一"参考周期"所划分成的每一间隔或阶段(共9个)中研究每一序列的特征,这一序列在其参考周期的每一阶段中的"地位",也被表示为它在整个参考周期中的平均值的百分比。序列中典型的参考周期,是通过求其所涵盖的所有周期的每一阶段中各序列之地位的平均值而得到的。每一序列的特殊周期与参考周期的比较,或许是这一图式之内可行的最富有启发性的运算或度量了。为了厘清经济周期的事实而无须先验性地假设它们之间的任何特殊关系,对(潜在的)点点滴滴的统计信息所作的这种双重表述被设计得非常完美。但即便如此,还是有很多棘手的问题要解决。很自然,在最后四章里,这台机器工作时的摩擦力更大,在这部分,七个相对较长的时间序列承担着具体推论的沉重负担。但是,提供事实以便使它们能够与理论相对照的目的,自始至终都十分显著。

当然,这本书只是个开头。就算米切尔能够完成他那部未完成的手稿,这也只不过是个开头。这种工作没有自然的终点,必须始终指向更远的前方,直至无限遥远的未来。米切尔毕生的工作也是如此。而且,正是这一点,造就了他的伟大,并界定了他在现代经济学史上独一无二的位置。(不像我们当中大多数人)他是一个敢于说自己没有全部答案的人;他按部就班地做自己的工作,既不仓促草率,也不静止不动;他不喜欢在旗帜招展、鼓角嘹亮的伴随下向前行进;他充满了对人类命运的同情,然而却远离尘世的喧嚣;他通过榜样而不是言辞教会我们懂得:一个学者应当如何。

约翰·梅纳德·凯恩斯[*] *(1883 —— 1946)*

John Maynard Keynes

* 原载《美国经济评论》,第 36 卷第 4 号,1946 年 9 月。

一

　　在他那篇才华闪烁的文章《伟大的维利尔斯（Villiers）的亲属关系》①中,凯恩斯透露出他感觉到了遗传能力的重要性——用卡尔·皮尔森（Karl Pearson）的话说,也就是感觉到了能力在血统中世代相传这一伟大真理——这不大适合很多人所设想的他的知性世界的情况。这个关于他的社会学的明显推论,被下面这个事实所强化：在他的传记速写中,他往往非常留意强调人物的遗传背景。他因此会理解我的遗憾：由于没有时间,我不能深究凯恩斯的亲属关系。我们希望别人来做这件事情,而我们仅仅满足于怀着敬佩之情简略回顾一下他父母的情况。他出生于 1883 年 6 月 5 日,是家里的长子,母亲弗洛伦斯·阿达·凯恩斯（Florence Ada Keynes）是神学博士约翰·布朗（John Brown）牧师的女儿,父亲约翰·内维尔·凯恩斯（John Neville Keynes）是剑桥大学的注册主任——母亲非常能干而富有魅力,曾担任剑桥市长,父亲是一位我们大家都很熟悉的著名逻辑学家和经济学家,除了别的作

---

① 这篇文章是为 W. T. J. 冈（W. T. J. Gun）的《遗传能力研究》（*Studies in Hereditary Ability*）写的书评,发表于 1926 年 3 月 27 日的《国民与雅典娜神庙》（*The Nation and Athenaeum*）,后收入《传记随笔》（1933）一书。比起其他任何出版物,这本书能够让我们更清楚地认识凯恩斯其人,以及作为学者的凯恩斯,因此我将不止一次参考它。

品之外,尤其是写过一部最好的经济学方法论的著作。①

我们不妨注意一下本文主人公的学术—宗教背景。这一背景的含义——其卓越的英国品质及其中的绅士成分——当我们补充另外两个名字的时候,就变得更加明显了,这两个名字是:剑桥的伊顿学院和国王学院。我们当中大多数人是老师,老师往往容易夸大教育对一个人成长的影响。但没人会认为这种影响等于零。而且,没有任何证据表明,约翰·梅纳德对这两个地方的反应不是正面的。他似乎享受了一段十分成功的学院生活②。1905 年,他当选剑桥联合会会长。同年,他成为第 12 个数学荣誉学位考试优胜者。

理论家们会注意到,如果没有一定的数学天赋加上刻苦工作——刻苦到足以让一个接受过数学训练的人能够很容易获得他希望掌握的任何更先进的技术——后面这项荣誉是不可能获得的。他们会认识到其思维的数学品质,正是这种品质,构成了凯恩斯著作中纯科学部分的基础,他们或许还能从中辨认出已经半被遗忘的数学训练的踪迹。其中有些人可能会奇怪,当他最早进入这一领域时,数理经济学正在聚集起决定性的势头,而他为什么要置身于这一潮流之外呢? 这还不是一切。他尽管从来没有明确地敌视数理经济学——他甚至接受了计量经济学学会主席的职务——但他也从来没有把自己的权威分量加到它的天平上。从他那里传出

① 即《政治经济学的范围与方法》(*The Scope and Method of Political Economy*,1891)。这本令人赞佩的书所获得的成功当之无愧,下面这个事实证明了这一点:迟至 1930 年,依然有人要求重印它的第四版(1917)。事实上,半个世纪以来,人们围绕它的问题展开了一系列论战,它很好地保住了自己的地位,以至于即使在今天,研究方法论的学者几乎很难选择比它更好的指南。
② 对他来说,伊顿始终意味着很多。他后来所接受的荣誉当中,很少像老师们推选他为伊顿理事会的代表那样让他快乐。

的忠告几乎总是否定性的。偶尔,他的谈话透露出某种类似于讨厌的东西。

解释不难找到。更高程度的数理经济学,就其性质而言,属于所有领域中都被称作"纯科学"的那种东西。其结论跟实际问题几乎没什么关系——至少,到那时为止是这样。政策问题几乎垄断了凯恩斯的聪明才智。他有太高的文化修养,而且太聪明,不可能轻视逻辑细节。在某种程度上他喜欢它们,在更大程度上他容忍它们;但一旦超出了他用不着大费周章就能达到的边界之外,他就会对它们失去耐心。"为艺术而艺术"不在他的科学信条之列。不管在别的方面他是不是进步论者,在分析方法领域他绝不是个进步论者。我们将会看到,在与高等数学的使用毫无关系的其他方面,也是如此。如果目的证明它是正当的,他不反对使用像托马斯·孟(Thomas Mun)爵士那样粗糙的论证。

二

一个从伊顿和剑桥步入成年生活的英国人,对本国的政策有着强烈的兴趣,在有着象征意义的 1905 年(它标志着一个时代的结束和另一个时代的破晓①)赢得了剑桥联合会主席的职位——这样一个英国人,为何没有走上从政的道路呢? 他为什么反而进入了印度事务部呢? 做出这种决定有正反方面的很多理由,尤其是金钱,但有一点是根本性的,必须抓住。任何一个跟凯恩斯谈上一个小时的人都会发现,他是最不适合从政的人。政治游戏作为

———————

① 1906 年 1 月,亨利·坎贝尔-班纳曼(Henry Campbell - Bannerman)赢得了选举胜利,工党在议会中脱颖而出。

一种游戏,并不比赛马——或者说,就这个问题而言,并不比纯理论本身——更让他感兴趣。有着异乎寻常的辩论才能,以及对策略价值的敏锐洞察力,可他似乎感受不到政府部门小圈子的诱惑——这种诱惑最强烈的地方莫过于英国。政党对他而言几乎毫无意义。他随时准备跟任何一个支持他的建议的人合作,把从前的所有过节忘得一干二净。但他不准备按照任何其他条件跟任何人合作,更别说接受任何人的领导了。他的忠诚是对具体措施的忠诚,而不是对个人或集团的忠诚。他既不是个人的崇拜者,更不是信条、意识形态或旗帜的崇拜者。

因此,他难道就不适合理想公务员的角色吗?难道天生就不适合成为伟大的政府常任副部长(他们审慎的影响力对英国最近历史的形成有着如此重要的价值)之一吗?他根本不适合。他对政治毫无兴趣,而对于需要耐心的例行公事,对于凭借谦恭温和的艺术来驯服那头桀骜不驯的野兽——政客,他就不止是不感兴趣了。这两个消极的倾向,对政治竞技场的厌恶和对官样文章的厌恶,把他推向了他天生适合的角色,对于这个角色,他很快就找到了与自己完美契合的形式,并且一辈子再也没有背离过这一角色。不管我们如何看待他将要阐述的心理规律,我们不能不感觉到,从早年起,他就完全理解自己。事实上,这是理解他的成功秘诀的主要钥匙之一,也是理解他的幸福秘诀的主要钥匙之一:因为,除非我大错特错,他的一生应该是非常幸福的一生。

因此,在印度事务部待了两年(1906—1908)之后,他回到了剑桥大学,接受了国王学院院士的职位(1909),并很快在剑桥的经济学家同行的圈子里及在这个圈子之外确立了自己的地位。他讲授原汁原味的马歇尔学说,以《经济学原理》第五篇为中心。很少有人像他这样精通马歇尔的学说,而且,在未来的20年里,他一直支持这一学说。我的记忆里留存着一幅生动的画面,描绘了在一个偶然造访剑桥的游客眼里,他当时看上去是个什么样子:这个年轻教师有着瘦削的身材,苦行者的表情,目光有神,专注而严肃,在那位游客看来似乎是由于极力克制的不耐烦而颤抖,这是一个没有人能忽视、每个人都尊敬、有些人很喜欢的争论者[1]。他不断上升的声望被下面这个事实所证明:早在 1911 年,他就被任命为《经济学杂志》的编辑,接替它的第一任编辑埃奇沃思。他以从不松懈的热情,担任这一经济学界的关键职位,直至 1945 年春天[2]。考虑到他担任这一职位的任期之长,以及他在此期间的所有兴趣和爱好,他的编辑成就确实不同寻常,事实上几乎难以置信。这不仅仅是由于他塑造了《经济学杂志》和皇家经济学会(他是该学会的秘书)的一般政策。他做的远不止这些。很多文章是从他的意见发展出来的,所有文章,从观点和事实一直到标点符号,都受到了他最细微、最挑剔的关注[3]。我们全都知道结果,对这些结果,我们每个人都有——这毫无疑问——自己的看法。但是,当我说,总的来看,凯恩斯是自杜邦·德·内穆尔(Du Pont de Nemours)执掌《年鉴》(*Ephémérides*)以来无与伦比的一位编辑的时候,我确信我是代表我们大家说这句话的。

　　印度事务部的工作不过是学徒而已,在不那么富饶的头脑里可能不会留下多少痕迹。然而,它不仅高度显示了凯恩斯的活力,而且显示了他的天才类型,这种类型的天才在他这里结出了硕果:

---

[1] 我本人只是从 1927 年开始熟悉凯恩斯,当时留下的印象完全不同。

[2] 1918—1925 年,埃奇沃思再度出山,担任联合编辑。他的继任者是 D.H.麦格雷戈(D. H. MacGregor),任职时间是 1925—1934 年,接下来是 E.A.G.罗宾逊先生(E. A. G. Robinson,他在 1933 年被任命为助理编辑)。

[3] 他曾经很有耐心地向一位外国投稿人解释,尽管允许把 exempli gratia(拉丁文:例如)缩写为 e. g.,但把 for instance(英文:例如)缩写为 f. i.则是不允许的——作者会同意这种改动吗?

他的第一本书——也是他的第一次成功——是《印度通货与金融》（*Indian Currency and Finance*）[①]。这本书出版于 1913 年，这一年，他还被任命为印度金融与通货皇家委员会的委员（1913—1914）。我认为，把这本书称为论述金汇兑本位制最好的英文著作是公正的。然而，人们把更多的兴趣放在了另一个就本身而言跟这一成就关系不大的问题上；我们能从中看出任何指向《就业、利息和货币通论》的东西吗？在后者的序言中，凯恩斯本人只不过声称，在他看来，他 1936 年的学说是"他多年追求的一种思想路径的自然演化"。关于这一点，我稍后将会提出一些评论。但现在，我会斗胆宣称，尽管 1913 年的这本书并没有包含 1936 年的那本被认为如此"革命"的书中的那些典型命题，但凯恩斯在 1913 年对货币现象和货币政策的一般态度，清楚地预示了《货币论》（*A Treatise on Money*，1930）中他的一般态度。

当然，货币管理在那时候并不是什么新鲜事——这正是为什么在 1920 年代和 1930 年代不应该把它当作新鲜事物来欢呼的原因——专注于印度问题特别有可能导致他认识到货币管理的性质、必要性与可能性。但凯恩斯清楚地认识到了，它不仅跟物价和进出口有关，而且跟生产与就业有关，这一认识倒是新东西，即使不是唯一决定了但还是制约了他自己的前进路线。此外，我们还必须记住，他在战后时期的理论发展，跟他提出实际建议时所处的特定情势的关系有多么密切，而在 1913 年，无论是他，还是其他任何人，都不曾预见到这样的情势；再把 1920 年代的英国经验加到《印度通货与金融》中的理论上，你就会得到 1930 年凯恩斯观念的

[①] 在 1910—1911 年间，他在伦敦政治经济学院作了关于印度金融的讲座。参见 F.A. 哈耶克：《伦敦政治经济学院：1895—1945》，载《经济学》（*Economica*，1946 年 2 月），第 17 页。

主旨了。这个说法是保守的。要是我不害怕陷入传记作者当中十分常见的那种错误的话,我可以走得更远——稍稍远一些。

三

1915 年,这位披着学术外衣的潜在公仆摇身一变,成了名副其实的公仆:他进了财政部。第一次世界大战期间,英国的财政非常"稳健",招致了第一流的道德表现。但就原创性而言,它并不明显,很有可能,这个才华横溢的年轻官员当时就对"财政部思维"和"财政部观点"产生了反感,这种反感后来变得十分显著。然而,他的工作得到了赏识,因为他被挑选出来,在巴黎和会上担任财政部的首席代表——这很可能是一个关键职位,如果在劳埃德·乔治(Lloyd George)的势力范围之内有这么个东西的话——还担任了最高经济顾问委员会中财政大臣的代表。从传记作者的观点看,比这更重要的是他在 1919 年的突然辞职,这是其人的典型性格,也是他这种公仆的典型性格。关于凡尔赛和约,其他人也有同样的疑虑,不过当然,他们不可能说出来。凯恩斯是用不同的材料做成的。他挂冠而去,并告诉世界为什么。他突然之间名满天下。

《和约的经济后果》(*Economic Consequences of the Peace*,1910)所受到的对待,使得"成功"这个词听上去平庸而乏味。那些理解不了好运和优点何以纠结在一起的人,无疑会说,凯恩斯只不过是写出了每一个明智之士嘴边上的话而已;他所处的位置非常有利,使他的反对声可以在全世界激起回响;正是这种异议,而不是他的特殊论证,让他赢得了听众和成千上万人的心;而且,就在此书出版的时候,形势已经变得对他有利了。所有这些说法都千真万确。当然,有一次千载难逢的机会。但是,如果我们据此选择否认这项功绩的伟大的话,那么,我们最好是把"伟大"这个说法彻底从历史的书页中删除。因为,任何伟大的功绩都必定首先存在伟大的机遇。

首先,这项功绩是道德勇气的功绩。但这本书是一部杰作——充满了实践智慧,但绝不缺乏深度;充满了严密的逻辑,但绝不冷漠无情;充满真诚的人道关怀,但绝不多愁善感;直面所有的事实,而没有无谓的叹憾,但也没有绝望:它既是可靠的分析,也是可靠的忠告。它是一件艺术品。形式和内容完美契合。每一件东西都恰到好处,没有一件不恰到好处的东西。没有多余的装饰损害它对手段的明智节约。正是优美的表达——他再也没有写得这样优美——呈现出它的简朴。在凯恩斯试着从剧中人的角度来解释和约目的的悲剧性失败的段落里,他达到了很少有人达到的高度。①

---

① 参见第 26—50 页论述"四巨头会议"的部分,这部分,加上一个重要的附录,后来收入了《传记随笔》,即《关于劳埃德·乔治的片段》一文。说来令人痛心,当时,一些反对凯恩斯的观点的人,在他无懈可击的逻辑面前彻底溃退的同时,似乎总是讥笑他对某些事实的表述,以及他对动机的解释,他们断言,这二者凯恩斯都没有能力判断。由于一份美国杂志上最近发表的一篇随笔再次老调重弹,对凯恩斯的诚实提出指控,因此首先有必要请读者彻底弄清楚:凯恩斯分析的所有结论,以及他的所有建议,丝毫不取决于他对乔治·克列孟梭(Clemenceau)、威尔逊和劳埃德·乔治的动机和态度所作的描绘是否正确。但是,其次,由于描绘性格也是本文目的之一,因此有必要进一步证明下面的诽谤是毫无根据的:有人指责凯恩斯沉湎于"诗意幻想"的飞翔,指责他自称熟知他根本不可能知道的"秘密"——这一指控,往好处说是宣判他虚荣自负,往坏处说则更甚于此。不过,有关证据不难提供。如果读者像我希望的那样,参阅一下那篇技巧娴熟的速写的话,他必定会发现,凯恩斯并没有声称自己跟这三个人私交甚密,他只跟劳埃德·乔治有个人交往。关于四巨头[第四个人是奥兰多(Orlando)]的秘密会议,他只字未提,而只是描写了"四巨头会议"例会的场面,按照其官方职位,在正常情况下,他必定要和其他所有主要专家一起出席这样的例会。而且,对于在那条通向灾难性结果的道路上所采取步骤的个人方面,他所作的描述也得到了独立证据的充分支持:他所讲述那个才华横溢的故事,只不过是对人所共知的事件过程所作的合理解释而已。最后,批评者们最好是记住:这一解释明显是宽宏大度的,完全没有凯恩斯可能感觉到的任何愤懑(不管多么有道理)的痕迹。

这本书及那本补充并在某些方面修正了其论证的《和约的修订》（*A Revision of the Treaty*，1922）中的经济学都属于最简单的，不需要任何精密的技术。然而，其中还是有一些需要我们关注的东西。在开始他的说服工作这项伟大冒险之前，凯恩斯粗略勾画了他打算研究的那些政治事件的经济和社会背景。除了很少措辞上的改动之外，这幅略图可以概括如下：自由放任的资本主义这一"非同寻常的插曲"，在1914年8月走向了终结。使得企业领导阶层能够接二连三地获得成功的那些条件正在迅速消失，这些条件是快速增长的人口以及技术改进和一系列对新的食物和原材料资源的获取不断创造出来的大量投资机会所推进的。在这样的条件下，资产阶级一直在不断做蛋糕，但"不是为了吃掉它们"，因此可以轻而易举地吸收他们的存款。但现在（1920年），这些刺激正在消耗殆尽，私人企业的精神一蹶不振，投资机会正在消失，资产阶级的储蓄习惯因此失去了其社会功能；对这一习惯的坚持实际上使事情变得更糟。

于是，我们在这里找到了现代停滞论——它区别于另一种停滞论，如果愿意的话，我们可以在李嘉图那里找到这种停滞论——的起源。在这里，我们还找到了《就业、利息和货币通论》的萌芽。每一种关于社会经济状况的包罗万象的"理论"，都包含两个互为补充但本质上截然不同的因素。首先，关于这一社会状况的基本特征，关于为了理解特定时期的社会生活什么是重要的、什么是不重要的，理论家有自己的看法。我们不妨把这称作他的构想。其次，理论家有他的技术，这是他用来把自己的构想概念化，并把后者转变为具体的命题或"理论"的工具。在《和约的经济后果》的字里行间，我们没有找到《就业、利息和货币通论》的理论工具的蛛丝马迹，但我们找到了对社会经济事物的全部构想，而理论工具只不

过是这些构想的技术实现。《就业、利息和货币通论》是一次长期
奋斗的最终结果,这一奋斗成果就是努力使他对我们这个时代的
构想可以在分析上加以运用。

四

在"科学"类型的经济学家看来,凯恩斯当然是那个写《就业、
利息和货币通论》的凯恩斯。从《和约的经济后果》到《就业、利息
和货币通论》,中间有一条笔直的发展路径,《货币改革论》(*A
Tract on Monetary Reform*)和《货币论》标志着其中的主要阶段,
为了对这一直线发展公平起见,我将不得不抹掉很多原本应该记
录下来的东西。然而,下面的注释中提到了《经济后果》的三个山
丘及波澜[①],但关于他在 1921 年出版的《概率论》(*A Treatise on
Probability*),我还有几句话要说。关于凯恩斯对概率论有什么意

[①] 这三个山丘及波澜是:他论述人口问题的论文及随后爆发的跟威廉·贝弗里奇
(William Beveridge)爵士的论战(《经济学杂志》,1923);他的小册子《放任主义的终
结》(*The End of Laissez-Faire*,1926);以及他在《经济学杂志》(1929 年 3 月)上发
表的论文《德国的移交问题》和随后对戈特哈德·俄林(Gotthard Ohlin)和雅克·吕
埃夫(Jacques Rueff)的批评所作的答复。第一篇论文试图为马尔萨斯招魂,也就是
试图(在食物和原材料大量滞销时期之初)为下面这个论点辩护:自大约 1906 年以
来,大自然开始不那么慷慨地回应人类的努力,人口过剩是我们这个时代的大问题
或大问题之一。这大概是他所有努力中最不靠谱的,也是那些最热爱他的人都无法
否认的他的天性中一种鲁莽因素的象征。关于《放任主义的终结》,我所要说的一切
是,我们别指望在这件作品中找到其标题所暗示的那种东西。它根本不是锡德尼·
韦伯(Sidney Webb)夫妇在他们那本让人忍不住拿来与凯恩斯的书相比较的书中所
写的东西。论述德国赔款的文章透露了他性格中的另一面:它明显是最宽宏大度
的动机和正确无误的政治智慧直接口授的;但它不是什么好理论,俄林和吕埃夫发
现很容易对付它。很难理解,凯恩斯对自己论证中的弱点如何能做到视而不见。但
是,为了服务于他所相信的事业,他有时会仓促地忽视他用来制造箭镞的木料的缺
点。仔细阅读他的《劝说集》(*Essays in Persuasion*,1931),大概是研究其作品中不十
分专业的部分的论证特征的最好方法。

义,我恐怕没有多少疑问,虽说他对这一课题的兴趣可以追踪到很久以前:他的院士论文就是关于这一课题的。我们感兴趣的问题是,概率论对凯恩斯有什么意义。主观上,它似乎是一个排遣过剩的精神活力的出口,这样的活力,在那个他既出于公共责任感也出于个人兴趣而投入了大部分时间和精力的领域,得不到完全的满足。对于经济学当中纯智力的可能性,他不是十分看好。每当他想要呼吸高处不胜寒的空气时,他并没有求助于我们的纯理论。他有点像哲学家或认识论者。他对路德维希·维特根斯坦(Ludwig Wittgenstein)很感兴趣。他是英年早逝的杰出思想家弗兰克·拉姆齐(Frank Ramsey)的好朋友,他为了纪念亡友而建起了一座迷人的纪念碑[1]。但是,仅仅是海纳百川的姿态并不能让他满足。他必须有自己的飞翔。为了这个目的而选择概率,倒是颇能看出他的精神质地:这一课题充满了逻辑细节,然而又并非全然没有实用主义的含义。不管专家,特别是非剑桥的专家如何评价,至少在我看来,他不屈不挠的意志所产生的,无疑是一项杰出的成就。

我们正从其作品转到其人。那么,我们不妨利用这个机会稍稍贴近地看看他。他回到了国王学院,回到了他战前的生活模式。但这一模式得到了发展和扩大。他继续是一位活跃的教师和研究工作者;他继续编辑《经济学杂志》;他继续把公众所关心的当作自己所关心的。尽管他通过接受财务主管这一重要的(也是费力的)职责,巩固了他与国王学院的联系纽带,但不久之后,他在伦敦的家(戈登广场46号)还是成了他的第二总部。他开始对

---

① 这篇纪念文章发表于《新政治家与国民》(*The New Statesman and Nation*),1931年10月3日,后来收进了《传记随笔》。这是他所写过的最热情的一篇随笔,文末附有从拉姆齐的笔记中摘录的一束零星材料。当然,这些文字表达了拉姆齐的观点,而不是凯恩斯的观点,但是,对于一个这样的场合,没有人会选择自己不同意的那些段落。因此,拉姆齐的话透露出了凯恩斯的哲学。

《国民》(*The Nation*)杂志感兴趣,并成了它的主席——这份杂志在 1921 年取代了《言说者》(*Speaker*),后来兼并了《雅典娜神庙》(*Athenaeum*),并在 1931 年并入《新政治家》(*The New Statesman*),成了《新政治家与国民》——他给这本杂志拉来了源源不断的稿件,而对另一些人来说,需要全职工作才能做到这一点。而且,他还成了国民互助人寿保险公司的董事会主席(1921—1938),为此投入了大量的时间,他还管理着一家投资公司,从诸如此类的商业活动中挣到了可观的收入。对他来说没有什么无聊的事情,经商和赚钱就更不是无聊的事情了:他曾坦率地感激一幢自己的豪宅所带来的舒适,并同样坦率地总是说(在 1920 年代)自己决不会接受教授的职位,因为他的经济条件承担不起这样做。除了所有这些之外,他还积极地服务于经济顾问委员会和金融与工业委员会(麦克米伦委员会)。1925 年,他与著名艺术家莉迪亚·洛普科娃(Lydia Lopokova)结婚,事实证明,直到生命的最后,莉迪亚始终是一位情投意合的伴侣和忠贞恩爱的助手——"无论健康或是疾病"。

把这些活动组合在一起并不是什么稀罕事。使之变得稀罕,并让它看上去令人啧啧称奇的是下面这个事实:他对每一项活动都付出了同样多的精力,就好像那是他唯一的活动一样。他对高效率工作的胃口和能力让人不敢置信,他对手头工作的专注力堪比格莱斯顿:不管他做什么,他都全神贯注,心无旁骛。他知道疲劳困倦是什么滋味。但他似乎从不知无精打采和优柔寡断为何物。

对那些试图耗尽自己最后一丝精力储备的人,大自然往往会施加两种截然不同的惩罚。其中一种惩罚,凯恩斯无疑遭受了。他的工作质量受到了工作数量的损害,而且,受损害的不仅仅是形式:他的很多次要作品都显示出了仓促草率的痕迹,他的一些最重要的作品，都显示出经常被打断以至于损害了其生长发育的痕迹。认识不到这一点——即认识不到他眼睁睁地看着自己的作品，却从不让它成熟起来，不给它完成最后的一笔——就绝不会公正地看待凯恩斯的能力①。但另外一种惩罚倒是对他网开一面。

　　一般而言，最大限度地使用每一盎司燃料的人类机器，未免有点不近人情。大多数这样的人在个人关系上都冷酷无情，都无法接近，都全神贯注。他们的工作就是他们的生活，对他们来说不存在其他的兴趣，或者只有一些浅尝辄止的兴趣。但凯恩斯则异于是——他是你能想到的最令人愉快的伙伴；他令人愉快、和蔼可亲、乐观开朗，完全跟那些心中了无牵挂、决不允许自己的任何爱好堕落为工作的人一样令人愉快、和蔼可亲、乐观开朗。他侠骨柔肠，感情丰富。他总是乐意带着友好的热情，介入其他人的观点、兴趣和麻烦。他慷慨大方，而且不仅仅是对金钱如此。他善于社交，喜欢交谈，并在谈话中焕发光彩。而且，与广为流传的观点刚好相反，他能够做到彬彬有礼，而且是过去的那种耗时费力、拘泥细节的彬彬有礼。比如，有一次，他邀请的客人被英吉利海峡上的大雾所耽搁，直到下午4点才出现，而在此之前，尽管有电话和电报的劝告，他还是不肯坐下来吃午餐。

　　他的业余兴趣很多，其中每一种爱好他都兴高采烈地去追求。但这并不是一切。那些尽管热衷于业余爱好，却是以一种消极的方式享受某些消遣活动的人，并不少见。但凯恩斯的特点是，在他

① 关于这一点，最明显的例子是他最雄心勃勃的研究冒险：《货币论》，这本书是一个外壳，包括几部强有力的但没有完成的作品，很不完美地拼凑在一起（参见后文）。不过，最好地传达我的意思的实例，是那篇关于马歇尔的传记随笔（《经济学杂志》，1924年9月）。他明显在这篇文章上投入了太多的热爱和关切。事实上，它是我所读过的最才华横溢的科学家传记。可是，翻阅这篇文章的读者，不仅会得到大量的快乐和收获，而且会认识到我所说的意思。它开头很精彩，结尾也很精彩，但要想完美，这篇文章还需要两个星期的工作。

那里，消遣都是创造性的。例如，他喜爱古书，目录学争论的细节，过去人物的性格、生平和思想的详细材料。很多人也有这一爱好，而在他身上，可能是他所受教育中的古典成分给培养出了这种爱好。但每当他沉湎于这种爱好的时候，他总是把它当作手头的工作一样认真对待，文学史上有几个并非不重要的问题的澄清，要归功于他的业余爱好①。他还是一位绘画爱好者，而且在某种程度上是一位不错的鉴赏家，在适度程度上是一位收藏家。他非常喜爱戏剧，创建并慷慨资助了剑桥艺术剧院，任何去过这家剧院的人都不会忘记它。有一次，他的一位熟人收到了他的一张便条，明显是在非常愉快的心情中仓促写下的："亲爱的……如果你想知道此刻我的时间被什么东西完全占据的话，瞧瞧信封里装的东西你就知道了。"②信封里装的是"卡玛戈（Camargo）芭蕾舞专场"的节目单。

五

言归正传。正如上文所言，我们的第一站是《货币改革论》（1923）。由于在凯恩斯那里，实际建议是分析的目的和航标，因此

---

① 最吸引他的是哲学和经济学文献。在这一爱好方面，皮埃罗·斯拉法（Piero Sraffa）教授成了他的一位颇受欣赏的盟友。我所能提供的其成果的例证，是"再版的由凯恩斯和斯拉法撰写导言的"大卫·休谟（David Hume）《人性论》（*Treatise on Human Nature*，1938）的摘编版。这篇导言是他们的文献学热情的一座奇妙的纪念碑。

② 这位熟人是个最没条理的人，从不保存书信。凯恩斯短柬上确切的措辞因此无法证实。但我敢肯定，其内容只有短短的一句话，并且，这句话的意思正如上文所陈述的那样。那应该是大约 10 或 15 年前，没准更早。在他的晚年，这些艺术活动和爱好导致他被选为国家美术馆的理事和音乐与艺术促进委员会的主席。此外还有更多的工作。

我要做一件在别的经济学家那里我认为是冒犯的事，即：请读者首先看看他所主张的是什么。本质上，他的主张是：为了稳定国内经济形势，而稳定国内的物价水平，对于减轻外汇短期波动的手段也给予了次要的关注。为了实现这一目标，他建议，把由于战时需要而创立的货币制度带入和平时期的经济中，这是人们所提出的各种五花八门的建议中最大胆的——而且是带着一种完全不像他的、明显战战兢兢的态度提出来的——即：把纸币发行与黄金储备分开，但他希望保留黄金储备，并急切地强调黄金储备的重要性。

这项建议中有两样东西应该仔细注意：首先是它特有的英国品质；其次是它清醒的智慧和保守主义——考虑到英国的短期利益以及建议者是一个怎样类型的英国人[1]。首先，凯恩斯的建议始终是英国人的建议，即便是向其他国家提出的建议，也出自英国的问题，这一点怎么强调都不为过。除了他的某些艺术品位之外，他令人吃惊地偏狭，即便在哲学方面也是如此，但最为严重的莫过于在经济学领域。而且，他是个热情的爱国主义者——属于一种确实没有被庸俗所玷污的爱国主义，但又是如此的真诚，以至于完全是下意识的，因此也更加有力地赋予他的思想以偏见，使他不能充分理解外国的（包括美国的）观点、情势、利益，尤其是信条。像老一辈的自由贸易主义者一样，他也总是把某些时候对英国来说是真理和智慧的东西，奉为对一切时间和地点都是真理和智慧[2]。但我们不能到此为止。为了找出他提出建议时所依据的立场，有必要进一步记住，他是英国的高级知识分子，他理所当然地声称（且不管是好是坏）自己跟洛克—穆勒在精神上的血缘关系。

---

[1] 一点也不奇怪，他最后（1942 年）被选为英格兰银行的理事。
[2] 这也解释了他的反对者为什么说他前后矛盾。

　　那么,这位爱国的英国知识分子看到的是什么呢? 就是我们已经在《和约的经济后果》的字里行间注意到的那种一般化。但英国的情况比这更特殊。在第一次世界大战中艰难取胜的英国,与从拿破仑战争中脱颖而出的英国并不相同。它变得贫弱了;它暂时失去了很多机会,有一些机会永远失去了。不仅如此,它的社会组织被削弱了,变得僵硬了。它的税率和工资率与蓬勃的发展不相适应,然而,人们对此却束手无策。但凯恩斯不习惯于徒然悲叹。他不习惯于抱怨无法改变的东西。他也不是那种把自己的全部心智力量倾注到煤炭、纺织品、钢铁、造船等个别问题上的人(尽管他在自己的时论文章当中也提出了一些这种类型的建议)。他尤其不是那种鼓吹新生信条的人。他是个英国知识分子,有一点家国飘零之感,眼睁睁地看着最令人不舒服的情况发生。他无儿无女,他的人生哲学本质上是一种短期哲学。于是,他毅然决然地转向了似乎是留给他(无论是作为一个英国人,还是作为一个他这样类型的英国人)的唯一"行动参数"——货币管理。大概他认为它可以恢复经济。他肯定知道它会缓解病情——而且肯定知道,按照战前的平价恢复金本位超出了英国所能承受的。

　　只要让人们理解这一点,他们也就会理解,实际上的凯恩斯主义是一棵不能移植到外国土壤中的幼苗:它会在那里死去,并在死去之前变得有毒。但除此之外,他们还会懂得,如果留在英国的土壤里,这棵幼苗就是健康的,将来定会给人们带来硕果和阴凉。我们不妨一锤定音地说:所有这些适用于凯恩斯所提的每一项建议。至于其他,《货币改革论》中对货币管理的鼓吹没有任何革命性的东西。然而,对于它作为一般的经济治疗手段却有了新的强调。而且,对于储蓄—投资机制的关注,在序言的开头几行以及整个第一章中就显示出来了①。因此,尽管作者眼下的任务使他无法深入这些问题,但这本书还是显示出了朝着《就业、利息和货币通论》的方向继续前进的意思。

在分析上,凯恩斯接受了数量理论,前提是,它必须是"基本的。它与事实之间的联系不应该有任何疑问"(第81页)。对我们来说,更加重要的是要认识到,这种接受,由于它是建立在十分常见的把数量理论与交易方程式混为一谈的基础上,因此,它所意味的东西比它看上去似乎意味的东西要少得多,完全就像凯恩斯后来对数量理论的抛弃一样,这种抛弃所意味的东西也比它看上去似乎意味的东西要少得多。他打算接受的东西,其实是交易方程式——以它的剑桥形式——不管把它定义为一致性,还是定义为均衡条件,它所包含的任何命题都不具有严格意义上的数量理论的特征。因此,他觉得可以自由地使流通速度——或者用它在剑桥方程式中的等价物 k 来表示——成为货币问题的一个变量,并把这种"研究这个问题的传统方法的发展"恰如其分地记到了马歇尔的功劳簿上(第86页)。这是"流动性偏好"的雏形。凯恩斯忽视了这一理论至少可以追溯到坎蒂隆,并由凯默勒加以发展(尽管很粗略)②,凯默勒说,"大量的货币不断被储藏起来",而且,"被储

① 例如,参见第10页那些非常典型的段落,还有第8页对"投资体系"的描述,它们预示了《就业、利息和货币通论》分析中的某些不足。即便如此,事实上自始至终,凯恩斯都表现出一种古怪的勉强,不愿意承认一个非常简单而明显的事实,也不愿意用同样简单和明显的措辞来表达它,这一事实就是:典型的工业企业是通过银行来融资的。

② 参见 E. W. 凯默勒:《货币与信用工具》(*Money and Credit Instruments*,1907),第20页。但在《货币改革论》的第193页,凯恩斯提出了这样一个站不住脚的看法,"国内的物价水平主要取决于银行所创造的信用规模",并再也没有背离过这一观点。直到最后,这一信用对他来说一直是一个自变量,被赋予经济过程,尽管它并不像从前那样取决于黄金的产量,而是要么取决于银行,要么取决于"货币当局"(央行或政府)。然而,如果把数量理论当作"给定的"来考虑,这并不是严格意义上的数量理论的典型特征。因此我才在正文中说,他从来没有像他认为的那样完全抛弃数量理论。

藏起来的流动媒介的比例……并非始终不变"。我们不能深入讨论《货币改革论》中很多非常棒的内容,例如,论述"期货交易市场"的技巧娴熟的一节(第三章第四节)和关于英国的那一节(第五章第一节),对它给予再高的评价都不为过。我们必须上路,赶往通向《就业、利息和货币通论》的第二站:《货币论》(1930)。

除了《概率论》之外,凯恩斯还从未撰写过其劝告目的比《货币论》更加不明显的其他著作。尽管如此,我们在这本书里,而且不限于最后一篇(第七篇),还是找到了布雷顿森林体系的所有基本要素——这是一项多么非同寻常的成就啊!然而,首先,这部两卷本著作无疑是凯恩斯最雄心勃勃的真诚研究,是一项如此才华横溢而又如此坚实可靠的研究,以至于人们对它没成熟之前便收割归仓感到十分惋惜。马歇尔总是渴望"不可能的完美",要是凯恩斯能够从中学到一点东西,而不是反过来为此而责备他,那该多好!(《传记随笔》,第211—212页)①此外,缪尔达尔教授对"盎格鲁-撒克逊人的那种毫无必要的原创性"的温和嘲笑,被充分证明是有道理的②。尽管如此,这本书依然是当时这一领域的一项引人注目的成就。然而,我能做的一切,就是搜集指向《就业、利息和

---

① 《货币论》的序言中一段类似辩解的话表明,他并非不知道,他拿出的是一块半生不熟的面包。

② 冈纳·缪尔达尔(Gunnar Myrdal):《货币均衡论》[*Monetary Equilibrium*,英文版,布赖斯和施托尔珀译,1939年,据1931年发表于《经济学杂志》(*Ekonomisk Tidskrift*)的瑞典文初版的德文版转译],第8页。当然,缪尔达尔的抗议并非代表他自己,而是代表克努特·维克塞尔和维克塞尔学派提出的。但同样的抗议也可以代表庞巴维克及其追随者们提出来,尤其是路德维希·米塞斯(Ludwig Mises)和哈耶克。诚然,后者的《货币理论和经济周期理论》(*Geldtheorie und Konjunkturtheorie*)只是在1929年才出版的。但庞巴维克的作品已经有英文版可用,而陶西格的《工资与资本》1896年就出版了。尽管如此,凯恩斯在写第六篇的资本理论时,仿佛它们从未存在过似的。不过在这一点上不存在心术不正。他只是不知道而已。他的诚实不难证明,证据就是:对于自己知道的作者,他全都给予了足够的荣誉,其中包括庞古和罗伯逊。

货币通论》的最重要的路标。①

　　第一,这里有作为整体经济过程理论的货币理论的概念,将在《就业、利息和货币通论》中得到充分发展。第二,这一概念嵌入了对当时经济过程状况的看法或诊断中,这一状况自《和约的经济后果》以来一直没有改变。第三,储蓄决定和投资决定被截然分开,完全就像在《就业、利息和货币通论》中那样,而且,个人节俭牢固地确立了其反面人物的角色。就这方面而言,把认可扩大到"J. A. 霍布森(J. A. Hobson)先生及其他人"(第一篇第 179 页)的作品非常重要。我们得知,节俭运动并不是打压利率的办法(例如,第二篇第207 页)。概念化上的(有时候仅仅是术语上的)差别,掩盖而不是消除了作者极力传达的那些观念的同一性。因此,第四,很多论证是从维克塞尔的"自然"利率与"货币"利率之间差异的角度来进行的。诚然,后者尚不是我们所说的利率,而且,无论是前者,还是利润,迄今尚没有转变为"资本的边际效率"。但凯恩斯的论证已经清楚地暗示了上述两个步骤。第五,对预期的强调,对从投机动机来看还不是流动性偏好的"看空"的强调,以及下面这个理论:萧条时期货币工资率的下降("有效所得率的减少"),如果因为它会减少"产业循环资金"的需求量从而作用于利息(银行利率),它将趋向于重新建立均衡——所有这一切,以及其他很多东西(香蕉种植园、寡妇的坛子、丹尼亚斯姐妹的水罐),读起来就像《就业、利息和货币通论》中的命题不大完美的、被复杂化了的最初陈述。

———————————

① 当然,这对作为整体的作品未免不公正,特别是对富有启发性的前两篇:尽管传统但依然才华横溢的导论(第一篇"货币的性质"),以及几乎独立的关于物价水平的专论(第二篇"货币的价值")。必须记住的是——而且这确实是《货币论》与《就业、利息和货币通论》之间最根本的差别——这部作品自称是对物价水平的动态分析,是对"物价水平波动实际传递方式"的分析(第一篇第 152 页),尽管它事实上远不止于此。

六

在"失败"这个词的任何正常意义上,《货币论》都算不上一次失败。每个人都看到了它的优点,并对凯恩斯付出的巨大努力表示尊敬,不管有什么样的限制条件。即便是损害性的批评,比如,汉森教授对"基本方程式"的批评①,或 F. A. 哈耶克教授对凯恩斯的基本理论结构的批评②,照例都会用当之无愧的赞颂之词加以缓和。但从凯恩斯自己的观点看,它就是一次失败,这不仅仅是因为它受到的对待不符合他的成功标准。它不知何故没有一炮打响——它实际上没有留下什么痕迹。理由不难找到:他没能传达出他自己的个人思想的本质。他写了一部专著,并且,为了系统的完整性,使自己的文本承载了过多的材料:物价指数、银行利率的习惯做法、存款发生、黄金储备,以及诸如此类,不管它有什么样的优点,上述所有这些材料,都跟通行的学说类似,因此对他的目的来说,都不是十分有特色。他使自己陷入了工具的罗网中,每当他试图让这一工具生产出他自己的意思时,它就出故障。试图在具体细节上改进这部作品无济于事。试图与批评作斗争也毫无意义,况且,他承认其中有很多批评是公正的。除了整体弃船(不管是船体还是船上装载的货物)、放弃忠诚并重新开始之外,别无良策。他很快就学会了这一课。

他毅然决然地切断了自己跟这艘弃船的联系,振作起来,投入

---

① 阿尔文·H. 汉森:《凯恩斯〈货币论〉中的一个根本错误》,载《美国经济评论》,1930年;汉森与陶特(Tout):《经济周期理论中的投资与储蓄》,载《经济学》,1933年。

② 哈耶克:《反思凯恩斯先生的纯粹货币理论》,I 和 II,载《经济学》,1931年和1932年。哈耶克走得太远,以至于说到了一次"巨大的进步"。尽管如此,凯恩斯的答复也并非没有恼怒。正如他本人在另外的场合所说的那样,这些经济学家总是很难取悦。

了另一次努力,那是他平生最大的一次努力。他以非凡的活力牢牢抓住自己思想的要点,专心致力于打造一件表达这些要点,并尽可能不做其他事情的概念工具。他取得了令他满意的成功。这件事情刚刚完成(1935年12月),他便披上了自己新的盔甲,拔出宝剑,再次上场,并勇敢地宣称,他将带领经济学摆脱长达150年的错误,进入上帝应许的真理之国。

那些围绕在他身边的人心醉神迷。而凯恩斯在重塑他的作品,他不断地谈到它,在讲课中,在私人谈话中,在"凯恩斯俱乐部"里(这个俱乐部通常在他国王学院的房间里聚会)。有一种轻松活泼的意见交换。他说:"……我得益于理查德·卡恩(Richard Kahn)先生经常性的建议和建设性的批评。要不是他的建议,这本书里的很多内容将不会是现在这个样子。"(《就业、利息和货币通论》,序言,第viii页)考虑到理查德·卡恩早在1931年6月发表于《经济学杂志》上的文章《家庭投资与失业的关系》的所有含义,我们肯定不会怀疑上面那两句话言过其实。在书中同样的地方,他还感谢了罗宾逊夫人、拉尔夫·霍特里(Ralph Hawtrey)先生和R. F. 哈罗德(R. F. Harrod)先生[1]。还有其他人——他们

---

[1] 霍特里跟这本书的关系仅仅只是一位理解者的关系,在某种程度上是一位抱赞同态度的批评者的关系。当然,他绝不是一个凯恩斯主义者。从《货币改革论》到《货币论》,凯恩斯一直是个霍特里主义者。哈罗德先生可能一直在独自朝向一个距离凯恩斯不远的目标进发,尽管在凯恩斯的旗帜升起来之后,他无私地汇合到了这一旗帜之下。公正使我不得不说出这句话。因为这位杰出的经济学家正处在某种危险中,眼看着要失去他在经济学史上的地位,这一地位是他有权得到的,无论是就凯恩斯主义而言,还是就不完全竞争而言。我同样觉得必须提到罗宾逊夫人的权利。说到学院派才智之士对待妇女的态度,一件颇有启示性的事情是:罗宾逊夫人被排除在上面提到的研讨会之外(至少在我发表演讲的那一次没有邀请她参加)。但她并没有置身事外,证据是她的《储蓄与投资的寓言》(《经济学》,1933年2月),在掩护从《货币论》撤退的那场后卫战中,这篇文章是打得最巧妙的一战;而且,更加意味深长的是她在《就业、利息和货币通论》的发展中所扮演的角色,早在1933年10月,她就在《经济研究评论》(Review of Economic Studies)发表了她的论文《货币理论与产量分析》。

当中包括一些最有前途的年轻的剑桥人。他们全都参加过讨论。新光亮的闪烁被整个英国和美国的知识分子们捕捉到了。学生们兴奋不已。一波提早出现的狂热浪潮横扫了经济学界。当这本书最终面世的时候，哈佛的学生们急不可耐，觉得自己没办法等到它在书店里上架，于是，他们为了加速这个过程而通力协作，并安排从英国运来了第一批新书。

七

《和约的经济后果》中所揭示出来的社会构想，也就是对经济过程（在这一过程中，投资机会的衰退和储蓄的习惯仍在坚持）的构想，在《就业、利息和货币通论》（序言的日期是 1935 年 12 月 13 日）中通过三个概念从理论上得以实现，这三个概念是：消费函数、资本效率函数，以及流动性偏好函数[①]。这些概念，连同给定的工资单位和同样给定的货币数量，一起"决定"着收入，并实际上决定着就业（如果且只要后者是由前者唯一决定的），它们是重要的需要"解释"的因变量。用这样少的材料做出了这样的调味品，那该

[①] 独特的术语往往有助于弄清楚作者希望阐明的并希望读者集中关注的论点。这一点（即使没有别的东西）足以证明他的这一做法是有道理的，即：给欧文·费雪的弥补成本后的边际报酬率（凯恩斯完全承认费雪的优先权）重新取一个名字，同时使用"流动性偏好"这个术语，而不是使用"囤积"。对于表达凯恩斯的意思来说，消费函数肯定是一个比马尔萨斯的术语"有效需求"（他也使用这个术语）更好的外壳，这只是因为，在"需求"与"供给"传达严格定义的意义领域（局部分析）之外，使用这两个概念可能带来混乱。有意思的是，我们注意到，凯恩斯把他关于消费函数和流动性偏好函数的假说称作"心理学规律"。这当然是另一种强调策略。但没有任何站得住脚的意义可以与它相关联，甚至不如"欲望满足定律"所能具有的意义。在这方面，就像在其他某些方面一样，凯恩斯明显是老式的。

是多么了不起的一流厨师啊！① 让我们来看看他是如何做的。

1. 一个模式的简单，其首要条件当然是它所要实现的构想的简单。而构想的简单，部分是天赋问题，部分是意愿问题，也就是看你愿不愿意付出代价，这些代价，就是你不得不从你构想的图景中删去的那些因素。但是，如果我们把自己置于凯恩斯正统的立场上，并同意他对我们这个时代经济过程的构想是天才的恩赐，是他天才的一瞥，洞穿了表面现象的混乱，直抵其下面的简单实质，那么，对于他产生这些结论的总量分析，能够提出的反对意见也就少之又少了。

由于为变量选择的总量，除了失业之外，都是货币数量或货币表现，因此我们也可以说它是货币分析；而且，由于国民收入是核心变量，因此我们也可以称之为收入分析。我认为，理查德·坎蒂隆是第一个展示总量分析、货币分析和收入分析的成熟图式的人，这一图式是弗朗索瓦·魁奈在他的《经济表》（*Tableau Économique*）中得出的。那么，魁奈可以说是凯恩斯真正的前辈；而且，有趣的是，我们注意到，魁奈对储蓄的看法与凯恩斯的看法完全相同。关于这一点，读者只需看看他的《箴言集》（*Maximes*），就能很容易搞

---

① 把凯恩斯的成就简化为逻辑结构那光秃秃的骨架，然后根据这些骨骼来论证，仿佛它们就是一切似的，这确实很不公平。尽管如此，但努力把他的体系浇铸成确切的形式，还是很有意思的事。我特别想提到，W. B. 雷德韦（W. B. Reddaway）1936 年在《经济记录》（*Economic Record*）杂志上的评论；R. F. 哈罗德：《凯恩斯先生与传统理论》，《计量经济学》，1937 年 1 月；J. E. 米德（J. E. Meade）：《凯恩斯先生体系的一个简化模型》，《经济研究评论》，1937 年 2 月；J. R. 希克斯：《凯恩斯先生与"古典经济学"》，《计量经济学》，1937 年 4 月；O. 兰格（O. Lange）：《利率与最佳消费倾向》，《经济学》，1938 年 2 月；P. A. 萨缪尔森：《均衡的稳定》，《计量经济学》，1941 年 4 月（附有动态经济学的重新阐述）；A. 史密西斯（A. Smithies）：《过程分析与均衡分析》，《计量经济学》，1942 年 1 月（此文也是对凯恩斯图式的动态研究）。在那些不那么赞同凯恩斯经济学精神的作者手里，这些文章所提出的某些结论可能被转变为严厉的批评。F. 莫迪利亚尼（F. Modigliani）1944 年 1 月在《计量经济学》上的文章《流动性偏好与利息理论和货币理论》则更是如此。

清楚。然而,应该补充的是,《就业、利息和货币通论》中的总量分析在现代文献中并不是独一无二的:它是一个正在迅速成长的大家族中的一员。[1]

2. 凯恩斯通过尽可能避开过程分析中出现的所有难题,从而进一步简化了他的结构。凯恩斯体系的确切架构,如果用拉格纳·弗里希提出的术语来表达的话,属于宏观静态学,而不属于微观动态学。部分程度上,这一局限要归咎于那些阐述他的学说的人,而不是归咎于他的学说本身,这一学说包含了几个动态因素,特别是预期。但有一点倒是真的,他很讨厌"周期",他把注意力集中在静态均衡的考量上。这消除了通向成功的一个重要障碍——这就是差分方程,它至今依然像美杜莎的脸一样影响着经济学家。

3. 此外,他把自己的模型——尽管未必包括自己的论证——局限于短期现象的范围之内。尽管上述1、2两点得到了人们的普遍强调,但人们似乎并没有充分认识到,他的模型的短期性如何严格,以及这一事实对于《就业、利息和货币通论》的整个结构和所有结论多么重要。关键的限制是,不仅仅是生产函数,也不仅仅是生产方法,还有工厂和设备的数量和质量,都不允许改变,这一限制,凯恩斯在他前进道路中的决定性转折点上总是不厌其烦地向读者强调(例如,参阅第 114 和 295 页)。[2]

这使得很多简化成为可能,而如果没有这一限制的话,这些简化是不可接受的,例如,它允许把就业看作近似跟收入(产量)成比例,以便后者一旦被确定,前者也就被确定了。但它使这一分析的

[1] 要想知道总量分析在《就业、利息和货币通论》出版之前已经发展到多远,最快捷的途径是阅读丁伯根(Tinbergen)在《计量经济学》1935 年 7 月号上的综述文章。
[2] 严格说来,必须允许设备数量上的某些改变,但这种改变被认为如此之小,以至于在任何给定的时间点上,它对现有工业结构及其产量的影响都可以忽略不计。

实用性局限于顶多几年的时间内——其时间长度或许是"40个月的周期"——而且，就现象而言，则局限于某些特定的因素，如果工业机构一直没有改变的话，这些因素将会控制对它的利用是更大还是更小。这样一来，伴随这一机构的创立和改变而发生的一切现象，也就是说，支配资本主义生产过程的一切现象，都不在考虑范围之内。

作为一幅现实图景，这一模型在萧条时期变得最接近于合理，在这样的时期，流动性偏好也凭着自身的资格最接近于一个有效的因素。因此，希克斯教授把凯恩斯的经济学称作萧条经济学是对的。但从凯恩斯自己的立场看，他的模型从长期停滞论那里得到了额外的正当理由。尽管有一点依然是真的，即他试图通过一个短期模型来实现一个本质上是长期的构想，但他由于下面这个原因而获得了这样做的自由：他（几乎是）专门围绕一个静态过程来论证，或者至少是围绕一个停留在某一水平上（或者在其上下波动，这一水平的最高点是静态的充分就业均衡）的过程来论证。在马克思看来，资本主义的发展最终会导致崩溃。在穆勒看来，它最终会导致一种平稳运行的静态情形。而在凯恩斯看来，它最终会导致一种不断有崩溃威胁的静态情形。尽管凯恩斯的"崩溃论"跟马克思的完全不同，但它有一个重要特征跟后者是一样的：在这两种理论中，激发这一崩溃的，都是经济机器运行的内在原因，而不是它的外在因素。这一特征，自然使得凯恩斯的理论有资格充当反资本主义意志的"合理化者"的角色。

4. 凯恩斯十分自觉地拒绝超出收入（和就业）的直接决定因素的范围。他自己坦率地承认，这些直接决定因素尽管"有时"被视为"终极自变量，……但还是能够经受进一步的分析，可以说，它们并不是我们终极的原子独立成分"（第247页）。这口气似乎只是在暗示：经济总量从其组成"原子"中获得了它们的意义。但还有比这更多的东西。当然，如果我们满足于下面这种论证形式的话，我们就可以极大地简化我们构想的世界图景：假定 A、B、C……那么 D 将取决于 E。如果 A、B、C……是我们所研究的这个领域之外的东西，那就无须多说了。然而，如果它们是我们要解释现象的组成部分，那么，我们很容易使那些作为结论的、关于什么决定什么的命题变得不可否认，并获得没有太多意义的新奇外表。这就是华西里·列昂惕夫（Wassily Leontief）教授所谓的"无条件理论化"①。但对凯恩斯来说，正如对李嘉图来说一样②，这种类型的论证只不过是一种强调策略：它们所起的作用，就是把一种特殊关系挑出来，并通过这样做来强调这一关系。李嘉图并没有说："在我所认识的当前英国的情势下，从各方面考量，粮食和原材料的自由贸易往往会提高利润率。"正相反，他说："利润率取决于小麦的价格。"

5. 着重强调在凯恩斯看来既重要又没有得到充分重视的少数论点是《就业、利息和货币通论》的基调。除了刚刚提到的手段之外，我们还发现了另外一些强调策略。其中有两种手段我们已经指出过③。另外一种手段是批评者们所谓的言过其实——而且，不可能把这种言过其实降低到站得住脚的水平，因为结论恰好就建立在这种夸大的基础之上。但我们不仅要记住，从凯恩斯的立场看，这些言过其实只不过意味着从非本质的东西中进行抽象；而且要记住，对它们的责怪，部分要归到我们自己的头上：一个论点，如果不片面地极力强调，我们简直不会听取。假定为了论证，

---

① 参阅他在《经济学季刊》（第 51 卷，第 337—351 页）上发表的同题论文。

② 凯恩斯与李嘉图在思维上的相似性值得注意。他们的推理方法非常相似，这一事实被凯恩斯对马尔萨斯反储蓄态度的赞赏以及随之而来的对李嘉图学说的不喜欢给遮蔽了。

③ 参见本书第 306 页，注①。

正在探讨的某些论点确实足够重要，值得极力强调，同时记住，这些无条件的言过其实不是出现在《就业、利息和货币通论》中，而是出现在凯恩斯的一些追随者的著作中，那么，我们将欣赏这种调制我们前面所说的调味品的方法。

三个例子就足够了。第一，每个经济学家都知道——即使他不知道，他也不可能不在跟商人交谈的过程中有所耳闻——货币工资率中任何足够一般的改变都会在同一方向上影响物价。尽管如此，但在工资理论中考虑这一点并不是经济学家的习惯做法。第二，每个经济学家都应该知道，安·罗伯特·雅克·杜尔哥（Anne Robert Jacques Turgot）—斯密—穆勒的储蓄和投资机制理论是不充分的，特别是，储蓄决定与投资决定被太过紧密地联系在一起。然而，关于它们之间的真正关系，就算凯恩斯提出了一个足够合格的阐述，他从我们口中引出的，也只不过是一句含糊其词的嘟囔："是的……就是这样……某些周期性的情况中有某种重要性。……但那又怎样？"第三，让任何一个读者看看《就业、利息和货币通论》的第 165 和 166 页——即第 13 章"利息总论"的前两页。他会发现什么呢？他会发现，有一种理论"崩溃"了，这一理论认为：利率使得投资对储蓄的需求与受时间偏好（"我称之为消费倾向"）支配的储蓄供给相等；因为，"仅仅知道这两个因素是不可能推导出利率的"。为什么不可能？因为储蓄决定并不必然意味着投资决定，我们还要考虑到这样一种可能性：后者并不跟随，或者不立即跟随前者。我敢打赌，如果他就此止步的话，他对现行学说的思路所作的这一完全合理的改进，不会给我们留下太深的印象。要想让我们眼前一亮，就必须把流动性偏好放在最前面——利息只不过是放弃金钱的报酬（他自己的文本中不可能这样表述）——以及一个众所周知的序列中诸如此类的东西。这样确实

让我们眼前一亮。因为我们当中如今有更多的人对"利息是一种
纯货币现象"这样的命题乐意洗耳恭听,远远多于 35 年前。

但书中有一个词不能按照这样的路子来辩护,这就是"通论"
这个词。这些强调策略,即便在其他方面无懈可击,也只能赋予非
常特殊的情况以个性化。凯恩斯主义者们可能认为,这些特殊情
况都是我们这个时代的实际情况。他们所能主张的仅此而已。[①]

6. 似乎很明显,凯恩斯希望得到他的主要结论而无须借助刚
性因素,正如他拒绝接受原本可以从竞争的不完全性中得到的帮
助一样[②]。然而,在有些点上他做不到这一点,特别是利率在下降
方向上不得不变得刚性的那一点上,因为流动性偏好对货币需求
的弹性在这一点上变得无穷大。而在另外一些点上,刚性则留作
备用,在第一线论证没能令人信服的情况下便诉诸刚性。当然,总
是有可能向人们展示:如果经济体系中有足够数量的适应性机制
瘫痪了,它就会停止运转。凯恩斯主义者并不比其他理论家更喜
欢这个安全出口。尽管如此,它并非没有意义。经典例证是均衡
条件下的就业不足。[③]

---

① 最早指出这一点的是 O. 兰格,参见《利率与最佳消费倾向》,载《经济学》,1938 年 2
月,他还把应得的尊敬给予曾经有过的唯一真正的通论:里昂·瓦尔拉的理论。他
干净利落地表明,后者涵盖了作为特例的凯恩斯理论。

② 然而,哈罗德先生后来加入了后一因素。

③ 我有时不免奇怪,凯恩斯为何如此重视证明下面这个命题:在完全竞争的完美均衡
条件下,可能存在(而根据他的假设一定会存在)不充分就业。因为,有大量可以证
实的解释性因素足以说明我们在任何时候观察到的实际失业,这时候,恐怕只有理
论家的野心才会诱使我们想要更多的解释性因素。在完全竞争的完美均衡情况下
(即便是被凯恩斯称作"古典经济学家"这样的假想敌也绝不相信这样的情况实际存
在),非自愿失业存在的问题无疑有着巨大的理论意义。但实际上,如果处理永久性
失衡状态下可能存在的失业,凯恩斯应该同样一帆风顺。而事实上,他明显没能证
明他的实例。但工资在下降方向上的刚性随时准备提供帮助。理论问题本身就是
讨论的对象,由于参与者没能把涉及的理论问题区分开来而吃够了苦头。但在这里
我们不可能深究这个问题。

7. 最后，我要提到凯恩斯在打造个别分析工具上的聪明才智。例如，我们不妨看看他如何巧妙地利用卡恩的乘数，或者看看他如何恰当地创造了使用者成本的概念，这一概念在定义他的收入概念上很有帮助，可以说是有一定重要性的新鲜事物。就他的这些或那些概念约定而言，我最赞赏的是它们的适当性：它们就像裁剪得体的外套适合消费者的身体那样适合于他的目的。当然，也正是因为这一点，在跟凯恩斯的特定目标无关的实例中，它们的用途就很有限了。用它来切牛排的人，对于不满意的结果，就只能怪自己了。

八

《就业、利息和货币通论》的大获成功是顷刻间发生的，而且，正如我们所知道的那样，也是持久的。不利的评论倒是不少，但只能帮助它成功。一个凯恩斯学派形成了，不是经济史家在说到法国学派、德国学派、意大利学派时所指的那种宽泛意义上的学派，而是一个名副其实的学派，是一个社会学意义上的实体，即：一个公开宣称拥护一位导师和一种学说的群体，有它的核心集团，它的宣传员，它的口号，它的秘传信条和通俗学说。但这还不是一切。在正统凯恩斯主义的范围之外，有同情者所组成的广泛外围，在这之外，又有很多人以这样那样的形式欣然或勉强地接受了凯恩斯分析的精神或其中某些个别条目。在整个经济学的历史上，与此类似的情况只出现过两次——重农主义者和马克思主义者。

这本身就是一项了不起的成就，有权得到敌友双方的一致赞赏，特别是得到那些在自己的课堂上体验到了其生动影响的教师们的赞赏。毋庸置疑，很不幸，在经济学中，除非分析的冷兵器从分析家的微言大义所包含的真正的或假定的政治含义中获得了原本不属于自己的温度,否则的话,这样的热情——以及相应强烈的憎恶——绝不可能爆发。因此,我们不妨瞧一瞧这本书的意识形态意义。大多数正统凯恩斯主义者都是某种意义上的"激进分子"。这个撰写"维利尔斯的亲属关系"的人,不是任何普通意义上的激进分子。他的书中有什么东西取悦这些激进分子呢?在《美国经济评论》上的一篇非常出色的论文中,赖特教授[1]走得如此之远,以至于说:"在政治选战中,一个保守候选人在很大程度上可以根据从《就业、利息和货币通论》中引用的话来行动。"这倒是真的,但只有当这位候选人知道如何使用旁白和限定条件时,这个说法才是真的。凯恩斯无疑是一位太能干的鼓吹者,不可能否认显而易见的东西。在某种程度上,尽管多半是在最小的程度上,他的成功恰恰要归功于下面这个事实:即使在他最大胆的猛打猛冲中,他也决不会露出完全没有防守的侧翼——那些粗心大意的批评其政策或理论的人往往要到吃了苦头才会发现这一点[2]。弟子们对

---

[1] 戴维·麦科德·赖特(David McCord Wright):《凯恩斯经济学的未来》(《美国经济学评论》,第35卷第3号,1945年6月,第287页)。这篇文章尽管有一些观点分歧,但在很多论点上对我的观点是一个有益的补充,而对这些论点,考虑到篇幅的限制我在这里不能展开。

[2] 这就是为什么在凯恩斯主义的文献中有如此充足的空间,可以经常出现下面这样的说法:"凯恩斯其实没有这样说",或者"凯恩斯实际上并不否认这一点"。在《就业、利息和货币通论》中,大多数明确的限定条件都出现在第18和19章。但是,只有不明确的限定条件到处都提到。古典体系的逻辑实际上并没有受到质疑(第278页)。就连"萨伊定律"(在第26页所定义的那种意义上)也没有被完全否定;就连一种使储蓄决定和投资决定趋向于均衡的机制——以及利率在这一机制中所扮演的角色——就连降低货币工资刺激产量的可能性,都没有被完全否认;诚然,尽管只适用非常特殊的情况,但偶尔也还是承认了第一点的正确性以及另外两点的存在。批评们因此始终处在可能被宣判"严重曲解"的危险境地,正如马尔萨斯第一版《人口论》(An Essay on Population)的那些粗心大意的批评者总是陷入出自第二版的引用语的枪林弹雨中一样——事实上,在第二版中,马尔萨斯在为马尔萨斯主义辩解的道路上已经大有长进。但在这里不可能讨论这个问题。在我们引用的这篇文章中,赖特教授提供了一些富有教益的例证。

这些限制条件视而不见。他们只看到一样东西——对个人节俭的指控,以及这一控告所传达的关于管制经济和收入不平等的含义。

为了充分理解这意味着什么,有必要回忆一下,作为长期理论发展的结果,储蓄已经被认为是资产阶级理论的最后一根支柱。事实上,老亚当·斯密早已处理了几乎所有其他的问题:如果我们仔细分析他的论证——我所说的当然只是其体系的意识形态方面——它实际上相当于全面斥骂"懒惰的"地主和贪婪的商人或"东家",加上那篇赞美极度节俭的著名颂词。在凯恩斯之前,这一直是大多数非马克思主义经济学的意识形态。马歇尔和庇古也在这条船上。他们(尤其是后者)都认为,不平等(或者说是现有程度的不平等)理所当然是"不受欢迎的"。但他们决定不研究这根支柱。

很多在 1920 和 1930 年代进入教学或研究领域的人都拒绝拥护资产阶级的生活方式,也就是资产阶级的价值图式。其中很多人都嘲笑谋利动机,嘲笑资本主义发展过程中个人成就的因素。但只要他们不信奉直截了当的社会主义,他们依然不得不尊重储蓄——否则就会受到失去他们眼里的社会地位的惩罚,使自己沦为凯恩斯所说的经济学家的"底层社会"。但凯恩斯砸碎了他们的镣铐:终于有了这样一种学说,它消除了个人因素,而且,即使其本身不是机械的,至少是可机械化的,不仅如此,它还砸碎了那根支柱,使之化为尘埃。这一学说可能实际上并没有说出但很容易使之说出这样的话,"那些想方设法储蓄的人毁灭了真正的资本",而且,借助储蓄,"不平等的收入分配成为失业的终极原因"。① 这

---

① 归根到底,任何人只要翻一下《就业、利息和货币通论》的第 372—373 和 376 页,他就会相信,凯恩斯实际上几乎接近于认可这两句话。你必须像赖特教授那样一丝不苟,才会说他实际上并没有这样做。

就是"凯恩斯革命"所意味的东西。如果这样定义的话,这一术语并非不恰当。这一点,也只有这一点,在某种程度上解释了凯恩斯对马歇尔的态度的改变,并证明了这一改变是有道理的,而根据任何科学的理由,这一改变既不可理解,也不能说是无可非议的。

不过,尽管这一迷人的包装使得凯恩斯献给科学经济学的礼物更容易被很多人接受,但我们千万不要把注意力从礼物本身转移开。在《就业、利息和货币通论》面世之前,经济学发展得越来越复杂,越来越不能对直截了当的问题给出直截了当的回答。《就业、利息和货币通论》似乎使经济学再一次变得简单,使经济学家再一次能够给出人人都能理解的简单建议。但是,正如李嘉图经济学的情形一样,这里有足以吸引甚至鼓舞老于世故者的内容。同样是这一体系,既符合没有受过专业训练者的思维,同时又让正在崛起的新一代最优秀的理论家感到满意。其中有些人觉得——据我所知,他们至今依然觉得——"理论"方面的其他所有作品全都应该扔到垃圾堆里。他们全都崇敬这个使他们有一个清晰模型可以处理、批评和改进的人,这个人的作品,即便没有具体体现,至少是象征着他们想要看到的东西。

有些人此前就已经找到了自己的方向,而在他们的成长岁月,《就业、利息和货币通论》并没有对他们产生什么冲击,然而,即便是这些人,也感受到了清新微风般的有益影响。正如一位杰出的美国经济学家在给我的一封信中所写的那样:"它(《就业、利息和货币通论》)过去有、现在依然有某些东西补充着我们原有的思想和分析方法。它没有使我们成为凯恩斯主义者,但它使我们成为更好的经济学家。"不管我们同意还是不同意,这句话极好地表达了关于凯恩斯成就的本质要点。特别是,它解释了,为什么怀有敌意的批评,即便对个别的假说或命题的抨击是成功的,但依然没有能力对整个结构造成致命的伤害。正如对马克思一样,即便你认为凯恩斯的社会构想是错的,他的每一个命题都是误导性的,但你依然可以对他大加赞赏。

我不打算给《就业、利息和货币通论》打分,就好像它是学生的试卷似的。而且,我也不相信可以给经济学家打分——对于比较来说,我们能想起名字的那些人太不相同了,太没有可比性了。不管他的学说发生什么,这个人都将活在我们的记忆里——比凯恩斯主义及其反应还要长寿。

到这里我要搁笔了。人人都知道这位勇敢的战士为他最后的作品①所进行的那场惊人的战斗。人人都知道,在第二次世界大战期间,他再次进入财政部(1940 年),而且,除了丘吉尔的影响力之外,他的影响力已经增长到了无人想挑战的地步。人人都知道他给上议院所带来的荣誉。当然,还有凯恩斯计划、布雷顿森林体系,以及英国借款。不过,这些事情只能请某个掌握了所有材料的学者型传记作家来做了。

---

① 《就业、利息和货币通论》是凯恩斯最后的大作品。他写过很多较小的作品,几乎直到弥留之际他都在写作。

附　录

格奥尔格·弗里德里希·克纳普①

George Frederich Knapp

1842—1926

　　2 月 20 日克纳普教授的去世让德国科学界失去了可以称为德国政治经济学第三纪元最引人注目的人物之一——第一纪元是"官房学派"，其最为人知的名字是塞肯多夫（Seckendorff）和尤斯第（Justi）；第二纪元对应于英国的古典时期，在诸如杜能和赫尔曼这样一些人的工作中达到高峰——其引人注目的特征是"社会政策"和"历史方法"。连同施穆勒、瓦格纳、毕歇尔（Bücher）、布伦塔诺（Brentano）——尽管他们每个人在很多方面彼此不同——一起，格奥尔格·弗里德里希·克纳普始终与这个时代的所有优点和它的某些缺点联系在一起。

　　关于他平淡无奇的生平，几句话就足够了。他 1842 年 3 月 7日出生于吉森，父亲是一个教授，撰有一本非常成功的工艺教科书。他先后负笈求学于慕尼黑、柏林和哥廷根，让自己成为一个统计学家，装备的数学技能对那个时代来说十分不同寻常。1867年，他成了莱比锡自治市统计局局长，并在接下来的那些年里，通过他管理这个部门的效率赢得了很多当之无愧的赞扬，该局在他领导下所发布材料的杰出品质充分证明了这一效率。1869 年，他被聘为莱比锡大学"特聘"教授——这个头衔大致相当于"助理"教

---

① 原刊《经济学杂志》，第 36 卷第 143 期，1926 年 9 月。

授，1874 年，他从那里被召到斯特拉斯堡，并被提升为正教授。他在那里一直待到从教授职位退休——实际上还要久一些，直至1919 年，他不得不离开那个已经成为外国城市的地方。

不管他做什么，他都全心全意地去做，集中全部的非凡力量。追踪他毕生工作的轮廓因此比通常在一个有着如此精神活力的人的情况下执行这项任务更容易。在 1874 年之前，他只是一个统计学家——如果我们可以忽略两篇不那么重要的论文的话，一篇论述杜能的博士论文，一篇论述税赋问题的论文。除了他在这一领域的实际工作之外，他对这个学科的理论也做出了贡献，其中有些贡献——下文将列举①——即使在今天也可能值得精读。正是他在别的领域给自己设定的标准，让我们不至于念念不忘他仅仅由于在统计学领域的贡献——这样的贡献即便不是一流的，至少也接近于一流——便足以当之无愧的荣誉地位。

但是，作为一个经济生活史家，作为一个研究"制度"禀性的经济学家，他是真正伟大的。他在 1887 年出版的两卷本著作《普鲁士古老地区农民的解放和农业工人的起源》(*Die Bauernbefreiung und der Ursprung der Landarbeiter in den älteren Teilen Preußens*)是他的杰作，也是论述这个问题的标杆作品。这部著作帮助塑造了很多追随者的心智，创造了几乎相当于经济学的一个特定分支的那种东西。做到这一点，其原因并不在于任何新的史学技术，也不在于掌握任何特别难以觅得的材料。在这些方面，克纳普比不上诸如迈岑(Meitzen)或汉森这样一些人。但他有另外一些品质，

---

① 《论根据人口统计记录确定死亡率》(*Über die Ermittlung der Sterblichkeit aus den Aufzeichnungen der Bevölkerungsstatistik* ，1868)。《关于道德统计学的最新观点》(*Die neueren Ansichten über Moralstatistik* ，1871)。《人口变化理论：论应用数学》(*Theorie des Bevölkerungs-Wechsels: Abhandlungen zur angewandten Mathematik* ，1874)。

无人能比,更高,更罕见。他对事物的本质有一种清晰的——我想说是一种充满激情的——想象力,深深地穿透表面之下。他看到了历史的过程和问题,比大多数拘泥于身边事实的人更牢固地抓住了它们。他把自己的历史分析建立在对今日事实的全面了解的基础之上。像他的《被奴役的和自由的农业工人》(*Die Landarbeiter in Knechtschaft und Freiheit*,1891)和《领地制与庄园制》(*Grundherrschaft und Rittergut*,1897)这样一些概述,其材料来源只有部分是历史的,部分源自对德国土地所有者及其劳工的研究,他们的心态和方法,以及他们的生活,实际上是今天的。我极力要定义的这种品质,有助于造就一个历史学家;但对于那个不是要寻求浪漫而是要探索历史难题的历史学家来说,这就是一切。

就像不断改变作物以保存土壤肥力的农民一样,克纳普大约在 1895 年丢下这项工作,再次拿起一组完全不同的难题。而且在某些方面,正是在这个时候,他完成了自己最成功的一击。他的《国家货币理论》(*Staatliche Theorie des Geldes*)最近在皇家经济学会的资助下被翻译成了英语,这部著作的第一版问世于 1905年。这无疑让他赢得了国际声誉,很多弟子围聚在他的身边,赞赏者和反对者对一次惊人的成功同等地做出了贡献——后者通过他们的攻击,其热烈的程度丝毫不亚于前者的颂扬。这本书中有很多的东西令人赞赏:概念的宏大,执行的独立,风格的清新。但不可否认,在处理一些本质上是经济理论的问题时,它走的路子是错的,而且,它对德国货币学的影响总的来说是一种不好的影响。但是,如果说这本书显示,不可能太平无事地蔑视经济理论——不管它可能有什么样的缺点,那么,它也有助于再一次显示这个引人注目的人的力量,他相信那么多他无法证明的东西,甚至在他不相信的时候常常也心醉神迷。

弗里德里希·冯·维塞尔①

Friedrich von Wieser

1851—1926

所谓的奥地利学派，它的三位创立者中的最后一位于 1926 年 7 月 23 日辞世，就在他过完 75 岁生日几天之后，头脑和身体依然充满活力之时。

弗里德里希·冯·维塞尔男爵出生于 1851 年 7 月 10 日，父亲是枢密院顾问利奥波德·冯·维塞尔（Leopold von Wieser）男爵，他在维也纳大学接受教育，1872 年在那里取得学位。直到这个时候，他最喜爱的研究是历史，但在 1872 年，他偶然读到了门格尔的《国民经济学原理》，精读这部著作让他成为经济理论的皈依者。新的道路就这样展开在他的面前，在他接下来负笈求学于海德堡大学、耶拿大学和莱比锡大学的那些年里，他继续沿着这条路往前走，在短时间受雇于公共文职部门之后，他 1883 年成为维也纳大学"编外讲师"，1884 年被召到布拉格大学，1903 年回到维也纳，继承卡尔·门格尔的教席。撇开他的事业生涯中一些次要事件不谈，我只提及 1917 年他作为终身议员进入贵族院（Herrenhaus），以及同年加入内阁担任商务部长。辞职之后，他再次回到他的大学教席和他的科学工作中。

很难向任何一个不认识他的人传达这个著名人物给人留下的

---

① 原刊《经济学杂志》，第 37 卷第 146 号，1927 年 6 月。

充分印象,他走到哪儿都令人心醉神迷。他那优雅的仪表风度,他那非凡的、完全非传统的魅力和举手投足的端庄威严,正是这些东西赋予他的每句话以分量,还有什么别的东西赋予他的人格以无法描述的艺术感,他不管说什么或做什么,其中都有一种令人敬畏的镇静从容,表现出宽阔的视野——所有这一切都难以描述。或许,我唯一能做的就是讲述这样一件事情:在庆祝他的 70 岁生日时,三位发言人——我本人有幸忝列其中——都不约而同地把他比作歌德。他始终活跃,从不匆忙,对每一件事情都感兴趣——他还是一位艺术的杰出鉴赏家和勤勉的资助人——不为任何事情所烦扰。他内心里有某个心醉神迷的幽深之处,任何公共的或私人的不幸似乎都不能切入其中。每个荣誉或每次成功都是自然而然地、毫不费力地降临在他的头上,披在他的身上,仿佛他就有它似的——但对他来说似乎并不意味着任何东西。他从不为支持或反对任何东西而战斗——但每一个困难在他面前似乎都乖乖让路。年迈本身,对其他人来说都是毁灭者,而对他,可以说只是添加了最后的点睛之笔,让一幅观赏时总能带来审美愉悦的图画变得更加完美。

在一两个简短的段落里定义其科学工作的品格就更加困难了,面对英语读者则尤其如此;因为他表达自我的方式显然是非英语的,即使是斯马特(Smart)教授对他的部分工作所作的著名翻译和诠释,恐怕也只是让英美公众对他的真正重要性留下不多的一点点印象。他在技术上是有欠缺的,这是清晰思考并不必然导致简练写作的少数例证之一。迄今为止发表的最好的讣文之一,亦即哈耶克在《国民经济与统计学年鉴》(*Jahrbücher für Nationalökonomie und Statistik*,1926)上发表的讣文,这篇文章有一篇附录,包含维塞尔著作的完整清单,列出了 62 个条目。我们必须局限于简短地指出其思想的总体趋势。

　　他首先是个理论家。门格尔为他做的事，与其说给他一个观念，不如说给他一个发展自己观念的推动力。很少有人如此深入地思考价值理论的基本原理，或者对经济学的基础有如此清晰的洞察。他全盛时期最好的一部分能量致力于富有耐心地得出他在《自然价值》(*Der Natürliche Wert*, 1889)一书中所总结出来的观点和方法，这部著作的先导是他的《论经济价值的起源和主要规律》(*Über den Ursprung und die Hauptgesetze des wirthschaftlichen Werthes*, 1884)，书中第一次表达他的"边际效用"(Grenznutzen)理论，用"间接效用"来解释生产成本的理论(潘塔莱奥尼把这个定理称作维塞尔法则)，以及"归属"(Zurechnung)理论。这些东西已经众所周知。但我想坚持强调的，不是他的任何单一的工具或定理的重要性，而是他作为整体的经济生活概念的丰赡和宏大，这是借助关于共产主义社会的推理而很好地呈现出来的。此后价格均衡理论取得了长足的进步，但最近，如果我不是错得太离谱的话，不断出现的问题可能迫使我们再次回到我们当中很多人相信已经过时的那些基本观念。

　　《自然价值》出版之后，他把这条思考路线丢下了20年。但他在1909年再次回到了这一思路，1914年，在那部百科全书式的《社会经济学概览》(*Grundriss der Sozialökonomik*)中发表了他的《社会经济理论》(*Theorie der gesellschaftlichen Wirtschaft*)，这是他关于纯理论最后的和最成熟的启示，由于战争的关系，这一启示的影响力如今刚刚开始被人们感受到。

　　像瓦尔拉等人一样，他在此期间转向了货币理论，缓慢地从内到外构建他的理论——不看别人写的东西——这一理论始终被视为我们这个时代这一领域最杰出的成就之一。他最早对这个主题发声是 1903 年他接任门格尔教席之后发表的就职演说,他最后一篇论述货币的文章收入《简明政治学词典》(*Handwörterbuch der Staatswissenschaften*),是他去世前不久完成的。他通过调查货币购买力的历史改变来着手这一主题,目标是要赋予数量定理一个基础,这个基础与他的价值理论赋予成本法则的基础是同一种性质。真正理解货币理论的人不是太多。他们之间幸运地有很多共同之处,差别部分程度上不过是品味和技术上的差别。因此,在这条路上的相当一段路程里,维塞尔的处理必然与其他人的处理平行前进。但在某些点上——像韦斯(F. X. Weiss)和米塞斯(L. v. Mises)这样一些人后来有所发展——在我看来似乎比其他任何人都更深入地穿透表面之下。

然而,他晚年的主要工作集中于社会学,在可以被定义为历史分析的那个意义上,或者,像他自己以那种杜撰惊人短语的力量把它定义为"没有名字的历史"(history without names)。历史社会学,或社会史学,曾经是他最早的兴趣,也将是他最后的兴趣。在以年轻人的活力为之辛勤劳作多年之后,他在 74 岁那年出版了他伟大的社会学著作,题为《权力法则》——因此实现了他在学校读书时就念兹在兹的事情,在这一领域收获了其思想成果。

所以,关于这个生命,没有任何东西是偶然的、未完成的、迂回的或扭曲的。其每个成分都构成了一个和谐整体的组成部分,这个整体缓慢地展开自身,有机地生长到一个令人印象深刻的高度和广度。

拉迪斯劳斯·冯·鲍特凯维茨[①]

Ladislaus von Bortkiewicz

1868—1931

冯·鲍特凯维茨,自莱克西斯(Lexis)之后德国最著名的统计学家,在一些重要方面也是后者的弟子,按照血统并不是德国人。他来自那些已经向俄国统治者妥协的波兰家族之一,在他的出生地圣彼得堡长大成人,他还在那里上了圣彼得堡大学,后来在那里教过一段时间书。长期逗留德国期间——他1895年成为德国斯特拉斯堡大学的编外讲师——所建立的联系使他在1901年被任命为柏林大学的"特聘"(助理)教授。十分典型的是,从来没有人想到提名这个著名人物作为一些伟大教席的候选人,无论是在柏林大学,还是在其他大学,直至1920年,根据一项旨在"民主化"教员队伍的措施,所有特聘教授全都成为正教授,人人有份,他才获得这一职位,但并没有因此结束他的完全孤立。

此事有几个原因。他是一个外国人。尽管不是一个蹩脚的言说者或写作者,但他不是一个好讲师,他的讲课以对细节(全都是他自己的细节)仔细认真的关注而精心打造,据说听课者寥寥,教室里空空荡荡。他批评的敏锐让人们怕他,但对让人们爱他几乎没什么贡献。那些有责任向教育部长们推荐他的名字的同事们几乎理解不了他的贡献。他似乎并不在意,以一种有尊严的矜持超

---

① 原刊《经济学杂志》,第42卷第166号,1932年6月。

然物外，享受尊重，每个人都很尊重他，安静的科研生活在他年富力强的时候由于意外的死亡而中断。奥斯卡·安德森（Oscar Anderson）拟定了他出版的全部作品（就我所能见到的而言）目录①，我把它提供给读者参考。

　　大自然——自然女神并不经常如此坚决地下定决心——把他造就成一个批评者，以至于就连他的一些原创性的贡献也采取了批评的形式，批评成了他的呼吸。这一批评的能力，或者更准确地说是批评的激情——并没有由于数字实例中的一些小错误而停止——在他作为一个经济学家的工作中尤其突出。在这方面他不是始作俑者，而且我相信，他只是由于拒绝充分利用他所掌握的数学工具，才错失了伟大的名声，在他的全盛时期，这些工具原本可以让他成为与埃奇沃斯或巴罗内竞争名声的对手。但他举起了经济理论的旗帜——信奉马歇尔的信条——在一个几乎无人听取这一信条的时代和国家。他借助手里那把有力的刀剑，清理了很多的战场。他最重要的成就是他对马克思主义体系理论框架的分析（*Archiv für Sozialwissenschaft*，vols. XXIII 和 XXV，及 *Conrads Jahrbücher*，1907），是关于这个主题——顺便说一句，也是关于它的其他批评者——所写过的最好的论述，一篇类似的杰作是他论述洛贝尔图斯（Rodbertus）和马克思的地租理论的论文（*Archiv für die Geschichte des Sozialismus*，vol. 1）。在那些错误无关紧要、基础扎实牢固的实例中，正如瓦尔拉、帕累托和庞巴维克的情况，这位严厉的批评者便显示出优势稍逊了。

———

① 《国民经济学杂志》，第 2 卷第 2 号。在写到一个认真严谨之人的典范时，我或许可以允许自己仅此一次效法他所树立的榜样，指出第 279 页他的经济学论文清单的第二小类所出现的一个误印：他在批评帕累托的《经济政治学讲义》时，不是指责边际效用学派助长"极端激进"的经济政策，而是说它助长极端自由主义的经济政策。

作为一个论述货币理论和货币政策的写作者,他在德国作者当中地位很高。他在金本位、银行信贷、流通速度这些主题上都做出了很大贡献。然而,他在这一领域所做的最好的工作是他论述指数的那篇文章(*Nordisk Statistisk Tidskrift*,1924),那是一篇相当高明的书评,评论的是欧文·费雪那本可以说是经过检验的原创性贡献的作品。

在统计学方法的领域,他在德国人当中的 ἀριστεία(希腊语:出类拔萃)当然是毋庸置疑的。作为"小数定律"(law of small numbers)的发现者(1898 年)和莱克西斯学派的领导者,他赢得了将会流芳百世的国际名声。他论述概率的书《迭代》(*Die Iterationen*),是他唯一的一本"书"——他在公开发表上有着如此巨大的克制力,以至于失去了他原本会有的主张高度原创性的权利——是一本令人钦佩的著作,即使当你对作为其基础的概率论基本概念没有任何偏好的情况下来审视它的时候也是如此。在一本经济学期刊上长篇大论地列举鲍特凯维茨对统计学理论的贡献清单是不可能的,也是不合适的。列举少数几个对经济学家来说特别重要的实例想必就足够了。对于厘清收入不平等的衡量这个重要主题,没有人比他做的事情更多(国际统计学会第 19 次会议)。我们当中大多数人都会愉快而颇有收获地阅读他的那些论述经验曲线求积(*Skandinavisk Aktuarie Tidskrift*,1926)和论述统计的同质性与稳定性(同上,1918)的论文,论述高斯定律之下可变性的论文(*Nordisk Statistisk Tidskrift*,1922),论述一切误差规则所共有特性的论文(*Sitzungsberichte der Berliner math. Gesellschaft*,1923),或者论述随机事件在时间上连续的论文(*Bulletin de l'Institut international de statistique*,1911)。不消说还有他论述死亡率和保险的论文,其中有些论文是同类论文中的珍品。

　但是，为了让读者对他的思考范围有一个清晰的概念，有必要提到他的另外一篇小作品，尽管它离经济学相去甚远，这就是他的小册子《论作为概率论研究课题的放射性衰减》（*Die Radioaktive Strahlung als Gegenstand Wahrscheinlichkeitstheoretischer Untersuchungen*，Berlin，1913）。翻阅这本副业产品，你似乎看清了那个写它的经济学家的思维轮廓线，你开始感到奇怪：究竟能不能凭借他已经发表的东西来衡量他的可能性的范围？

译后记

约瑟夫·A.熊彼特是 20 世纪最受推崇的经济学家之一。德国经济学家赫伯特·吉尔施（Herbert Giersch）说："熊彼特诞生100 周年纪念（1983 年）正好赶上了熊彼特经济学的一次复兴。如果说 20 世纪第三个 25 年可以公正地被称作'凯恩斯时代'的话，那么，第四个 25 年完全有机会成为'熊彼特时代'。"[①] 现代管理学之父彼得·德鲁克（Peter Drucker）也把 20 世纪这两位伟大的经济学家作了一番比较，他说："在两次世界大战之间，没有人比凯恩斯更有才华、更聪明。相反，熊彼特似乎平淡无奇——但他有智慧。聪明风光一时，而智慧千古不朽。"[②]

熊彼特出生于摩拉维亚的一个小地方，父母都是奥地利人。4 岁那年，父亲去世，母亲带着年幼的熊彼特搬到了奥地利南部城市格拉茨，他在那里念小学，直至 10 岁，母亲嫁给了一位退休的将军，这意味着他可以上奥地利最好的中学。1901 年，熊彼特进入维也纳大学，攻读法学和经济学，师从奥地利学派的代表人物庞巴维克，后者是卡尔·门格尔的弟子。在 1906 年取得法学博士学位

---

① 'The Age of Schumpele'，*The American Economic Review*，Vol. 74，No. 2，May 1984，p.103.

② Peter F. Drucker，*The Ecological Vision: Reflections on the American Condition*，Routledge，March 2000，p.117.

之后,熊彼特在柏林度过了暑期,翌年接受了开罗国际法庭的一个职位,不久后,他回到维也纳大学提交了他的授课资格论文。1909年,熊彼特成为切尔诺维茨大学的副教授,两年后成为格拉茨大学的经济学教授,在那里一直教书至 1919 年,其间只有 1913—1914年到哥伦比亚大学任客座教授,并被该校授予荣誉博士学位,时年31 岁。在奥地利的最后 6 年(1919—1925),熊彼特投身于非学术工作,但都没能实现自己的抱负,无论是作为奥地利的财政部长,还是出任一家私人银行的总裁,这家银行在 1927 年倒闭,使他债台高筑。困境之中,他收到了日本和德国两所大学的邀请,权衡之下,他加盟波恩大学,在那里担任了 7 年的经济学教授。希特勒上台前不久,熊彼特移居美国,加盟哈佛大学,直至去世。他是世界计量经济学会的创始人之一,自 1937 至 1941 年任该学会的主席,1948 年当选为美国经济学会主席,1949 年当选为新创立的国际经济学会首任主席,孰料天不假年,1950 年 1 月,67 岁的熊彼特在康涅狄格州塔柯尼克山的家中去世。

熊彼特对经济学的主要贡献包括:(1) 经济理论演化史,以他死后出版的巨著《经济分析史》(*History of Economic Analysis*,1954)为代表;(2) 经济发展理论,以他的成名作《经济发展理论》(*The Theory of Economic Development*,1912)为代表;(3) 经济周期理论,以《经济周期》(*Business Cycles*,1939)为代表;(4) 社会与制度的变革理论,以 1942 年出版的《资本主义、社会主义与民主》(*Capitalism*,*Socialism and Democracy*)为代表。

从某种意义上说,熊彼特不仅是一个对经济理论做出过重要贡献的经济学家,他更是一个知识渊博的学者。他自己总是说,一个经济学家,如果不同时也是一个数学家、统计学家,尤其是,如果不是一个历史学家,那么他就不胜任自己的专业。关于这一点,我们不妨引用奥地利经济学家戈特弗里德·哈伯勒（Gottfried Haberler）谈到熊彼特时所说的一段话："他有着百科全书般的学识，不仅熟悉经济学说的历史（这是他的专业领域之一），而且熟悉经济事实和经济制度的历史，还熟悉一般政治史和社会史。他在数学上没有接受过专业训练，但他获得了高深的数学知识，能够领会并有效地阐释那些即便在数理经济学家当中也被认为复杂难懂的数学分析的问题。他不是统计学专家，但他对统计推论的逻辑和局限有着深刻的理解，并紧跟新的方法和统计学材料。终其一生，他都对社会关系和社会哲学的理论有着浓厚的兴趣，并对社会学和社会政治哲学做出了重要贡献。"①熊彼特兴趣广泛，涉猎庞杂，对此，他的得意门生保罗·萨缪尔森（Paul Samuelson）曾这样描述："他完全有能力十分内行地谈论任何东西，从埃特鲁里亚人的艺术到中世纪的法律；有能力阅读（或者觉得他能阅读）意大利语、荷兰语和斯堪的纳维亚诸语文献；有能力概述形而上学理论。这样不囿于特定领域很重要，这使得他能够自由地对政治学和经济学的边缘现象提出大胆而有趣的假说。"②

熊彼特还是一个个性鲜明而复杂的人。他的家庭出身和教育背景使他不能不是一个坚定的精英主义者。正如吉尔施所言："他始终是晚期奥匈帝国的高贵绅士，喜爱考究的衣服，精致的美食，优雅的举止，高雅的谈话，尤其是，喜爱漂亮迷人的女人。"③熊彼特曾谈到自己年轻时的野心，就是要成为"维也纳最伟大的情人，

---

① Gottfried Haberler，'Joseph Alois Schumpeter'，*The Quarterly Journal of Economics*，Vol. 64，No. 3，August 1950，p.333.

② Paul Samuelson，'Schumpeter as a Teacher and Economic Theorist'，*The Review of Economics and Statistics*，Vol. 33，No. 2，May 1951，p.99.

③ Herbert Giersch，'Joseph Alois Schumpeter'，p.104.

奥地利最伟大的骑手，以及世界上最伟大的经济学家"。①熊彼特一生有过三次婚姻，最后一次结婚是 54 岁那年在纽约，妻子比他小 15 岁，名叫伊丽莎白·布迪，也是个经济学家，读者面前的这本《十大经济学家：从马克思到凯恩斯》，便是她在熊彼特去世之后编辑出版的。

这本书是熊彼特的一些零散文章的结集，除了卡尔·马克思那篇选自《资本主义、社会主义与民主》一书之外，其余的文章都是发表在各专业杂志上的纪念文章。尽管出版于身后，但这本书的出版计划却是熊彼特在去世前几个月同意的，而且，除了马克思那篇之外，其余的文章也都是他本人亲自选定的。正如熊彼特夫人所言，本书的作者与这些传记论文的主人公之间都有着密切的联系。熊彼特不仅推崇他们的作品，而且，除了一人之外（即马克思），这些人他都认识。由熊彼特这样一位备受推崇的经济学家，对他的前辈和同僚们毕生的工作做出切中肯綮的综述和评估，我想，这大概是再合适不过的吧。

秦传安

2019 年 6 月，北京后沙峪

---

① 西奥多·摩根（Theodore Morgan）1983 年 12 月 24 日写给《经济学人》（*The Economist*）的信，转引自 Richard Swedberg, *Joseph A. Schumpeter：His Life and Work*, Polity Press, 1991, p.46。